ECONOMIA DO AMBIENTE

CONCEITOS E DESENVOLVIMENTOS

ECONOMIA DO AMBIENTE

CONCEITOS E DESENVOLVIMENTOS

CRISTINA CHAVES
LÍGIA COSTA PINTO
MARIETA VALENTE

ALMEDINA

ECONOMIA DO AMBIENTE

AUTORAS
Cristina Chaves
Lígia Costa Pinto
Marieta Valente

EDITOR
EDIÇÕES ALMEDINA, S.A.
Avenida Emídio Navarro, 81, 3D
3000-151 Coimbra
Tel.: 239 851 904 · Fax: 239 851 901
www.almedina.net · editora@almedina.net

PAGINAÇÃO
EDIÇÕES ALMEDINA, S.A.

DESIGN DE CAPA
EDIÇÕES ALMEDINA, S.A.

IMPRESSÃO E ACABAMENTO

Janeiro, 2023

DEPÓSITO LEGAL

ALMEDINA | GRUPOALMEDINA

BIBLIOTECA NACIONAL DE PORTUGAL – CATALOGAÇÃO NA PUBLICAÇÃO
CHAVES, Cristina, e outros
ECONOMIA DO AMBIENTE
Cristina Chaves, Lígia Costa Pinto, Marieta Valente
1.ª ed. – (Economia e finanças)
ISBN 978-989-40-0741-8
I – PINTO, Costa Lígia
II – VALENTE, Marieta
CDU 330

ÍNDICE

I. Introdução

O presente livro resulta de uma longa experiência de ensino das autoras na área da Economia do Ambiente. Mas nasce também da sua atividade de investigação neste tópico. As duas vertentes aliaram-se à constatação de uma falta de manuais em língua portuguesa que abranjam um espectro alargado deste tipo de temáticas.

Embora o livro tenha como principal público-alvo os alunos de licenciatura e mestrado em economia e áreas afins, destina-se, também, a um leque mais alargado de leitores: estudantes de outros domínios científicos, profissionais de diversos setores, reguladores e decisores, de forma resumida, todos os que requerem conhecimentos de Economia do Ambiente para as suas atividades ou têm interesse pessoal nestas matérias são aqui visados.

Este manual pretende ser pedagógico, pelo que não exige noções prévias de economia e providencia alguns esclarecimentos básicos que facilitam a leitura a quem não possui formação específica. Pretende-se também que seja um espaço que permita uma reflexão da relação entre economia e ambiente.

Entender a interação entre os agentes económicos e o ambiente à luz dos conceitos da Economia do Ambiente implica tomar decisões economicamente eficientes e ambientalmente conscientes. Estudar o ambiente com base na teoria económica é perceber que possui um valor que não pode ser ignorado quando são tomadas decisões que afetem espaços naturais e a sua conservação e que ponham potencialmente em causa recursos como a água ou o ar limpo, essenciais para a nossa sobrevivência e qualidade de vida.

O livro está organizado em seis capítulos, começando por esta breve introdução que pretende esquematizar a estrutura adotada. Cada um dos capítulos contém, no início, uma introdução, mais ou menos aprofundada, sobre as matérias tratadas, sendo de notar que empregam metodologias não necessariamente idênticas, de acordo com o seu conteúdo, que pode ser mais teórico ou mais aplicado.

O Capítulo II é, sobretudo, concetual e de enquadramento e tem como objetivo criar uma linguagem de base comum para a Economia do Ambiente em português. Em variadas circunstâncias é indicada a designação do conceito em inglês por facilidade de comparação com os manuais neste idioma, dominantes na área. Abordam-se considerações introdutórias e centrais ao estudo da Economia do Ambiente, pretendendo introduzir questões e tópicos que serão, em parte, utilizadas nos capítulos posteriores.

Uma breve contextualização histórica da consolidação das preocupações ambientais na Ciência Económica e o estabelecimento da economia circular como tema fundamental da sociedade atual, a nível central e organizacional, são aflorados, sendo apresentados os conceitos de externalidade ambiental e de bens públicos e comuns por forma a contextualizar em que medida constituem as principais falhas de mercado identificadas pela Economia do Ambiente.

No Capítulo III introduz-se a definição de desenvolvimento sustentável, assumindo-se uma abordagem mais normativa do que noutras partes do livro. É explorada a diferença entre crescimento e desenvolvimento, para convergir na noção de desenvolvimento sustentável e sustentabilidade. Uma discussão de várias vertentes em torno deste assunto alicerça a passagem para a leitura de alguns indicadores de sustentabilidade que pretendem transcender a visão reducionista que a perspetiva do Produto Interno Bruto incorpora. Assim, outros indicadores, geralmente ainda numa fase experimental, permitem, sobretudo, complementar este, como é o caso da pegada ecológica.

Estabelecidas as bases concetuais da Economia do Ambiente nos primeiros capítulos, seguem-se os mais metodológicos, marcadamente teóricos, contendo, porém, em anexo ou em caixas independentes do texto, exemplos que visam ilustrar a explicação fornecida no texto principal. Na sua maioria, os exemplos são retirados de artigos publicados ou remetem para elementos de política ambiental, tendo a sua seleção privilegiado a simplicidade metodológica e a aplicação à realidade portuguesa ou europeia, sempre que possível.

Desde logo, o Capítulo IV é dedicado aos instrumentos de política ambiental. Por forma a que a sociedade possa produzir a um nível de utilização de recursos economicamente eficiente, é necessário que os agentes económicos internalizem as externalidades, sob pena do seu custo incidir sobre a esfera de terceiros. Nesse sentido, são contemplados diferentes instrumentos de política ambiental, iniciando este percurso pelos mais tradicionais e usuais, ditos de comando e controlo. No entanto, a análise vai privilegiar a utilização dos chamados instrumentos de mercado que podem incluir impostos, subsídios e licenças de poluição transacionáveis.

A consideração e medida do valor de bens e serviços ambientais é essencial para a sua integração na esfera de decisão dos agentes económicos individuais, coletivos ou de governo. O objetivo do Capítulo V consiste na definição da tipologia de valores considerados no âmbito da valoração ambiental, e na análise da sua relevância no contexto das decisões de agentes económicos. Para isso, são explorados os métodos de valoração ambiental, diretos e indiretos, facultando casos práticos de aplicação dos mesmos. Finalmente, será apresentada a análise custo-benefício, técnica económica de avaliação de projetos do ponto de vista social. Consiste na identificação e comparação de todas as componentes dos benefícios de uma determinada ação ou investimento, bem como de todos os custos associados, podendo recorrer aos métodos de valoração descritos no início do capítulo.

No Capítulo VI mudamos o enfoque da análise para considerar as empresas como agentes na prossecução de objetivos ambientais, e não meramente reativos face à política ambiental, naquilo que por vezes se designa de abordagens voluntárias. Neste ponto, expõem-se diferentes atuações corporativas em resposta a pressões regulatórias dos consumidores e de diversos parceiros, como o setor financeiro, trabalhadores e grupos de pressão social. Será igualmente discutido o conceito de responsabilidade social por parte das empresas.

A leitura dos capítulos que constituem este livro poderá ser feita de forma sequencial ou autónoma, permitindo-se, assim, uma organização de conteúdos à medida do leitor que pode optar pelo todo ou antes pela consulta de temas específicos.

Por fim, gostaríamos de deixar um agradecimento aos nossos alunos que ao longo dos anos nos inspiram a aprender cada vez mais e nos motivam a um esforço para ensinar cada vez melhor. Através do conhecimento alicerçado na teoria e metodologias da Ciência Económica, providenciado por este livro, acreditamos estar a contribuir para formar cidadãos mais capacitados para modelos de tomada de decisão integradores das dimensões económicas e ambientais.

II. Das origens aos fundamentos

Introdução

Este capítulo aborda temas introdutórios referentes à relação entre economia e ambiente, apresentando alguns conceitos que serão, em parte, retomados nos capítulos posteriores.

Assim, no ponto 1 dá-se ênfase à noção de meio ambiente e recursos naturais, na sua vertente de escassez, analisando-se sucintamente os contornos da Economia do Ambiente (1.1). Prossegue-se com referência, por um lado, à poluição, tipificando poluentes, e por outro lado à chamada capacidade assimilativa do ambiente em relação à poluição, por forma a enquadrarmos em que medida são necessárias formas, mais ou menos complexas, de tratamento da poluição por políticas ambientais (1.2).

Passa-se a uma breve contextualização histórica da consolidação das preocupações ambientais na área da economia (2). Assim, apresentam-se contributos de alguns pensadores da área da economia e de outras ciências, revisitando-se algumas teorias, desde o mercantilismo e os fisiocratas, até aos clássicos e neoclássicos, passando por outros autores que se entendeu ser pertinente referir. Termina-se com Arthur Pigou, autor incontornável em fundamentos da atual Economia do Ambiente.

É seguidamente aflorado o tema da economia circular, novo paradigma interdisciplinar com interesse para a economia, com fortes ligações à sua relação com o ambiente (3). Depois de estabelecer a diferença entre modelo linear e circular (3.1), discute-se como a economia circular emergiu (3.2). Revisitam-se aqui alguns autores que tinham sido citados no ponto 2, revelando origens em comum com a Economia do Ambiente e abarcando ainda outras escolas de pensamento que estão na sua génese. Seguidamente, aprofunda-se o conceito de economia circular, os seus princípios, vertentes e estratégias principais. Finalmente, algumas das suas vantagens (3.4), dificuldades e desafios (3.5) são apresentados.

O ponto 4 foca-se em conceitos centrais na Economia do Ambiente. Assim, para melhor entender fontes de ineficiência, aborda-se em 4.1 os conceitos de externalidade, bem público e recurso comum, que correspondem ao que em termos económicos designamos como falhas de mercado. Os bens públicos e recursos comuns são aqueles de cujo usufruto não é possível excluir nenhum agente económico, pelo que levantam problemas de financiamento e sobreutilização. Neste contexto, e concretizando um dilema social (4.2), será apresentada a chamada Tragédia dos Comuns (4.2.2). Seguidamente, focamo-nos na teoria de Elinor Ostrom, que a partir de vários estudos documentou que, na realidade, essa «tragédia» tem sido evitada em diferentes momentos do tempo e lugares do mundo, através da observância de um conjunto de princípios (4.3).

1. Relação entre economia e ambiente — conceitos prévios

1.1. Ambiente, recursos naturais e escassez

«**Ambiente**», do latim significando o que «rodeia» ou «envolve», é uma noção lata, empregue de diversas maneiras, conforme o contexto. Algumas das vertentes mais habituais para aquele conceito são:

- a sociológica: meio social em que o indivíduo se move, como família, grupo, sociedade;
- a espacial ou geográfica: país, região, zona, mas também «paisagem» (como montanha, vale, etc.);
- a biológica/ecológica: condições da (co)existência de várias formas de vida, podendo ressaltar-se a humana.

Destas duas últimas vertentes surge um conceito mais limitado de ambiente que diz respeito ao estado dos domínios básicos, como ar, água, ou solo, e que nos vai interessar mais neste livro.

Por outro lado, «**economia**», passou, através dos tempos, do seu significado original de «administração da casa», para uma forma contemporânea, relativamente consensual, de gestão de recursos escassos face a objetivos competitivos.[1]

A **Economia do Ambiente** junta ambos os focos de interesse, reportando-se aos recursos ambientais, abordando diversos ângulos da relação entre ambiente (com várias formas de escassez) e o comportamento económico dos indivíduos (que competem entre si pelos diversos usos daqueles recursos). Fazendo parte da ciência económica, não deve ser confundida com outras disciplinas científicas, como a ecologia, que integra o ramo das ciências naturais (constituindo, em termos muito simplistas, o estudo das relações dos seres vivos entre si e com o ambiente).

---

[1] Para uma definição mais exata de economia, ver Samuelson, P. A., e Nordhaus, W. D. *Economia*. McGraw-Hill.

A Economia do Ambiente encontra-se geralmente aliada à denominada **economia dos recursos naturais**. Alguns autores agregam ambas, outros separam-nas em âmbitos diferentes, sendo de sustentar que nenhum destes domínios é estanque.

Caso seja autonomizado, o campo da economia dos recursos naturais, liga-se, em primeira linha, a questões que versam a disponibilidade limitada de recursos ambientais/naturais e os mecanismos capazes de levar a uma utilização económica eficiente daqueles. Interessa questionar aspetos como a taxa adequada de extração e/ou de utilização de recursos escassos, de forma a cumprir objetivos de ordem económica e social. Assim são analisados potenciais estados de escassez e as possibilidades de a gerir, no sentido de a controlar e reduzir.

A **escassez** pode ser vista como absoluta, se estivermos perante **recursos não-renováveis** para os quais não se vislumbra uma capacidade de reposição pela natureza numa base presente e num futuro intergeracional plausível, como é o caso das reservas de recursos minerais. Por outro lado, uma escassez relativa coloca a ênfase nos **recursos renováveis** cuja expansão ou extinção depende de processos biológicos e ambientais, frequentemente perante pressões antropogénicas, de maiores ou menores dimensões. Um exemplo de como esta escassez se pode revelar, reporta-se aos níveis das taxas de reprodução de espécies animais ou vegetais.

Em relação a cada tipo de recurso interessa, portanto, determinar o ritmo e intensidade de extração, questionar até que ponto devem ser preservadas reservas, para uso próprio ou de gerações futuras e como se constituem condições adequadas de mercado tendo em conta, nomeadamente, os efeitos no preço do recurso e no resto da economia. Trata-se de equacionar problemas que, por um lado, são estáticos, concernentes à distribuição dos recursos num dado período, atendendo à desigualdade na sua disponibilização a nível de várias esferas geográficas. Por outro lado, são dinâmicos, referentes à distribuição intertemporal de recursos, ou seja, entre gerações. Assim, se a taxa de exploração de determinada espécie for demasiadamente elevada hoje, isso pode afetar ou mesmo comprometer o seu usufruto no futuro.

A Economia do Ambiente, num sentido mais estrito, tem como foco preferencial os aspetos de qualidade ambiental dos recursos, como é o caso da poluição que afeta negativamente essa qualidade. Medidas de prevenção da mesma, por entidades públicas e privadas, assim como a monetarização do valor económico total que aqueles recursos representam são vertentes essenciais para gerir e guiar as escolhas em matéria de conservação e melhoria da qualidade ambiental.

Um dos grandes objetivos passa, portanto, por servir de base para o desenho de políticas que permitam alcançar de forma eficiente objetivos sociais em matéria de conservação ambiental. Para tal, a Economia do Ambiente estuda o meio ambiente nas suas diferentes vertentes para assim enriquecer o processo de decisão da sociedade e do Estado.

Genericamente, a política ambiental visa a maximização do bem-estar social, sob a condição de ser conseguido um certo nível de qualidade ambiental e/ou diminuição de poluição (entendida em termos genéricos como um impacto[2] negativo na qualidade ambiental).

Dado que a poluição assume diferentes formas, é importante começar por definir o que se entende por «poluentes» e como estes se podem classificar.

1.2. Capacidade assimilativa do ambiente e poluentes

O ambiente fornece bens e serviços aos agentes económicos (produtores e consumidores) e, simultaneamente, recebe os seus subprodutos, sob forma de resíduos. Num sentido mais lato, o ambiente fornece bens e serviços à sociedade em geral e, como tal, determina e condiciona o bem-estar de todos.

Os sistemas naturais são geralmente dotados de uma aptidão em receber substâncias potencialmente nocivas, incorporá-las, transformá-las e até convertê-las em inócuas. Esta faculdade designa-se habitualmente por capacidade de absorção ou **capacidade assimilativa do meio**. O nível de capacidade assimilativa não é estático, dependendo dos fluxos presentes e passados de poluição. Quando este recurso da natureza está saturado, ou melhor, quando a carga de substâncias geradas excede a capacidade de as «neutralizar», verifica-se uma acumulação de poluição no ambiente.

---

[2] Em vez de «impacto», utiliza-se frequentemente a palavra «impacte», figurando nomeadamente em conceitos como o de «Avaliação de Impacte Ambiental», tendo sido esta a designação eleita por documentos legislativos. Assim, o diploma sobre o Regime Jurídico da Avaliação de Impacte Ambiental (AIA), centra-se nesta denominação (Ministério da Agricultura, do Mar, do Ambiente e do Ordenamento do Território, Decreto-Lei n.º 151-B/2013 de 31 de outubro), seguindo a Lei de Bases do Ambiente em que expressamente se dispõe: «A avaliação ambiental garante que o processo de tomada de decisão integra a ponderação dos impactes relevantes em termos biofísicos, económicos, sociais, culturais e políticos...» (Assembleia da República, Lei n.º 19/2014, de 14 de abril, artigo 18).

Constituindo o presente livro uma obra enquadrante, de consulta genérica, que pretende chegar a várias áreas científicas e abarcar um público de conhecimentos multidisciplinares, centrando-se, embora, na economia, optou-se genericamente por recorrer ao termo «impacto», considerado como «sinónimo» do anterior em dicionários da língua portuguesa.

Poluentes, no âmbito deste livro, podem ser definidos como substâncias, formas de energia ou ações que tendem a diminuir o nível de qualidade ambiental[3], afetando negativamente seres humanos e sistemas envolventes. Podem revestir a forma de forças naturais, como é o caso de cinzas e gases resultantes da erupção de um vulcão, ou ser provocadas pelo ser humano, como os fumos emitidos por uma fábrica.

Poluentes podem referir-se a vários ângulos ambientais, sendo os mais frequentemente mencionados o ar (como os dois exemplos de emissão atmosférica acabados de mencionar), a água (referentes a meio líquido e geralmente designados por efluentes) e o solo (em que os materiais constituem detritos sólidos, alusivos a resíduos). De realçar aqui, também, duas outras formas que, por vezes, são descuradas. Desde logo, a poluição sonora, com uma definição relativamente complexa, mas com caraterísticas que implicam diminuição de bem-estar, indo até diversos graus de perigosidade. Numa esfera diferente, mas não sendo negligenciável, a poluição visual tem vindo a ganhar terreno nas preocupações atuais, sobretudo pela ação contínua dos seres humanos no planeta, originando danos estéticos e culturais de várias ordens, nomeadamente modificando e alterando paisagens.

Os **tipos mais comuns de poluentes** têm vindo a ser categorizados por estudiosos da Economia do Ambiente, podendo ser classificados, atendendo a vários critérios (Figura 1).

FIGURA 1: **Tipologia dos poluentes**

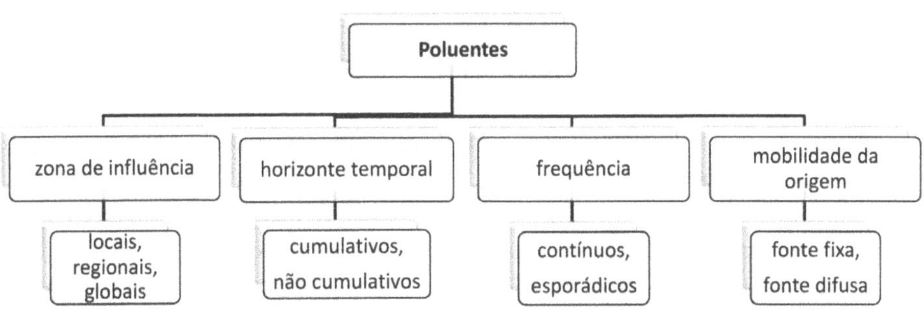

[3] Field, B. C., e Field, M. K. (2002). *Environmental economics: an introduction*. McGraw-Hill Book Companies.

De acordo com a zona de influência, pode falar-se em poluentes locais, regionais ou globais. A fronteira entre estas categorias deve ser considerada não como uma delimitação inflexível, mas mais como fluida, dado que, em relação a vários fenómenos pode ser aceitável a inclusão em mais do que um prisma de análise. Os **poluentes locais** indicam um efeito geograficamente muito circunscrito e perfeitamente localizado (com a poluição sonora e visual a representar a sua forma mais fiel). No outro extremo, estão os **poluentes globais**, cuja escala se pressupõe tão lata que seja possível abarcar todo o planeta, ou uma grande parte dele, como no caso dos gases que provocam efeito de estufa. Os **poluentes regionais** situam-se entre estes extremos, tratando-se de uma noção vasta, abrangendo desde regiões mais restritas até áreas que ultrapassam a fronteira de países, como acontece com a poluição transfronteiriça de rios. Quanto maior for a escala, mais difícil se assevera tentar prevenir ou remediar os danos, através de políticas apropriadas.

Atentando à natureza dos poluentes em si, podemos distinguir entre cumulativos (ou de *stock*) e não cumulativos. Como a designação indica, os **poluentes cumulativos** caraterizam-se pelo facto do seu *stock* se acumular no meio ambiental, de forma persistente, à medida que são gerados, sem que este tenha a capacidade de os assimilar ou neutralizar, parcial ou totalmente, num horizonte temporal aceitável. Isto pode ser exemplificado com os metais pesados ou emissões radioativas. Ao invés, os efeitos de **poluentes não cumulativos** podem ser, no limite, extintos ao findar a sua ocorrência, ou, mais genericamente, transformados por processos químicos (como a oxidação), biológicos (como os micro-organismos), etc. Desta maneira se atenuam e dissipam os seus efeitos, tornando-os (mais) inofensivos. A ilustração mais emblemática é a do ruído, que simplesmente cessa quando o fenómeno que o causa termina. Também se consideram nesta categoria poluentes biodegradáveis como os resíduos orgânicos cujo *stock* num determinado momento é dado pelo fluxo desse período *menos* o montante assimilado do mesmo. Embora, no cômputo final, tudo dependa do caso particular em análise, os poluentes cumulativos são habitualmente objeto de maior preocupação, constituindo ocorrências mais gravosas.

No que respeita à frequência da ocorrência dos fenómenos, os poluentes podem classificar-se como **contínuos** ou **esporádicos**. No primeiro caso, estamos perante consequências que resultam de circunstâncias regulares de funcionamento de certas atividades (como efluentes gerados por uma fábrica poluente), que podem reportar-se a uma frequência periódica repetível (diária, sazonal), sendo um fator decorrente do habitual funcionamento dessa entidade. Em relação aos segundos, enfrentamos um fenómeno mais casual e geralmente de caráter imprevisível, por exemplo, uma descarga adicional da mesma fábrica, de forma acidental ou mesmo planeada. É natural que este segundo grupo de poluentes seja menos propício a medidas preventivas, podendo implicar ainda questões de ilegitimidade, sem ou com dolo.

Finalmente, atendendo ao tipo ou mobilidade da origem, os poluentes de **fonte fixa** distinguem-se dos de **fonte difusa**. Em relação aos primeiros, a fonte é geralmente localizável e passível de ser identificável (dependendo esta última caraterística de fatores de ordem institucional ou legal), como acontece com os efluentes de uma fábrica. No que concerne aos segundos, é difícil ou praticamente impossível reconhecer a verdadeira fonte, seja por o ponto de emissão ser incerto, como se verifica no emprego de químicos agrícolas, seja por a fonte ser móvel, como as emissões atmosféricas dos automóveis. Ambos acabam por degradar o ambiente, com uma dificuldade de controlo muito maior no segundo caso.

2. Uma breve digressão sobre raízes históricas da Economia do Ambiente

Após avançados alguns conceitos básicos de utilização recorrente na Economia do Ambiente, importa fazer uma breve apresentação da forma como este ramo da ciência se desenvolveu ao longo do tempo, acompanhando, integrando-se, mas também autonomizando-se na evolução geral da ciência económica.

Sem explorar origens demasiado remotas, fixando o começo da análise a partir do século XVI/XVII, serão aqui revisitadas algumas teorias e correntes que ilustram potenciais focos de ligação entre ambiente e economia. A perspetiva seguida será puramente esquemática e sumária, não devendo, portanto, ser vista como exaustiva, dado que se trata de um tema meramente enquadrante neste livro. Nesse sentido, recuperam-se alguns contributos passados, independentemente de constituírem doutrinas de vulto dos respetivos autores e/ou correntes de pensamento, ou prestações menores, com foco nas preocupações ambiente–economia.

Trata-se de uma breve chamada de atenção para a heterogeneidade e interdisciplinaridade de conteúdos que influenciaram e determinaram o atual curso da Economia do Ambiente.

De facto, uma das questões que ressalta geralmente, quando se pensa na Economia do Ambiente é a de como e quando surgiu, sendo habitual atribuir o seu despontar a meados do século XX. Contudo, em geral, desconhecem-se as suas raízes mais profundas, temática que se pretende resgatar, de forma sumária, neste ponto.[4]

[4] Usou-se, neste ponto, como referência principal, Kula (1997), material que se aconselha para um maior aprofundamento da temática: Kula, E. (1997). *History of environmental economic thought*. Routledge.

O percurso deste capítulo inicia-se por aquela que muitos consideram ser a primeira corrente do «pensamento económico». Nos séculos XVI e XVII, no apogeu da era da expansão marítima, o poder central da monarquia conjuga-se com uma nova classe em ascensão, os «mercadores», grupo que beneficia com o comércio externo e a respetiva acumulação de riqueza, criada pela posse de metais preciosos. O mercantilismo apoia-se assim no comércio, tornando-se o foco principal das atividades «económicas», em detrimento da agricultura. Devido à exploração de novos territórios, abundantes em área e vários tipos de matérias-primas, os recursos da natureza afiguram-se como inesgotáveis, não constituindo preocupação da época uma potencial escassez.

A corrente fisiocrata, embora, na sua essência, pouco homogénea, vem mudar este modelo de pensamento com a convicção de que a terra é a fonte de riqueza por excelência, em clara oposição aos princípios mercantilistas. Como a sua génese etimológica indica, do grego, *phýsis* (natureza) e *krátos* (força), a fisiocracia é a primeira corrente a sublevar as forças da natureza. Enquanto antes a agricultura havia sido negligenciada, apoia-se agora a ideia de que é precisamente por intermédio dela que se cria valor, uma vez que é tida como o meio de multiplicação da matéria. A terra e os agricultores são vistos, respetivamente, como o único fator e classe produtivos. A agricultura cria excedente, emana riqueza. Uma boa gestão de índole económica passa por uma subordinação às leis da natureza e à ordem natural estabelecida, que se regula por si, sem intervenção de autoridades centrais. O *Quadro Económico*, obra elaborada por Quesnay[5], preconiza a vida económica como uma máquina ou um organismo vivo, seguindo um esquema de fluxos. Devidamente enquadrados na sua época, os princípios fisiocratas lançam as bases para o que posteriormente se viria a designar por «Economia do Ambiente», uma vez que apontam para os primórdios da interdependência da economia com o meio natural. Podemos assim apontar os fisiocratas como os precursores da Economia do Ambiente.

Na corrente clássica, alguns autores acentuam a importância da natureza na visão pessimista que têm do crescimento de longo prazo. Assim, apoiando-se no raciocínio de rendimentos decrescentes no setor agrícola, expressam já uma preocupação de «limites ambientais».

Em 1776, Adam Smith (1723–1790) estabelece as bases da ciência económica moderna com a publicação da obra abreviadamente conhecida como *A Riqueza das Nações*, onde apresenta uma perspetiva atomista, individualista, mecanicista que sus-

---

[5] François Quesnay (1694-1774):*Tableau économique.*

tenta que o interesse próprio leva à prosperidade social. A imagem da «mão invisível» permite destacar a importância dos mercados como mecanismo de prossecução do bem comum. O recurso terra permanece importante, embora não desperte forçosamente preocupações. A agricultura, necessitada de capital, proporcionava um risco de investimento inferior ao da indústria, sendo que a taxa de lucro naquela tinha tendência a diminuir em relação à segunda. A expansão da população, aumentando a pressão sobre as terras, levava ao aumento das rendas. Uma modesta noção de escassez relativa à natureza permanece aqui embrionária.

Em 1817, com a publicação dos *Princípios de Economia Política e de Tributação* por David Ricardo (1772–1823), assume-se a tendência de rendimentos decrescentes na agricultura, em virtude do crescimento da população e da subsequente necessidade de pôr em cultivo terras cada vez menos férteis, aumentando as rendas fundiárias. A diminuição dos lucros daí decorrente corporiza um limite ao crescimento económico. Ao pretender justificar a subida das rendas e a diminuição da taxa de lucro, levando ao estado estacionário (o estabelecimento de uma barreira à subsistência de longo prazo) Ricardo lança os alicerces para a consolidação posterior da ideia de que a natureza não é ilimitada, embora este não tenha sido o objetivo direto da sua mensagem. Não havia preocupações diretas com a degradação ambiental, mas desponta aqui uma linha de análise, de compreensão de escassez da natureza para a ciência económica, recuperada mais tarde.

Mas é com Malthus (1766–1834) e a publicação do *Ensaio sobre o Princípio da População* em 1798, que defende a conhecida «lei da população», que se estabelece um outro marco importante para o ulterior estabelecimento da Economia do Ambiente como ciência. Dado que a oferta de terra é fixa, o crescimento da população (em progressão geométrica), não pode ser acompanhado por um crescimento equiparável da oferta de alimentos (no máximo, em progressão aritmética), sob a hipótese de rendimentos decrescentes do solo. Assim, periodicamente, a população vai aumentar para lá da oferta de alimentos necessários à sua sobrevivência, levando a fome, guerras, doença, em suma, constituindo um entrave ao processo do seu próprio crescimento. Estes efeitos podem ser periódicos, repetindo-se através de um padrão que afeta negativamente o longo prazo. Em linhas gerais, esta visão «pessimista» é um dos primeiros alertas diretos para os limites naturais e a respetiva escassez de recursos.

Embora alvo de múltiplas críticas, a doutrina de Malthus estabelece-se como marco e serve de influência a muitas outras. De evidenciar a teoria da seleção natural, defendida em 1859 na obra *A Origem das Espécies,* de Charles Darwin (1809–1882), aliás, mais conhecido da opinião pública do que Malthus e cujo contributo lança as origens da biologia e da ecologia. Seguindo o argumento «económico» da lei de população, com base nos seres humanos, Darwin postula que as espécies animais evoluem por processos de adaptação e seleção natural.

Aqui inicia-se uma conjugação de ideias que dariam origem a ramos de ciência distintos — nomeadamente, a economia e a ecologia — e a desenvolvimentos ulteriores que nem sempre se conciliaram nos seus postulados. De ressaltar, porém, que estas vertentes de conhecimento, no que têm em comum ou no que as distingue, confluem numa ciência de cariz interdisciplinar — a Economia do Ambiente.

Ao contrário do que futuramente se consolida como pressuposto da economia, a linha darwinista advoga que a evolução não pode ser vista em abstrato, sendo resultado da história passada e das dinâmicas dos sistemas, com equilíbrios múltiplos.

Em sequência desta influência, sublinhando que as relações entre ecologia e economia não devem ser ignoradas, algumas vertentes da Economia do Ambiente formaram perspetivas coevolucionistas, em que é priorizado o processo constante de interação entre dois sistemas evolutivos, o socioeconómico e o biológico.

De volta ao domínio da economia, pode evidenciar-se a obra *Princípios de Economia Política*, publicada em 1848 por John Stuart Mill (1806–1873), um dos primeiros economistas a preocupar-se com escassez de recursos naturais e conservação. Muito sumariamente, reconhecendo que os recursos são esgotáveis (particularmente, carvão e metais) e o crescimento não infinito, retoma-se aqui a ideia de estado estacionário. O crescimento económico a todo o custo, para a obtenção de bens materiais, vistos como o primado de todas as ações, não é tido como desejável, podendo colocar em causa o próprio bem-estar da humanidade. A degradação da paisagem e das espécies animais não é defensável num mundo que pretende o bem-estar.[6, 7] Esta teoria cria as bases para perspetivas conservacionistas.

---

[6] A perspetiva crítica de John Stuart Mill está bem explícita no seguinte excerto: «A solidão (...) na presença da beleza e grandeza naturais é o berço de pensamentos e aspirações que não são apenas boas para o indivíduo, mas de que a sociedade mal poderia prescindir. Tão-pouco há muita satisfação em contemplar o mundo sem deixar nada à atividade espontânea da natureza; ... Se a terra perdesse a grande parte do encanto que deve a coisas que o aumento ilimitado da riqueza e da população lhe extirpassem, com o mero propósito de permitir que ela sustentasse uma população maior, mas não melhor ou mais feliz, espero sinceramente, para o bem da posteridade, que eles se contentem em ficar estacionários, muito antes que a necessidade os obrigue a isso» Mill, J. S. (1848). *Principles of Political Economy* (pp. 316–317).

[7] Neste livro todas as citações originais em língua estrangeira foram traduzidas pelas autoras.

Com Karl Marx (1818–1883), que dá origem a outra grande linha de pensamento, evidencia-se que explorar os recursos de forma negligente e desregrada está na génese do modo de produção capitalista, levando à crise do sistema. Marx estende a sua representação da exploração do trabalhador à exploração da natureza, em virtude da lógica imediatista do capital. Embora, genericamente, veja o ser humano como parte integrante da natureza, a sua atenção foca-se, sobretudo, no efeito da agricultura industrial, a grande escala e mecanizada, como causa do esgotamento da «vitalidade natural do solo».[8]

Deixam-se aqui as bases para ver os problemas ambientais como resultado da concentração da posse e controlo dos recursos, alertando para questões de equidade. Economias mais pobres, em situação débil, apostam na exploração de recursos de maneira insustentável, como uma das alternativas possíveis de sobrevivência. Este contributo sobre questões do desigual acesso aos recursos e da insustentabilidade do crescimento será retomado, tanto por seguidores da corrente (neo)marxista, como por outras linhas teóricas.

Já numa ótica diferente, na obra *A Questão do Carvão,* de 1865, William Stanley Jevons (1835–1882), considerado um pioneiro da corrente neoclássica, e em concreto da teoria da utilidade marginal, realça o problema do esgotamento de um recurso natural, o carvão, elemento central na economia britânica à época e cuja exploração constante levaria inevitavelmente a uma exaustão de reservas[9]. À maneira da corrente clássica, preconiza uma paragem no progresso, devido à «fronteira inevitável» que constituía a exploração do minério.

As preocupações com o limite dos recursos naturais prosseguem em algumas linhas da teoria neoclássica, com um crescendo que acompanhará as preocupações sociais que se seguirão.

Proveniente de uma área de conhecimento distinta, Ernst Haeckel (1834–1919) é o primeiro a sugerir o uso da palavra «ecologia», estabelecendo a sua definição em 1886.

De novo, surge um elo entre ambos os ramos científicos, com Alfred Lotka (1880–1949), visto como um dos antecessores da ecologia, a fazer a primeira tentativa de aplicação dos métodos de economia matemática, àquela ciência, ao que apelidou de

---

[8] Marx, K. (1959). *Capital. A Critique of Political Economy. Volume III. The Process of Capitalist Production as a Whole.* Institute of Marxism-Leninism, USSR (p. 588).

[9] «Na crescente profundidade e dificuldade da mineração, encontraremos esse limite vago, mas inevitável, que impedirá o nosso progresso» (Jevons, W. S. (1865). *The Coal Question: An Inquiry Concerning the Progress of the Nation and the Probable Exhaustion of our Coal Mines*).

«economia da natureza».[10] Resulta daqui uma visão interdisciplinar em que os campos económico e ecológico devem ser interligados e vistos como um todo num sistema em que é fundamental a compreensão do global. Este é um ponto de partida decisivo para a construção do que posteriormente se apelidou «economia ecológica».

A obra de Nicholas Georgescu-Roegen (1906–1994), contribuiu com novas abordagens. Acompanhando a visão holística e interdisciplinar de Lotka, mas também a sua perspetiva de fundamentos biológicos da economia, cria um conceito de «bioeconomia» que está na origem da atual corrente da economia ecológica.[11] Posiciona-se contra escolas de pensamento económico anteriores, de cariz (neo)clássica, contestando a sua essência «mecânica», alegando que nessa «representação o processo económico não induz qualquer mudança qualitativa, nem é afetado por uma mudança qualitativa do ambiente, no qual está ancorado». «É um processo isolado, contido em si mesmo e sem referência temporal — um fluxo circular entre produção e consumo, sem saídas ou entradas»[12]. Para o entendimento da influência recíproca entre a economia e o sistema natural, sustenta-se numa nova aplicação das leis da termodinâmica. Sumariamente e de forma rudimentar, a primeira (lei da conservação da matéria, também apelidada de lei de Lavoisier) postula que energia/matéria não se cria nem se destrói, apenas se transforma, enquanto a segunda (lei da entropia) considera que aquela evolui sempre em direção a um estado menos utilizável. Transferindo esta análise para o circuito económico[13], os recursos provenientes da envolvente ambiental que entram no sistema económico, após trabalhados e transformados, serão novamente devolvidos ao ambiente, embora assumindo outras formas, o que segue os desígnios da primeira lei da termodinâmica. Aqueles recursos são caraterizados por um grau de baixa entropia, ou seja, dispõem de ampla utilização; após o seu uso e transformação, sofrem crescentemente o efeito da entropia, tornando a sua capacidade de utilização cada vez mais exígua. Nas palavras do autor, o «processo económico consiste materialmente numa transformação de baixa entropia em alta entropia, isto é, em resíduos», consubstanciando uma transformação «irreversível»[14]. Assim, pela segunda lei da termodinâmica, constata-se uma

---

[10] Para um conhecimento mais aprofundado desta questão: Bobulescu, R. (2015). From Lotka's biophysics to Georgescu-Roegen's bioeconomics. *Ecological Economics, 120*, 194–202.

[11] Mayumi, K. (2001). *The origins of ecological economics: the bioeconomics of Georgescu-Roegen* (Vol. 1). Routledge.

[12] Georgescu-Roegen, N. (1971). *The entropy law and the economic process*. Harvard UP (p. 2).

[13] Pearce, D. W., e Turner, R. K. (1990). *Economics of natural resources and the environment*. Johns Hopkins University Press.

[14] Georgescu-Roegen, N. (1971). *The entropy law and the economic process*. Harvard UP (p. 18).

dificuldade em contrariar a renovação dos recursos, através de processos de reciclagem, dado que esta se revela como limitada.

Também Kenneth Boulding (1910–1993), opondo-se ao modelo económico mecanicista, chama a atenção para a necessidade de integrar a economia num sistema mais lato, reconhecendo a sua inevitável relação com a natureza. Esta perspetiva evolucionista realça o caráter temporal e de irreversibilidade global dos processos económicos.[15] Em 1966 publica *The Economics of the Coming Spaceship Earth*, com focos de interesse na economia ambiental. Nele traça-se uma alegoria em que o planeta Terra é visto como uma nave espacial, apenas tendo uma fonte externa de energia — a solar. Perante a escassez de recursos disponíveis, com um *stock* limitado, a população da nave espacial tem perspetivas de sobrevivência limitadas, sendo necessário reciclar materiais e encontrar formas de manutenção consentâneas com uma maior duração dos mesmos. Este sistema fechado opõe-se à visão habitual da época, mais centrada numa economia aberta e dotada de recursos que se acreditava serem ilimitados.[16] Como Georgescu-Roegen, Boulding aplica a primeira lei da termodinâmica, mas ao contrário daquele não cai na perspetiva pessimista da segunda lei. À luz dos mais recentes factos e conhecimento sobre a escassez quantitativa e qualitativa dos recursos da natureza, em que o aquecimento global é um fenómeno exemplar, este trabalho permanece com um grande sentido de atualidade.

Aliás, estas duas últimas perspetivas estão na origem, não só da Economia do Ambiente e da Economia Ecológica, como também do conceito de Economia Circular, temática que será apresentada no próximo ponto deste capítulo.

No entanto, antes de passar ao ponto 3, é de mencionar ainda o contributo decisivo dado por Arthur Pigou (1877–1959) dentro do ramo da economia neoclássica com a apresentação da noção central de «externalidade ambiental» na sua obra de 1920, *The Economics of Welfare*.

O conceito, já esboçado por Alfred Marshall (1842–1924), em *Princípios de Economia*, em 1890, com a designação de «economia externa»[17], é aqui aprimorado, identificado com a diferença entre custo social e privado, e com menção direta a fenómenos ligados

---

[15] Para um estudo mais aprofundado ver: Dopfer, K. (1994). Kenneth Boulding: A Founder of Evolutionary Economics. *Journal of Economic Issues, 28(4)*, 1201–1204. Sigüenza, M. (1982). *Review of Evolutionary Economics*, by K. E. Boulding, *Journal of Economic Literature 20(4)*, 1558–1561.

[16] Boulding faz a distinção entre a economia atual, a que chama *cowboy economy* e a economia do futuro, a *spaceman economy*.

[17] Para um aprofundamento desta matéria: Boudreaux, D. J., e Meiners, R. (2019). Externality: Origins and classifications.*Natural Resources Journal*, *59*(1), 1–33.

à esfera do ambiente e à poluição. Embora a denominação, em si, de «externalidade» tenha apenas sido conferida em literatura posterior, Pigou cita a título de exemplo de efeito positivo «os recursos destinados à arborização, já que o efeito benéfico sobre o clima muitas vezes se estende para além das fronteiras das propriedades detidas pelo responsável da floresta». Com implicação negativa menciona o «fumo das chaminés das fábricas: pois este fumo nas grandes cidades inflige à comunidade um grande prejuízo, não imputado, em danos a edifícios e a vegetais, despesas de lavagem de roupa e de limpeza de quartos», entre outros.[18] A preocupação de Pigou com o esgotamento de recursos é também avançada na sua obra, reconhecendo, em todos estes casos de influência negativa no bem-estar, o importante papel de intervenção do Governo.[19]

Para terminar este breve percurso histórico sobre os antecedentes das teorias atuais da Economia do Ambiente, pode afirmar-se que esta constitui, em si, uma ciência nascida de interações e interdependências entre vários ramos científicos, podendo dizer-se que tem um caráter interdisciplinar e que, mesmo dentro da área da economia, constitui uma conjunção de várias correntes diferentes. O atual paradigma neoclássico, e seus desenvolvimentos, não é único, mas tornou-se o mais popular no campo da economia no que toca à disciplina da economia do ambiente. Há, no entanto, visões alternativas que serão, quando for caso disso, mencionadas ao longo deste livro.

3. Surgimento do paradigma da circularidade

3.1. Do modelo linear ao modelo circular

Antes de prosseguir e apresentar temáticas centrais da Economia do Ambiente, façamos aqui uma nota sobre a forma como a economia tem lidado até aqui com a relação entre o consumo de recursos naturais e a produção de bens, nomeadamente no que respeita à eficiência no seu uso e à geração de resíduos.

Assim, sobretudo na primeira década do século XXI, afirmou-se uma necessidade de mudança de paradigma económico, apesar de o tema da economia circular já ser trabalhado na literatura há vários anos, embora nem sempre com a mesma designação e enfoque.

---

[18] Pigou, A. C. (1932). *The economics of welfare* (4.ª ed.), Macmillan & Co., (p.184).

[19] «É dever claro do Governo, que é o depositário das gerações não nascidas, bem como de seus cidadãos atuais, zelar e, se necessário, por decreto legislativo, defender os recursos naturais esgotáveis do país de destruição precipitada e imprudente» (ibid, pp. 29-30).

Efetivamente, o modelo vigente, designado por «**economia linear**», baseia-se em extrair recursos da natureza, os quais entram no circuito económico para serem processados e transformados em produtos que servem para consumo, após o que são libertados, de novo, para o ambiente. Implicitamente, não está aqui presente nem uma preocupação com a finitude de recursos naturais, na fonte (no que se designa por «berço»), nem com os limites da capacidade assimilativa e regenerativa do ambiente para acolher os resíduos do processo produtivo no fim de vida (designado por «túmulo»)[20] (Figura 2), o que o torna insustentável.

FIGURA 2: **Modelo de economia linear**

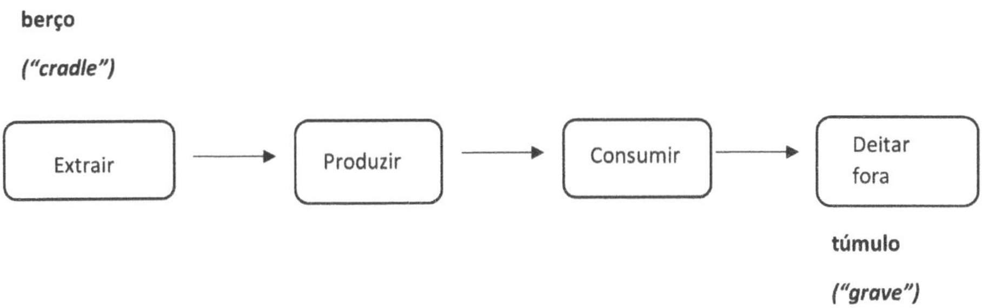

As razões comummente apontadas para a entrada na agenda política do paradigma alternativo a este, apelidado de «**economia circular**», derivam quer de condições de oferta, quer de procura. Por um lado, assistiu-se a um incremento generalizado dos custos de extração de recursos naturais nos finais do século XX e primeira década do século XXI. Por outro lado, aumentou a instabilidade do preço dos materiais, e, subsequentemente, dos produtos, quer no setor alimentar quer no dos serviços básicos (nomeadamente energia). A estes fatores juntou-se a crise da dívida dos países e das famílias. Adicionalmente, o crescente sinal da escassez de recursos naturais e a ameaça ao equilíbrio dos ecossistemas facilita e exige a implementação de políticas económicas, sociais e ambientais orientadas para uma gestão mais preventiva de recursos naturais.

Acresce que o modelo de economia linear é muito dependente de três fatores fundamentais: acesso, a baixo custo, a matérias-primas, a energia e a crédito. A crise financeira da última década do século XX expôs as fragilidades do modelo de economia linear.

---

[20] Este modelo é conhecido, em inglês, pela designação *cradle to grave*, ou ainda, *take-make-dispose*.

Em paralelo a estes condicionalismos macroeconómicos, do lado da oferta, também a procura tem vindo a mudar, com os consumidores a modificar a forma como percecionam o ambiente e os seus padrões de consumo. A sociedade tem-se tornado cada vez mais consciente da relevância dos serviços prestados pelos recursos naturais para o seu bem-estar (não só intrinsecamente económico, mas também relativo a outras vertentes como saúde e qualidade de vida em geral).

A economia circular, por oposição à economia linear cujo traçado é «tirar-usar-deitar fora», propõe um modelo inclusivo e holístico de gestão de recursos. Considera-se inclusivo na medida em que integra as dimensões económicas, sociais e naturais; holístico, uma vez que congrega o conhecimento integrado nas práticas passadas e presentes na identificação das melhores práticas sustentáveis. Em muitas circunstâncias estas práticas são específicas ao setor e/ou à cultura.

3.2. Emergência dos conteúdos da economia circular

Antes de avançarmos para uma definição mais específica de economia circular, importa analisar as escolas de pensamento nas quais o conceito poderá ser enquadrado.

Se analisarmos as **origens «mais remotas»** que moldaram este paradigma na teoria económica, retorna-se à problemática da escassez de recursos, das teorias (neo)malthusianas, situando a questão principal na extração («berço»). Como vimos no ponto anterior, Kenneth Boulding, nos anos sessenta do século XX, introduz a figura da «nave espacial Terra». Desta forma, reforça a ideia de escassez (de novo, no «berço») e introduz preocupações adicionais com os resíduos das atividades de produção/consumo («túmulo»), dada a circunstância do sistema ser fechado. Esta contribuição acentua a importância da reciclagem, em fim de vida útil dos produtos, para mitigar ambos os problemas, o da falta de novos recursos e o da acumulação de resíduos. Lançam-se aqui as bases rudimentares de duas importantes vertentes da circularidade, sendo necessário reciclar materiais e encontrar formas de manutenção consentâneas com uma maior duração daqueles no processo. Recorde-se que Georgescu-Roegen, nos subsequentes anos setenta, liga o sistema económico às leis da termodinâmica, nomeadamente a da entropia, não sendo a solução de reciclagem uma panaceia, uma vez que tem limites determinados pelas leis da física. Posto isto, nos anos noventa, a Escola de Londres, no trabalho de Pearce e Turner (1990), divulga o que na altura já designa por «economia circular», que com as operações de reciclagem e a consideração da capacidade assimilativa do meio, permitia que, ao invés de um esquema linear, se tivesse um primeiro esboço de sistema circular (Figura 3)[21] Note-se, porém, que nos atuais padrões, a reciclagem, apenas ou principalmente, não confere a circularidade do modelo, como se verá mais adiante.

FIGURA 3: **Economia linear (adaptado de Pearce e Turner, 1990)**

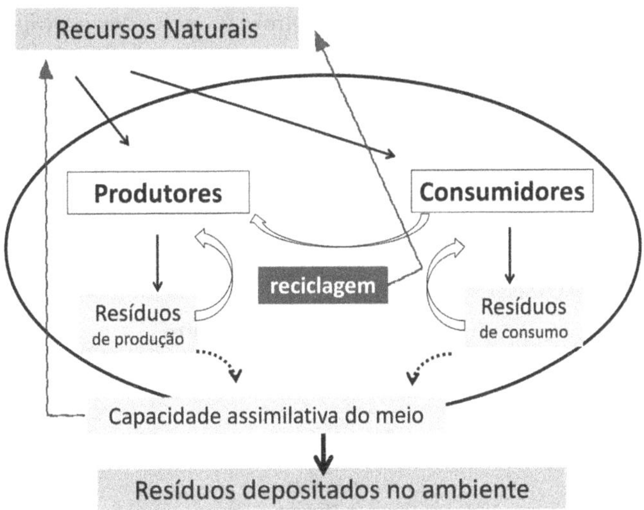

Nota: adaptado de Pearce e Turner (1990)

Outras escolas de pensamento, provenientes tanto da economia como de outras ciências, ajudaram a consolidar o conceito de economia circular, fazendo-se agora um breve percurso por algumas delas. De notar que o foco são as teorias iniciais e não os seus desenvolvimentos, que podiam fazer a análise divergir. Em segundo lugar, é de assinalar que esta apresentação tem mais o intuito de exemplificar do que de fazer uma revisão exaustiva, que escapa à finalidade dos temas centrais deste livro.

---

[21] Pearce, D. W., e Turner, R. K. (1990). *Economics of natural resources and the environment*. Johns Hopkins University Press (p. 40).

– **Permacultura** (Bill Mollison e David Holmgren)[22]

À palavra «permacultura» atribui-se o significado de «cultura permanente». O conceito, na sua versão original, consistia num sistema integrado e evolutivo de espécies animais e vegetais perenes com utilidade para os seres humanos, centrado inicialmente em sistemas agrícolas e evoluindo progressivamente para sistemas culturais, numa visão holística. Surge contra um sistema industrial que converte tudo em cadeias longas. A aposta é mudar o sistema, seguindo as leis da natureza, tornando-o sustentável.

A «flor» da permacultura propõe uma espiral que parte dos princípios éticos e de design, ligando as suas dimensões e áreas de atuação, num sistema em evolução: as pétalas representam tecnologias e técnicas, cultura e educação, saúde e bem-estar espiritual, economia e finanças, terra e comunidade, governança da terra e da natureza, e ambiente construído (Figura 4a). As dimensões de intervenção são variadas, tendo sido propostos doze princípios concetuais, cuja aplicação às atividades de produção e consumo pretende preconizar uma evolução no sentido da sustentabilidade (Figura 4b)

FIGURA 4a: **Flor da permacultura**

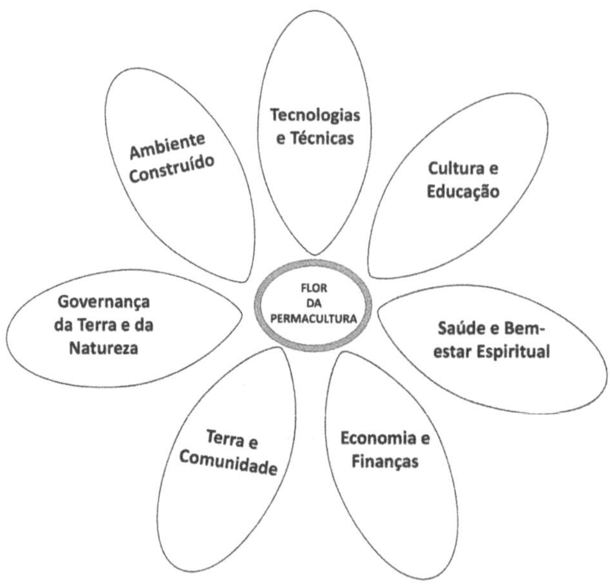

[22] Mollison, B., e Holmgren, D. (1978). *Permaculture*. Lesmurdie Progress Association.

FIGURA 4b: **Princípios da permacultura**

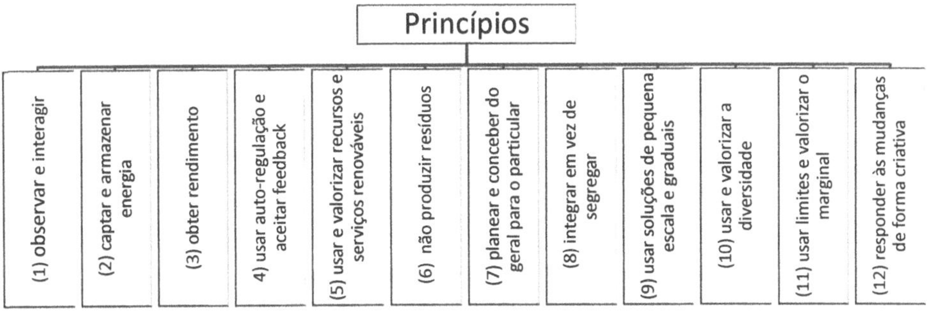

— **Ecologia industrial** (Robert Frosch e Nicholas Gallopoulos)[23]

De acordo com esta escola de pensamento, as atividades industriais constituem ecossistemas à semelhança dos naturais. Assim, os resíduos produzidos devem ser minimizados e o seu valor deve ser maximizado em processos industriais associados. Para esse efeito é necessário que a consideração do destino dos resíduos constitua uma missão do design do produto e dos processos e que os custos de deposição dos resíduos sejam pensados desde o início, tornando-se assim soluções sustentáveis. Esta visão é ampla, interdisciplinar e holística, apoiando-se no estudo de fluxos de materiais e energia, desde a origem até ao destino final, com base preferencial em ferramentas de «avaliação do ciclo de vida»[24]. Adicionalmente é importante que a regulação inclua regras de responsabilidade adequadas, por forma a gerar incentivos que os agentes económicos integrem na maximização do seu bem-estar individual.

— **Design regenerativo** (John Lyle)[25]

De acordo com John Lyle a conceção dos espaços traduz os comportamentos que se desejam para esses espaços. As cidades atuais e os espaços construídos, de uma maneira geral, foram concebidos para uma população em crescimento, e um modelo de desenvolvimento assente nos combustíveis fósseis. O que o autor propõe é uma nova

[23] Frosch, R. A., e Gallopoulos, N. E. (1989). Strategies for manufacturing. *Scientific American, 261*(3), 144–153.

[24] Em inglês designado por *life cycle assessment*.

[25] Lyle, J. T. (1996). *Regenerative design for sustainable development.* John Wiley & Sons.

conceção de espaço (paisagem) evidenciando a ligação entre as pessoas e a natureza e entre a ciência e a arte, e ainda entre a sociedade e a tecnologia. Nesta abordagem, a paisagem deve ser desenhada de acordo com as leis da natureza. Um processo regenerativo pressupõe que o seu funcionamento gera a energia e os recursos que o mantêm: a energia é restituída pelo sol, os materiais são repostos pela reciclagem e pela reutilização. Partindo desta definição é possível adaptá-la aos processos humanos em cinco princípios orientadores, constantes da Figura 5.

FIGURA 5: **Princípios do design regenerativo**

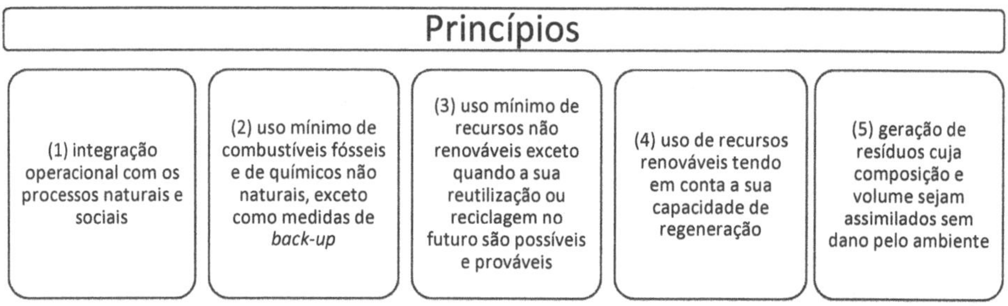

— **Biomimética** (Janine Benyus)[26]

O termo significa inovação inspirada pela natureza. Esta escola de pensamento parte da observação e conhecimento dos processos naturais e pretende replicá-los na indústria e no consumo. De acordo com a proponente, muitas invenções foram, elas próprias, inspiradas na natureza. O elemento que falta é a integração da esfera humana na natural tomando consciência dos limites que a integração no todo exige.

— **Do berço ao berço** (Michael Braungart e William McDonough)[27]

A escola de pensamento «do berço ao berço» (*cradle to cradle* ou C2C) reconhece os problemas de escassez de recursos e de abundância de resíduos, pelo que propõe uma sociedade organizada em torno de três princípios inspirados na natureza (Figura 6):

[26] Benyus, J. M. (1997). *Biomimicry: Innovation inspired by nature*. New York: Morrow.

[27] William, M., e McDonough, W. (2002). *Cradle to cradle: remaking the way we make things*. New York: North Point.

(1) Tudo é um recurso para algo, ou seja, na natureza o resíduo de um sistema é o alimento de outro. Assim, os processos devem ser desenhados de tal forma que no final do uso, os elementos possam ser separados e transformados em nutrientes biológicos, ou reutilizados para outros fins como nutrientes técnicos não contaminados;

(2) Uso de energia limpa e renovável: na natureza a energia do sol suporta a vida e, de forma semelhante, os processos humanos de produção devem seguir o mesmo percurso, potenciando a saúde humana e ambiental;

(3) Apoio da diversidade: os processos naturais produzem uma enorme diversidade de formas de vida específicas, pelo que a conceção de sistemas adaptados a cada local e circunstância deve ser privilegiada. Esta atuação resulta em produtos inovadores (com qualidade e funcionalidade), além de poupanças de custos. Esta escola de pensamento propõe um pensamento criativo e inovador, integrando as suas fontes, os usos e as consequências.

Figura 6: **Do berço ao berço**

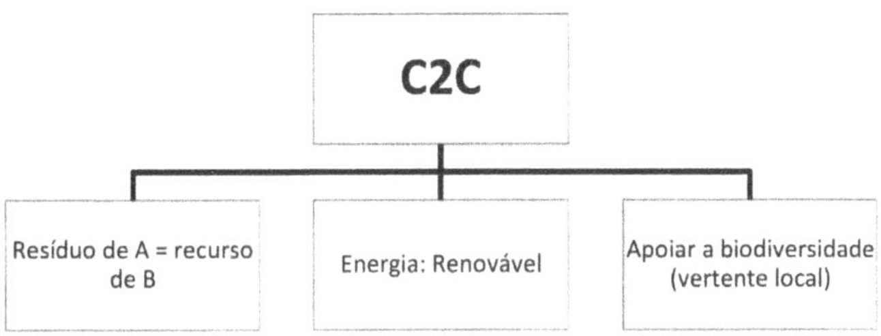

– **Economia do desempenho** (Walter Stahel[28])

A economia do desempenho surge como alternativa à economia industrial, sendo que esta última não é vista como compatível com a natureza. Baseia-se no conhecimento e na separação entre criação de riqueza e consumo de recursos. Propõe-se produzir mais riqueza e crescimento económico com menor consumo de recursos, ou seja, criar «mais» com «menos»; promover os modelos de negócios compatíveis com uma economia de serviços funcional que se foca no desempenho; criar mais postos de trabalho especializado; reduzir o consumo de recursos e estender a vida útil dos produtos. As ferramentas para desenvolver esta economia são novos modelos de negócio, novas métricas e um novo modelo de pensamento.

[28] Stahel, W. R. (2006). *The performance economy*: Springer, London.

– **Economia Azul** (Gunther Pauli[29])

A visão de «economia azul» de Gunther Pauli opõe-se à denominada «economia verde», que não proporciona sempre os sinais certos ao mercado e cujos produtos têm custos altos. Consiste em pensar a economia e os processos industriais à semelhança dos processos naturais, como cascatas de energia e resíduos, nas quais nada é desperdiçado, mas sim integrado em ciclos de transformação. De acordo com este paradigma o conhecimento dos processos físicos, químicos e biológicos dos sistemas naturais são a chave para a conceção de sistemas de produção e consumo sustentáveis. Com o apoio de empreendedorismo altamente inovador e competitivo, esta abordagem apresenta uma solução para geração de energia e alimentos, enquanto providencia empregos. Segundo Pauli, trata-se de um paradigma disruptivo cujo lema é «Não peçamos mais da Terra. Façamos mais com o que a Terra nos providencia».

Diversos aspetos citados pelas correntes aqui mencionadas foram replicados e adaptados pelo paradigma que, mais recentemente, se passou a chamar de «economia circular». As influências de cada uma delas (Figura 7) tornam-se nítidas quando se passa à consolidação do conceito na atualidade.

FIGURA 7: **As escolas de pensamento da economia circular**

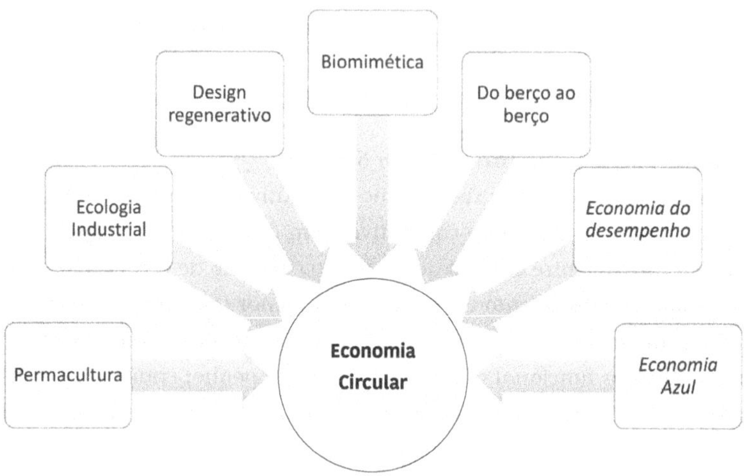

[29] Pauli, G. A. (2010). *The blue economy: 10 years, 100 innovations, 100 million jobs*. Paradigm Publications.

3.3. Consolidação do conceito

O conceito de economia circular foi principalmente alicerçado pela Ellen MacArthur Foundation (EMAF), fundada em 2009, com extenso trabalho neste domínio.

Tratando-se de uma noção que tomou corpo nos primeiros anos do século XXI, ainda se encontra em construção e evolução. Com uma difusão de vertentes, várias definições foram surgindo, com um interesse marcadamente exponencial nesta abordagem. Já em 2017, um trabalho académico analisou mais de uma centena de concetualizações diferentes[30], mas mais se têm vindo a estabelecer. No entanto, como o intuito aqui presente é apresentar uma breve visão enquadrante sobre o assunto, anunciaremos apenas algumas das definições e vertentes que entendemos ser mais representativas. A EMAF apresenta a Economia Circular como «um sistema industrial que é restaurativo e regenerativo por intenção e por design. Substitui o conceito de "fim de vida" por restauro, direciona-se para o uso de energia renovável, elimina o uso de químicos tóxicos, que dificultam a reutilização, e visa a eliminação de resíduos por meio do design de mais elevada qualidade de materiais, produtos, sistemas e, dentro disso, modelos de negócio.»[31]

Figura 8: **Economia circular**

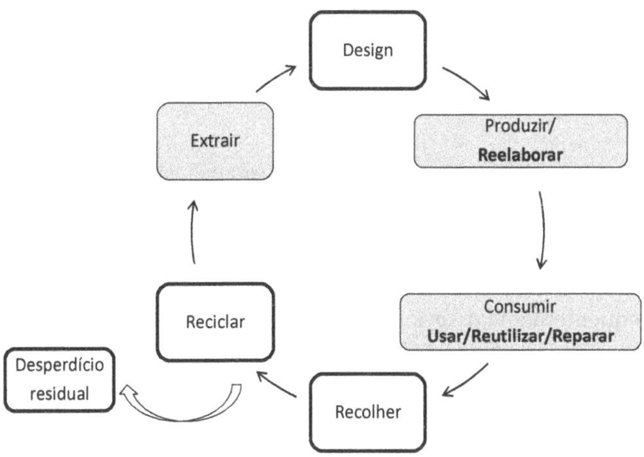

[30] Kirchherr, J., Reike, D., e Hekkert, M. (2017). Conceptualizing the circular economy: An analysis of 114 definitions. *Resources, Conservation and Recycling*, *127*, 221–232.

[31] Ellen MacArthur Foundation. (2013). Towards the Circular Economy. Economic and Business Rationale for an Accelerated Transition, (p. 7).

O sistema pode ser representado por um esquema em círculo (Figura 8), em que a esfera de fim de vida do esquema linear perde significado, dando lugar a uma nova configuração do processo. A seguir à extração de matérias-primas, e a montante da produção, surge a fase do design, preponderante para todo o sistema. À produção acrescenta-se a reelaboração de produtos que voltam ao sistema produtivo e ao consumo adita-se o uso, a reutilização e a reparação. A recolha seletiva e a reciclagem são também uma parte essencial do processo, embora esta última funcione como a parte «menos nobre» da circularidade, a última a relevar-se. Como reminiscente surge uma pequena parcela, que se pretende o mais diminuta possível, dos desperdícios residuais do sistema, os quais as fases anteriores não são capazes de eliminar e não são passíveis de reciclagem. Aqui faz-se sentir a influência das leis da termodinâmica, conforme já anteriormente explicado.

Um elemento importante da economia circular é o reconhecimento dos valores presentes nos materiais e produtos que circulam na economia, dos quais podemos autonomizar quatro:

- Valor de recursos incluídos na produção;
- Valor ambiental dos impactos provocados pela sua produção, uso ou fim de vida;
- Valor gerado pelo seu uso ou consumo;
- Valor informativo que permanece no bem após usado. Este último é mais comum em equipamentos cujo uso deixa informação útil para, por exemplo, melhorar o seu desenho no futuro.[32]

O facto de um bem reter estes valores após o seu uso, significa que a sua deposição como forma de resíduo implica a perda daqueles. Numa lógica de economia circular estes valores deveriam ser aproveitados e recuperados.

Existem várias formas de recuperar o valor dos produtos/serviços. Alguns dos processos mais frequentemente associados com a economia circular são conhecidos como os célebres «R». Na Figura 9 apresenta-se uma possível classificação dessas estratégias, adaptada de proposta na legislação portuguesa[33], com vertentes divididas em «aplicações úteis de materiais» (neste caso: Reciclagem) na base, «produção e utilização inte-

---

[32] Em inglês, respetivamente designados por: *sourcing value, environmental value, consumer value, informational value.*

[33] Fonte: adotado de Resolução do Conselho de Ministros n.º 190-A/2017: Presidência do Conselho de Ministros, Diário da República, 1.ª série — N.º 236 — 11 de dezembro de 2017.

ligente» (como Recusar, Repensar e Reduzir) no topo, e formas intermédias que visam «prolongar a vida útil de produtos e dos seus componentes».

Figura 9: **Hierarquia de estratégias de economia circular**

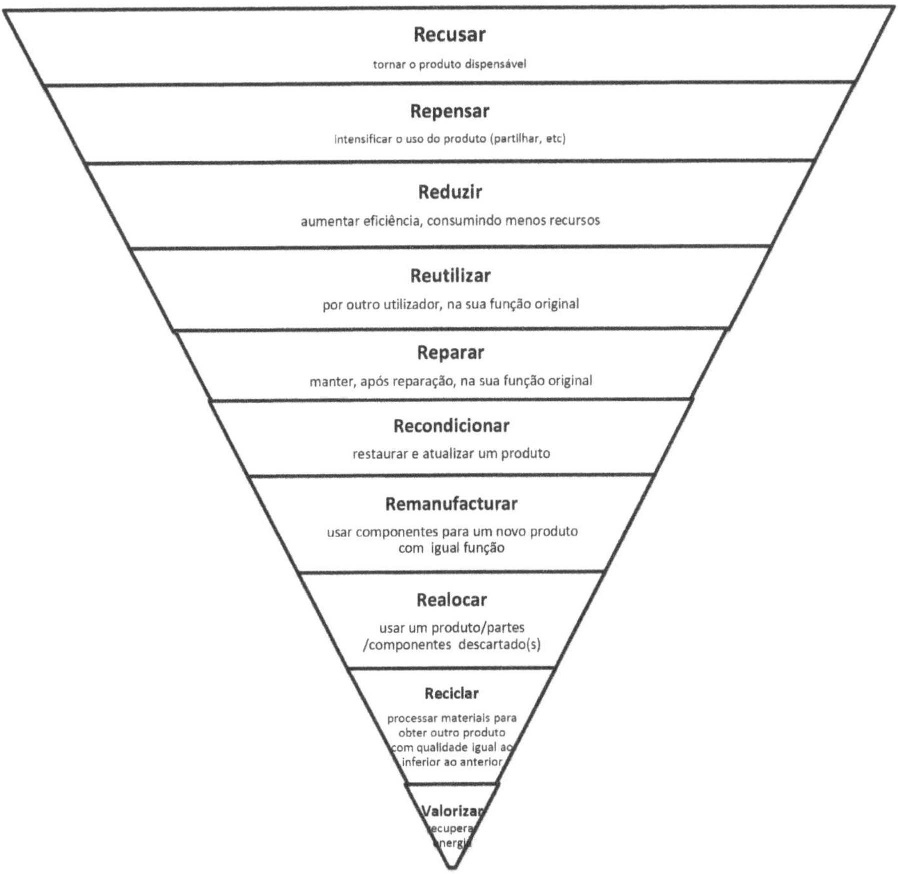

Além disso, a forma piramidal, permitiu que se hierarquizassem aqui propositadamente os procedimentos, indo ao encontro da ideia central da economia circular que, à medida que se desenvolve um percurso mais longo de circularidade, mais valor dos materiais será perdido e mais custos a sociedade enfrenta. Assim, para nos aproximarmos do «esquema em cascatas», apresentado pela EMAF, conhecido por diagrama da «borboleta», visualiza-se na Figura 10 que quanto mais modificações se fizerem no produto, mais longo será o caminho que ele percorre. É de priorizar a redução e a manutenção, pelo próprio, do produto na sua esfera de uso, seguidas de processos de redistribuição e reutilização por outros utilizadores que ainda o utilizem na sua forma original ou com algumas pequenas alterações. Caso não seja mais possível utilizar esse produto, a alternativa é restaurá-lo através de, por exemplo, um melhoramento, com mudança de componentes. Este processo já é mais dispendioso e requer um maior trajeto do que os anteriores. O curso «ascendente» culmina na reciclagem, em que o produto já não é mais utilizável, mas ainda se pode proceder ao aproveitamento das suas componentes (como metais, por exemplo) para a construção de um produto novo, sendo aquele que traça um percurso mais longo e que terá maior dispêndio de energia e mais perdas.

FIGURA 10: **Esquema de «cascatas»**

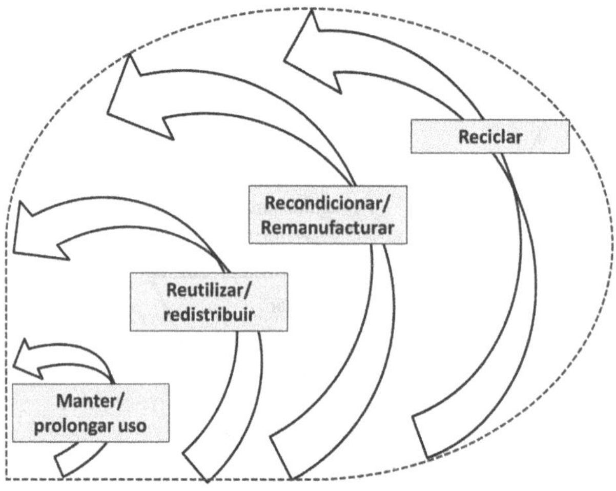

Um dos grandes objetivos da economia circular passa, então, por estender a vida útil dos materiais/produtos.[34] Assim, para que os processos acima possam ser aplicados, é necessário que a conceção dos produtos e dos serviços se altere e sejam desenvolvidos novos laços de pertença e confiança com o produto para que o fenómeno da obso-

[34] Este constitui também um dos três princípios da Economia Circular, enunciados pela EMAF: manter os produtos e materiais em uso; minimizar os resíduos e a poluição (logo na fase da conceção do produto); e regenerar os sistemas naturais.

lescência programada deixe de ser dominante. Por outro lado, os produtos devem ser projetados com o intuito de serem duráveis. A durabilidade depende, de entre outros fatores, de alguma estandardização e compatibilidade, nomeadamente no que respeita à possibilidade de reparação e de substituição de componentes. Finalmente os produtos devem ser concebidos para terem uma simples manutenção e adaptabilidade, assim como desmontagem e remontagem fáceis.

Um elemento fundamental para a propagação da economia circular é o desenvolvimento de novos modelos de negócio. A prestação de serviços (e menos a propriedade dos recursos e bens) tornou-se outro foco da economia circular. Nesta linha os serviços são orientados para o uso, e a figura do «utilizador» passa a substituir a do «consumidor». Ao invés do modelo atual de «comprar, consumir e deitar fora», avança-se para formas que abarcam o «aluguer e partilha».

Esta transformação dos modelos tradicionais direcionados para gerar valor via produção e venda, criação da *última* versão, massificação do consumo e obsolescência programada, em novos modelos circulares de aproveitamento de sinergias entre setores ou empresas, criação de valor pelo serviço e não necessariamente pelo produto, desenvolvimento de formas colaborativas de partilha de produtos, serviços ou tempo, requer que as empresas e a sociedade, de uma maneira geral, se reinventem na forma de organização, produção, distribuição e consumo.

A criação de uma economia circular implica alterações muito significativas na sociedade, exigindo, por isso, um processo de transição. Desde logo, espera-se o aparecimento de novos materiais, oriundos do aproveitamento de subprodutos de processos produtivos. Estes novos materiais terão, em muitas circunstâncias, caraterísticas diferentes relativamente às quais as empresas e os cidadãos terão as suas expectativas. Assim o estudo das propriedades dos materiais reutilizados e dos materiais que daí resultam é uma das áreas fundamentais para o sucesso do novo modelo de economia circular. Associado está o processo de criação de expectativas e a necessidade de certificação de especificações que garantam uma qualidade no mínimo comparável à dos materiais virgens.

3.4. Vantagens ambientais, económicas e sociais

Pode afirmar-se que à economia circular são geralmente associados vários benefícios enquadráveis nos três pilares da sustentabilidade ambiental, económica e social, e algumas outras vantagens, mais frequentemente mencionadas e a título exemplificativo.

Desde logo, podem ser enunciadas vantagens de ordem **ambiental**:

— preservação do capital natural;
— redução da extração de materiais virgens e recursos energéticos;
— afastamento dos combustíveis fósseis e recurso predominante a energias renováveis, tornando os respetivos resíduos mais inócuos para o ambiente;
— minimização da produção de resíduos;
— redução das emissões, nomeadamente de carbono;
— consequente contribuição para a mitigação das alterações climáticas.

No que respeita a benefícios de ordem **económica**, são de referir:

— manutenção do valor dos produtos, materiais e recursos no sistema económico pelo mais longo período de tempo possível, com significativas economias de custos, nomeadamente de matérias virgens e energia;
— redução da dependência de combustíveis fósseis e, mais genericamente, reduções de dependência de materiais provenientes do «exterior», com as economias e/ou as empresas a ganhar mais autonomia;
— diminuição dos custos de gestão de resíduos e de abatimento da poluição[35];
— promoção da ecoinovação que não só reduz custos, mas também traz vantagens competitivas a quem a promove;
— criação de novas oportunidades e modelos de negócio;
— aparecimento de novos mercados de produtos e serviços.

Finalmente, podem ser abordados alguns aspetos do ponto de vista **social** (embora, reconhecidamente tenha vindo a ser mais negligenciado pelos objetivos da economia circular):

— criação de novos postos de trabalho, como ponto fundamental e mais frequentemente mencionado, como consequência da transição;
— emergência de um sentido de comunidade, cooperação e participação, derivado dos modelos económicos adotados, nomeadamente o de partilha[36];

[35] Além de referir alguns dos aspetos aqui mencionados, Korhonen *et al.* (2018) aludem à redução dos custos de fugas e perdas do sistema (Korhonen, J., Honkasalo, A., e Seppälä, J. (2018). Circular economy: the concept and its limitations. *Ecological Economics*, *143*, 37–46).

[36] Korhonen *et al.* (2018).

— por fim, a este último aspeto, poder-se-ão adicionar outras formas de comportamento social mais sustentável, que contribuem para a diminuição da poluição e para a saúde humana.

3.5. Dificuldades e desafios da circularidade

Por fim, não podemos deixar de referir algumas dificuldades e desafios associados à transição para uma economia mais circular, a título apenas ilustrativo, mostrando que a sua implementação não é isenta de atritos. Desde logo, a nível ambiental, não é consensual que todas as consequências da Economia Circular sejam positivas, sendo de reafirmar a impossibilidade de, no estado tecnológico corrente, atingir o objetivo de «zero emissões». Assim, reconhece-se que muitos materiais não são infinitamente recicláveis, constituindo ainda o seu destino final um problema sem solução (como no caso do amianto e resíduos radioativos).

Por outro lado, o contexto económico da transição de modelo pode não ser o mais favorável para as empresas: se não houver os incentivos de regulação necessários, o preço do produto reciclado pode ser superior ao do produto novo, o que é uma restrição para a competitividade das empresas e para uma procura sensível ao preço. Em relação ao emprego pode verificar-se a eliminação de certos postos de trabalho e uma adaptação não atempada à transição entre empregos antigos e novos, aumentando a desigualdade social.

Acresce que uma economia baseada em pressupostos diferentes dos da tradicional compra e venda de bens, com respetiva posse, a ser substituída por diferentes circuitos de distribuição e partilha pode acarretar questões sobre o papel e os direitos dos consumidores, utilizadores e cidadãos em geral. Finalmente, parece importante não se subestimar os hábitos enraizados da ideologia de consumismo, trazendo fortes entraves à implementação da adequada dimensão social para o pleno funcionamento da economia circular.

As fortes ligações a formas de conservação do capital natural, juntamente com preocupações de ordem económica e, embora em menor grau, social, conferem-lhe uma nítida aproximação à sustentabilidade. Uma economia circular, passível de implementação, parece preconizar uma via sólida de atingir um percurso sustentável, especialmente na vertente ambiental. Embora a sustentabilidade não se esgote nesta mudança específica de paradigma e não exista uma igualdade entre ambas, anuncia-se um caminho possível para minimizar o problema da economia ambiental. Isto verifica-se tanto a montante (escassez de recursos disponíveis na natureza, para alimentar o processo económico), como a jusante (com a minimização da ocorrência de externalidades ambientais negativas, conceito onde nos focaremos no ponto seguinte).

3.6. Exemplos na União Europeia

A importância da transição para a economia circular firmou-se na agenda política da União Europeia em 2017 com a aprovação do primeiro pacote legislativo especificamente dirigido a este novo paradigma. Seguiram-se várias iniciativas, fortalecendo metas nos mais variados domínios, criando programas de apoio à transição para uma economia circular. Destaca-se o Pacto Ecológico Europeu que visa introduzir um fio condutor «verde» e «social» na política europeia a todos os níveis.[37]

No mesmo sentido, a nível nacional destacam-se o Plano de Ação para a Economia Circular (PAEC), o Roteiro Nacional para a Neutralidade Carbónica (RNNC2050), o Plano de Recuperação e Resiliência (PRR), o Plano de Ação para a Bioeconomia Sustentável (PABS), entre outros.

Existem diversos exemplos de economia circular em Portugal, que variam por setor de atividade, tipo de organização, sinergia, etc. Podem encontrar-se aproveitamento de resíduos da viticultura, partilha de livros e equipamentos, reaproveitamento de têxteis, entre muitos outros.[38]

4. Falhas de mercado e dilemas sociais

4.1. Externalidades, bens públicos e recursos comuns

Independentemente de o paradigma vigente ser circular ou linear, é importante esclarecer a especificidade de alguns dos problemas ambientais mais usuais e analisar como a economia geralmente os trata. Tomemos, por exemplo, o caso da poluição gerada pela utilização de veículos ligeiros. A deslocação por automóvel é algo que os automobilistas valorizam, pelo qual cada utilizador está disposto a pagar desde a sua

---

[37] Este Pacto é conhecido em inglês como *European Green Deal*.

[38] Consultar site https://eco.nomia.pt/ mantido pelo ministério da tutela do meio ambiente em Portugal para outros exemplos e iniciativas.

aquisição, ao combustível, manutenção, etc. Contudo, um subproduto do seu uso é a poluição do ar, efeito não contemplado na decisão do utilizador, mas que representa uma perda de bem-estar que vai infligir aos membros da sociedade em geral. Este efeito sobre terceiros, derivado do uso do automóvel por um indivíduo, designa-se de **externalidade ou efeito externo**. Neste caso, será uma externalidade negativa pois está a ser imposto um custo adicional à sociedade.

Uma definição formal é avançada por Arthur Pigou em 1932, que embora não use diretamente a palavra «externalidade», constitui, ainda hoje, uma noção atual. Assim, «uma pessoa... [K], no curso da prestação de algum serviço, pelo qual é efetuado pagamento, a uma segunda pessoa [B], incidentalmente também presta serviços ou desserviços a outras pessoas [V] (não produtores de serviços semelhantes), de tal forma que não pode ser exigido pagamento das partes beneficiadas ou exigida compensação em nome dos lesados».[39]

Esquematicamente representa-se na Figura 11 o facto do agente K providenciar serviços ou bens a B, através do mercado, com o respetivo fluxo financeiro associado. Simultaneamente, no entanto, essa transação vai acarretar um benefício (externalidade positiva) ou um dano (externalidade negativa) a um terceiro agente (V), que não tem uma correspondência monetária.

FIGURA 11: **Definição de externalidade**

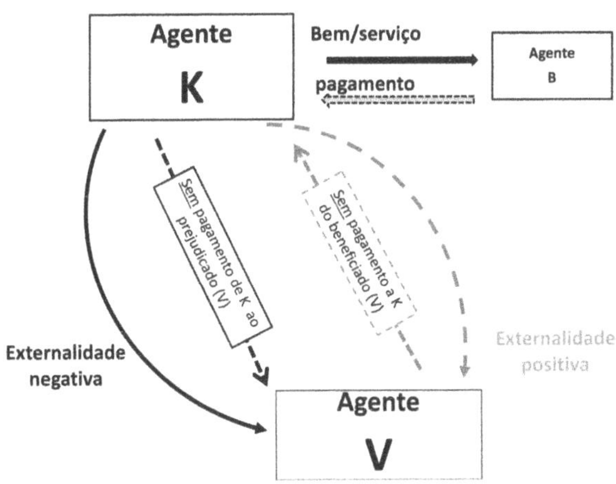

[39] Pigou, A. C. (1932). *The economics of welfare* (4.ª ed.), Macmillan & Co., (p.183).

Ainda segundo Mishan «um efeito externo surge sempre que o valor de uma função de produção ou de uma função de consumo depende diretamente da atividade de outros»[40], ou seja, a função de produção ou consumo de V é dependente de K, não passando esta influência pelos mecanismos de mercado. Este autor acentua que este efeito não é deliberado, constituindo antes um subproduto da atividade de K, tendo as suas consequências sobre terceiros um caráter não intencional. Assim, além de ser independente da escolha do indivíduo afetado, não se trata de uma decisão propositada do indivíduo causador.

De notar que a análise económica neoclássica assume que o preço de mercado inclui toda a informação relevante para uma eficiente afetação de recursos na sociedade, quer por empresas (ou seja, o preço reflete os seus custos), quer por consumidores (ou seja, o preço reflete o valor por eles atribuído). Aliás, é o preço que permite que o mercado organize a atividade económica como uma «mão invisível». Não obstante, os bens e serviços ambientais não são, em geral (parcialmente ou na totalidade), passíveis de transação no mercado, o que significa que a decisão da sua afetação a usos alternativos ou do seu uso pelos consumidores não se pode guiar pelo respetivo preço. Daí decorre que a análise económica neoclássica identifique este tipo de situação como uma falha de mercado.

O problema surge pelas caraterísticas específicas desses bens e serviços.

Os bens podem ser classificados como privados, públicos, comuns ou de clube, dependendo da presença de duas caraterísticas: **rivalidade** no consumo e **exclusão**. Por rivalidade entende-se a situação em que o uso do bem por um indivíduo afeta a disponibilidade do bem ser utilizado por outrem, e por exclusão a possibilidade de privar o indivíduo do uso do bem por meio, por exemplo, de um mecanismo de acesso.

Em particular, os bens ou recursos fornecidos pelo ambiente, como sejam florestas ou paisagens, têm atributos de não rivalidade no consumo e/ou indivisibilidade (impossibilidade ou dificuldade de exclusão do consumo). Dada a sua natureza, é difícil integrá-los por completo no sistema de mercado. Sem um mecanismo de regulação da utilização dos bens e serviços ambientais é de esperar que estes não sejam usados de forma ótima, do ponto de vista da economia.

---

[40] Mishan, E. J. (1971). The postwar literature on externalities: an interpretative essay. *Journal of Economic Literature*, *9*(1), 1-28, (p. 2).

Em vista das duas caraterísticas supramencionadas, podemos classificar os bens de acordo com a seguinte matriz[41]:

	Rivalidade elevada	Rivalidade reduzida
Exclusão elevada	Bem privado	Bem de clube
Exclusão reduzida	Bem comum	Bem público

Os **bens privados** constituem a generalidade dos bens que se transacionam, sendo que o consumidor paga o preço, adquirindo a sua propriedade e dispondo dele de forma exclusiva, como por exemplo um casaco. No outro extremo, no caso de um **bem público**, por exemplo a iluminação pública das ruas, um indivíduo pode usufruir do bem sem que com isso rivalize com o uso que outro indivíduo faz do mesmo, não sendo possível excluir ninguém da sua fruição. Também nos **bens de clube**, a exclusão é possível, mas não existe genericamente rivalidade, embora se possa verificar alguma rivalidade no consumo a partir de determinado nível de saturação, como no caso de clubes de golfe. Os **bens comuns** são semelhantes aos bens públicos exceto no que respeita a alguma rivalidade que possa existir no seu consumo, sendo disso exemplos os cursos de água subterrâneos, cardumes de peixes no mar, entre outros. Melhor dizendo, quando alguém consome ou usa parcialmente esse bem, reduz a quantidade disponível para outros utilizadores.

4.2. Problemas ambientais como dilema social

4.2.1. Dilema social

Os problemas ambientais que observamos constituem frequentemente aquilo que se designa por dilema social. A expressão «**dilema social**» refere-se a situações nas quais um comportamento ótimo do ponto de vista individual, não o é de um ponto de vista

[41] De notar que um bem ou serviço não cai exclusivamente numa destas categorias. Consideremos o exemplo de um parque. Um parque público com poucos utilizadores é um bem público. Se estiver muito congestionado, assume-se, porém, que a utilização por mais uma pessoa aumenta o congestionamento, pelo que será um bem comum. Esse mesmo parque, se tiver preço de admissão, passará a caraterizar-se pela possibilidade de exclusão dos utilizadores; se estiver congestionado, será um bem privado, se não houver congestionamento será um bem de clube.

social. O comportamento que maximiza a utilidade do indivíduo ou maximiza o lucro para a empresa, não corresponde ao resultado ótimo do ponto de vista social.

Para ilustrar o conceito, considere o seguinte exemplo de congestionamento na utilização de um recurso que apresenta rivalidade no consumo, onde se percebe a diferença entre um comportamento optimizador para o indivíduo, mas não do ponto de vista do conjunto dos indivíduos, isto é, da sociedade.

Existem duas estradas a unir as cidades A e B, a estrada principal e a alternativa. Pela via principal, sem trânsito, demora-se em média 10 minutos, pela via alternativa demora-se 15. Suponha ainda que existe congestionamento na estrada principal se nela circularem 5 ou mais carros, levando a que as viagens passem a demorar mais para todos os envolvidos. Por exemplo assuma que por cada automóvel adicional, o tempo de viagem passa a ser em média de mais 1 minuto. Isto é, se circularem 5 automóveis, em média, cada um demora 11 minutos, se forem 6 o tempo de viagem médio é de 12, se forem 7 o tempo médio é de 13, etc. (Tabela 1).

TABELA 1: **Rivalidade no consumo — exemplo do congestionamento**

Número de automóveis na estrada principal	1	2	3	4	5	6	7	8	9	...
Tempo médio de viagem por automóvel (em minutos)	10	10	10	10	11	12	13	14	15	

Considere, por exemplo, a decisão do 6° automóvel, que pode escolher ir pela estrada principal e demorar 12 minutos, ou ir pela alternativa, demorando 15. Se o seu objetivo for fazer o trajeto no menor tempo possível, escolherá a estrada principal. Contudo, se analisarmos o problema do ponto de vista do conjunto dos 6 automóveis, o tempo total de viagem desta solução é de 72 minutos (6*12), uma vez que, devido ao congestionamento, cada um dos agentes gasta 12 minutos a fazer o percurso. Já a escolha da estrada alternativa pelo 6° automóvel daria um tempo de viagem, para o total dos 6 intervenientes, que perfazia apenas 70 minutos (5*11+15), com 5 na estrada principal a demorar 11 minutos cada e o último, na alternativa, a precisar de 15 para atingir o seu destino.

A opção mais favorável para o 6° veículo individualmente não é a mais conveniente para o conjunto de todos os 6 veículos. Se pensarmos, para simplificar esta ideia, que se trata de uma frota de 6 veículos da mesma empresa, é visível o impacto negativo de optar pela primeira solução, acarretando mais atrasos e, consequentemente, mais custos àquela entidade.

A situação configura um dilema social uma vez que a decisão ótima do ponto de vista individual resulta numa situação não ótima de um ponto de vista social.

Na origem do dilema atrás ilustrado está um fenómeno que ficou conhecido pelo dilema do prisioneiro, e é um dos casos mais conhecidos de Teoria de Jogos. No exemplo criado pelo matemático Albert Tucker, dois prisioneiros, A e B, são suspeitos de terem cometido um assalto juntos. Estão detidos em celas separadas e são interrogados no sentido de confessarem. Cada um deles está preocupado em ter a menor sentença de prisão possível. As possibilidades de escolha de cada um são «confessar» ou «não confessar», não sabendo o que o outro irá fazer ao mesmo tempo. Se ambos confessarem, a pena de cada um será de 2 anos de prisão; se nenhum deles confessar, ambos recebem uma pena de 1 ano (por delito menor, por exemplo, posse de arma ilegal); se um deles confessar e o outro não, o que confessa sai em liberdade e o outro é obrigado a cumprir 5 anos de prisão. A matriz seguinte expressa o valor da pena para cada indivíduo em tempo de liberdade perdida, sendo que o primeiro valor em cada célula diz respeito à pena do indivíduo A e o segundo valor à do indivíduo B. Em linha pode ler-se as possíveis ações de A e em coluna as de B (Tabela 2).

TABELA 2: **Dilema do Prisioneiro — exemplo numérico**

A\B	Confessar	Não confessar
Confessar	- 2,- 2	0, -5
Não confessar	-5, 0	-1, -1

Claramente o resultado melhor para o conjunto dos dois é nenhum confessar (a que corresponderá a pena de 1 ano de prisão para cada), contudo, cada um deles é tentado a confessar.

Assim, se A confessa, a melhor estratégia para B é confessar também e ser sujeito a uma pena de 2 anos de prisão, caso contrário a pena seria de 5 anos. Pelo mesmo raciocínio, caso B confesse, para A o melhor é confessar também. Igualmente, se A não confessar, o melhor para B é confessar saindo em liberdade (0 anos de prisão), em vez de ter uma pena de 1 ano (-1 ano de liberdade). De forma semelhante, se B não confessar, a melhor ação para A é confessar.

Consequentemente, o resultado deste processo é ambos confessarem o crime. Este é, em vista disso, um jogo de soma negativa, em que a decisão individual não coordenada produz um resultado inferior para ambos os jogadores. O dilema social surge porque o resultado para o conjunto dos indivíduos, decidindo separadamente, se revela pior do que o resultado obtido se a decisão fosse tomada de forma conjunta. Falta um mecanismo de coordenação que resolva o problema do dilema social.

No âmbito da Economia do Ambiente, podemos considerar o caso de um recurso comum como ilustrativo do conceito de dilema social. Admita a existência de um lago comum à utilização de dois agentes que não comunicam entre si. Ambos os agentes precisam de água limpa para produzir; por outro lado, na medida em que ambos procedem a descargas no lago, existe um custo de tratamento desses efluentes. Na condição da água estar limpa e tratada, o benefício individual que cada um retira da sua atividade é de 7 unidades monetárias. Os agentes podem tratar os seus efluentes antes de os descarregarem no lago, de forma a ter uma água própria para consumo, sendo que o custo do tratamento da água é de 8 unidades. O agente paga metade do custo ou a totalidade, conforme a água seja tratada pelos dois ou só por um, respetivamente. Se nenhum dos agentes pagar o tratamento da água, não retiram benefício pois não podem produzir, sendo que o lucro líquido de cada um é 0. A seguinte matriz expressa o valor do lucro líquido de cada agente (A, B) (Tabela 3).

TABELA 3: **Aplicação do dilema do prisioneiro ao exemplo do tratamento da água**

A\B	B trata	B não trata
A trata	3, 3	-1, 7
A não trata	7, -1	0,0

Considerando, as possíveis escolhas do agente A, temos dois cenários. Caso B trate os efluentes, A tem um lucro líquido de 3 se também os tratar, mas que ascende a 7, caso não proceda ao tratamento, noutras palavras, não incorre nesses custos. De facto, no primeiro caso, ao lucro individual de 7 deve retirar-se o montante de 4, metade do custo de tratamento dos efluentes, realizado por ambos; no segundo caso, este custo é 0, uma vez que o agente não trata as águas residuais, recebendo apenas o lucro. Perante estas duas hipóteses, A escolhe não tratar.

Assumindo agora que B não trata, A pode tratar e ter um resultado negativo de −1 (lucro bruto de 7 menos custo total de 8) ou não tratar e ter um resultado de 0, pelo que escolhe não tratar. Em suma, independentemente da escolha de B, o melhor para A é não tratar.

Se fizéssemos o mesmo raciocínio para B, chegávamos a uma solução idêntica. Consequentemente, ambos escolhem não tratar a água e obter um resultado de 0 quando, se ambos tratassem, poderiam ter ambos lucros (de 3).

De notar que as duas situações referidas em que um dos agentes recebe o lucro sem participar nos custos, denomina-se ***"free rider"***. Genericamente, a expressão *free rider* designa um comportamento em que um agente aproveita a ação iniciada ou desenvolvida por outro em seu benefício.

4.2.2. A Tragédia dos comuns

Este tipo de situação é frequente nas decisões de exploração de recursos naturais, nomeadamente em situações de rivalidade de consumo, como é o caso dos bens comuns.

As áreas de pasto comunitárias são um exemplo típico de um bem comum que pode sofrer de problemas de sobreutilização, uma vez que nenhum dono de gado tem incentivo individual para reduzir o uso do pasto, para permitir que o mesmo se regenere. Hardin (1968) desenvolveu este raciocínio no muito citado artigo sobre a **Tragédia dos Comuns** (*Tragedy of the Commons*). Usando como representação uma pastagem aberta a todos, conclui que cada utilizador desse espaço para aquele fim vai tentar criar o máximo possível de animais, com o intuito de maximizar o seu lucro. A utilidade que reconhece ao adicionar mais um animal à pastagem possui uma componente positiva, de uma unidade (relativa ao ganho, por exemplo, por venda de produtos associados à atividade de pastoreio). No entanto, há também uma componente negativa, decorrente da sobre-exploração, referente às consequências da menor qualidade da pastagem na alimentação do gado, e que se traduz numa perda, todavia de montante inferior a uma unidade. Ao contrário do ganho unitário individual, essa perda não se reflete apenas na esfera do indivíduo que acrescenta mais um animal na esfera comum, mas é partilhada por todos os que usam a pastagem com o mesmo propósito. No cômputo geral, adicionando ambas as componentes (+1 e $-1/n$, em que n é o número de pastores), redunda num resultado de sinal positivo, que se traduz por um incentivo a acrescentar mais uma cabeça de gado à pastagem. Este raciocínio de cada indivíduo que faz uso desse local como produtor de gado leva a acrescentar, sucessivamente, mais uma unidade ao terreno *comum*, culminando necessariamente na rutura da sua capacidade, um fenómeno que Hardin designa como *tragédia*. Na «tragédia dos comuns» cada indivíduo «está preso a um sistema que o compele a aumentar o seu rebanho sem limites — num mundo limitado. A ruína é o destino para o qual todos os homens correm, cada um perseguindo o seu melhor interesse».[42]

Além da sobre-exploração de recursos, a poluição também consubstancia, segundo Hardin, uma tragédia dos comuns, dado que, para o indivíduo dotado de racionalidade, é notório que a sua parte nos custos é maior quando toma medidas de redução da poluição do que quando simplesmente a deixa ocorrer.

Uma solução para este problema passa por privatizar o uso do recurso comum, ficando os direitos de propriedade completamente definidos, e tendo o indivíduo, nessa situação, incentivo para gerir o recurso de modo mais sustentável. Uma outra solução traduz-se na atribuição de um valor aos bens e serviços fornecidos pelo ambiente para que capte todos os atributos do bem e possa dessa maneira ser incluído na decisão dos agentes e de alguma forma, através da intervenção governamental, fazer refletir esse valor nas decisões daqueles.

4.2.3. A solução alternativa de Ostrom para a governança dos recursos comuns

Em alternativa, existem diversos exemplos em que os agentes envolvidos em situações do género das acima descritas, conseguem criar um conjunto de regras que lhes permitem ultrapassar o dilema e implementar soluções mais benéficas para todos. Elinor Ostrom, neste contexto, ressalta o efeito de normas sociais e culturais e de regras de decisão individual simplificadoras (heurísticas) no controlo dos comportamentos individuais. Os incentivos que as instituições (formais ou informais) estabelecem, condicionam o comportamento dos agentes e consequentemente determinam se estes são bem-sucedidos na adoção de ações coordenadas, ou se enveredam por jogos de soma negativa, ou seja, adotam comportamentos que no seu conjunto se traduzem em perdas (ou ganhos inferiores) para todos os intervenientes.

Elinor Ostrom argumenta a favor destas respostas cooperativas de regulação do uso de bens comuns, ilustrando com inúmeros exemplos reais a pertinência dessas soluções, particularmente quando se trata de bens comuns locais. A sua proposta[43] parte do reco-

---

[42] Hardin, G. (1968). The tragedy of the commons. *Science, 162*(3859), 1243-1248, (p. 1244).

[43] Embora explicada em diversas publicações, é de evidenciar o livro de Ostrom, E. (1990). *Governing the commons: The evolution of institutions for collective action*. Cambridge University Press.

nhecimento que, existindo problemas de sobreutilização ou sobre-exploração de bens comuns, as soluções de privatização/regulação, com a explícita definição de direitos de propriedade, ignoram a existência de outras soluções eficazes de partilha do recurso comum local. Muitas comunidades conseguem encontrar um conjunto de regras estáveis e eficazes de gestão de recursos comuns que possibilitam um uso adequado do recurso, evitando a sua sobre-exploração e consequente degradação. Uma implicação importante do trabalho de Ostrom é de que não existem soluções universais, tendo estas antes um contexto cultural e específico.

Contudo, apesar de se tratar de soluções específicas e adaptadas a cada caso concreto, Elinor Ostrom identificou um conjunto de princípios necessários ao sucesso das mesmas (Figura 12).

Figura 12: **Princípios de governança dos Comuns**

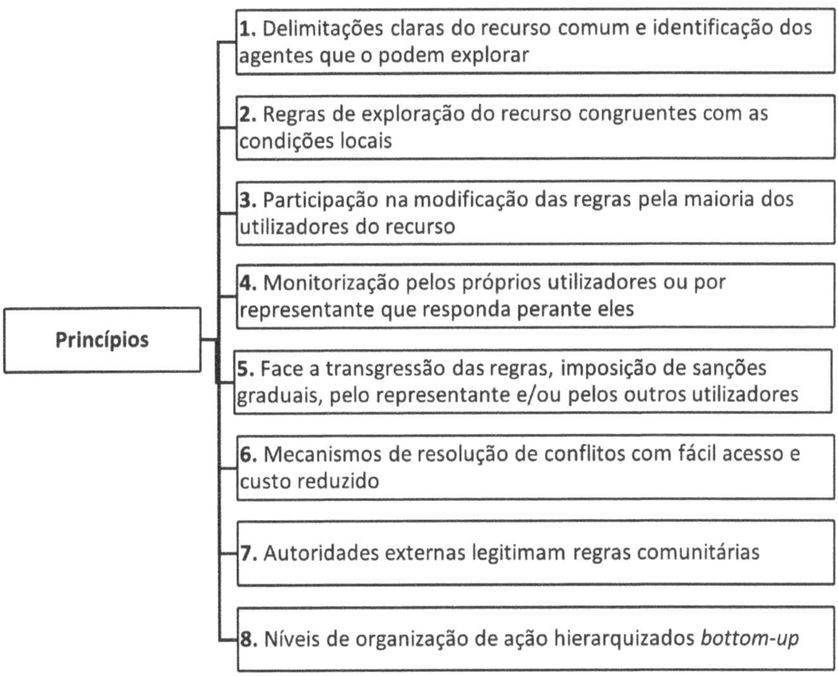

O **Princípio 1** assegura uma menor incerteza no uso do recurso comum, fisicamente circunscrito e precavendo situações de utilização indevida por agentes externos à comunidade, não movidos pelos mesmos interesses dos seus membros. Sem balizar as fronteiras do recurso e o fechar a agentes externos não há garante de manutenção do incentivo comunitário em envidar esforços na sua gestão, podendo até chegar-se à sua destruição. Ficam também identificados os indivíduos que podem beneficiar do bem comum, mas que igualmente contribuem para o seu custo de manutenção.

O **Princípio 2** sustenta que as peculiaridades das condições locais devem subjazer as decisões sobre quanto, quando e como é que os agentes se devem aprovisionar do recurso. Devem ser assim criadas regras de exploração personalizadas, pelos próprios utilizadores, numa determinada localização. Também as contribuições de cada utilizador têm de estar relacionadas com as condições locais.

São também os utilizadores que devem criar, modificar e adaptar as normas operacionais (**Princípio 3**), através de um conjunto de preceitos apropriados e conectados ao contexto específico, do qual são conhecedores privilegiados. Na sequência disto, é igualmente necessário que eles próprios estejam envolvidos na monitorização do seu cumprimento (**Princípio 4**), dada a vulnerabilidade da situação a fenómenos de *free rider*, assim como na efetivação das sanções por incumprimento (**Princípio 5**). As penalidades devem ser graduais, de acordo com a gravidade e frequência de infração das normas. A intervenção de autoridades externas é vista como irrelevante, verificando-se a imposição de sanções, geralmente baixas, mas com o resultado pretendido. Um simples lembrete ou repreensão por outro membro do grupo pode revelar-se suficiente em casos menos graves. Mecanismos sociais, como um «consentimento mútuo» dentro da comunidade, mostram ser muito eficazes no sentido de anuir às regras, sendo a possível recriminação social vista como fator essencial para explicar níveis altos de cumprimento. Por exemplo, se há vários utilizadores da mesma água em sistema de rotação, cada um dos agentes vai automaticamente vigiar qual o montante e o período da água extraída pelo que o antecede, para não ser prejudicado. Esta proximidade entre os utilizadores leva a que cada um constate se os outros estão a cumprir e a ter mais confiança no sistema de monitorização e penalização instituído.

Segundo Ostrom, estes dois últimos princípios levam «os utilizadores a construir e reconstituir instituições robustas» de recursos comuns: Quando os agentes delineiam «os seus próprios princípios operacionais (Princípio 3) para ser aplicados por indivíduos que são utilizadores locais ou responsáveis perante eles (Princípio 4), usando sanções graduais (Princípio 5) que definem quem tem os direitos de explorar o recurso comum (Princípio 1) e que efetivamente restringem as atividades de apropriação, de acordo com as condições locais (Princípio 2), os problemas de compromisso e de monitorização são resolvidos de uma forma inter-relacionada. (...) Eu comprometo-me a seguir um conjunto de regras que criámos (...) se os restantes afetados estabelecerem um compromisso semelhante e agirem de acordo com ele.»[44]

A resolução de conflitos, relativamente a diferentes interpretações das normas a cumprir e da definição do que é uma infração às regras, deve constituir um mecanismo simples e rápido, assim como acarretar poucos custos (**Princípio 6**). Este processo, frequentemente informal, e desempenhado pelos líderes escolhidos pelo grupo, é essencial para a manutenção da crença de que o sistema é exequível e «justo», permitindo assim a sua perpetuação.

O **Princípio 7** estabelece que as autoridades governamentais, externas à comunidade, não contestem as prescrições estabelecidas pelos próprios utilizadores, reconhecendo-lhes direitos para organizar as instituições. Caso contrário, seria posta em causa a manutenção da forma de gestão por eles criada.

Finalmente, pelo **Princípio 8**, caso as atividades de apropriação e provisão, assim como a monitorização e cumprimento das normas, e a resolução de conflitos e governança do recurso comum envolvam várias áreas e jurisdições, deve ser feita uma hierarquia de vários níveis de atuação, em que cada nível encaixa no nível superior.[45] Em sistemas de maior escala, as várias atividades de menor dimensão devem ser coordenadas entre si e enquadradas no sistema global. Por exemplo, num sistema de irrigação que abarque uma área mais vasta, organizações menores estão inseridas em outras de maior escala, com cada um dos níveis dispondo de um conjunto de regras distintas.

Um caso estudado de forma intensiva por Elinor Ostrom foi o das pescas. A sua gestão é feita de forma distinta em situações diferenciadas (por exemplo por zonas). Assim, é comum a limitação da pesca não por volume pescado (por ser difícil de controlar) mas por período de pesca, tecnologia ou área. Vejamos alguns exemplos.

Nos anos vinte do século XX, a pesca de lagosta em Maine nos EUA estava ameaçada, dada a incapacidade das comunidades locais em limitar a sua exploração. Nessa altura o Estado interveio, ameaçando fechar algumas atividades, fazendo-o sem um conjunto de medidas compreensivas, mas apenas prestando apoio informal aos agentes de autoridade local. Esta intervenção foi bem-sucedida e no final dos anos trinta, os níveis de *stock* estavam, na sua essência, recuperados. Numa intervenção posterior, dado que as organizações informais locais estavam a perder poder, o Estado tornou as organizações

---

[44] Ostrom, E. (1999, março). Design principles and threats to sustainable organizations that manage commons. In *Workshop in Political Theory and Policy Analysis, W99-6. Center for the Study of Institutions, Population, and Environmental Change.* Indiana University (p. 5).

[45] No original, Ostrom designa isto por *nested layers of organization* ou *nested enterprises.*

mais formais e com um âmbito geográfico definido. Este processo teve como consequência a criação informal de um conselho das organizações locais que permitisse analisar problemas de escala geográfica superior. Assim, ainda que tenha sido o Estado a dar o primeiro passo, a cooperação a larga escala surgiu de uma abordagem cooperativa local, deixando depois de ser necessária a intervenção daquele.

Um outro exemplo estudado por Ostrom é o da pesca de salmão no estado de Washington. Até meados dos anos setenta do século XX, a pesca era gerida centralmente. Esta forma de gestão levantava uma questão que derivava da agregação de problemas transversais a diversas espécies de peixes, descurando as especificidades do salmão com consequências a longo prazo. Após meados dos anos setenta, o sistema foi alterado por decisão de um tribunal que validou a existência de um acordo centenário que atribuía a tribos indígenas o direito a 50% dos peixes que atravessavam o território dessas comunidades. Assim, foi necessário criar um sistema misto de gestão entre o estado de Washington e essas tribos. Este sistema criou novos incentivos a nível local, para que evitassem problemas de sobre-exploração, e assegurou que as questões específicas deste recurso fossem tidas em conta na sua gestão.

Em suma, a proposta de Ostrom, consiste, assim, em afirmar a não inevitabilidade da tragédia dos comuns, a não universalidade das soluções e a existência de alternativas quer à privatização dos recursos comuns, através da definição de direitos de propriedade, quer à gestão pública dos mesmos. A alternativa é a ação coletiva que assume agentes com comportamentos maximizadores que respondem a incentivos e que simultaneamente reconhecem a estrutura do problema e os benefícios de soluções maximizadoras do bem-estar da comunidade.

Vários outros casos, de «análise da governança económica, especialmente dos comuns», que excederam em muito os exemplos relativos à sobre-exploração no caso das pescas aqui ilustrados, foram analisados por Elinor Ostrom, o que lhe valeu, em 2009, a atribuição do galardão de prémio Nobel da Economia, tendo sido a primeira mulher a receber esse prémio.

A procura de uma solução que assegure a sustentabilidade dos recursos comuns, a longo prazo, dará lugar, no próximo capítulo, a uma reflexão mais focada na temática do desenvolvimento sustentável.

III. Economia do Ambiente e sustentabilidade

Introdução

Este capítulo enquadra a relação entre economia e ambiente numa dimensão mais normativa, começando por distinguir a visão antropocêntrica de outros posicionamentos face à natureza (ponto 1). Esta discussão tem o intuito de trazer para a análise, com as devidas limitações que o âmbito deste livro exige, a reflexão sobre a importância da natureza para o ser humano atual e a consideração do bem-estar de gerações futuras, imposto pelo conceito de desenvolvimento sustentável.

Nesta linha, importa, desde logo, fazer uma distinção entre crescimento económico e desenvolvimento, o primeiro mais limitado a análises que fazem uso de agregados macroeconómicos de aplicação internacional alargada como o Produto Interno Bruto (PIB), o segundo abarcando componentes mais latas, em que se ressalta a qualidade ambiental. Um breve trajeto sobre a evolução e a relação entre estes conceitos, com uma menção à Curva de Kuznets Ambiental, que procura estabelecer uma associação empírica entre crescimento económico e degradação ambiental, é traçado no ponto 2.

O ponto 3 parte da ideia de crescimento e de um dos seus indicadores habitualmente escolhido, o PIB, para evidenciar algumas contradições deste agregado na representação do estado de «riqueza» de uma economia. Na sequência disto, é explicitada a noção de capital natural, fulcral para avalizar o desenvolvimento sustentável de uma economia cujo conceito e respetivo percurso de construção se começam a desenvolver no ponto seguinte.

No ponto 4 mencionam-se alguns dos principais marcos na definição desta noção, tanto em termos temporais como concetuais, terminando-se com uma chamada de atenção de que algumas correntes propõem uma distinção entre «desenvolvimento sustentável» e «sustentabilidade».

Já com o foco nesta última, distinguem-se, no ponto 5, dois paradigmas, a sustentabilidade fraca e a sustentabilidade forte, ligadas à consideração da possibilidade, ou não, e, em caso afirmativo, em que grau, de substituição de capital natural pelo capital físico. Por exemplo, no domínio da sustentabilidade fraca está em causa averiguar se rendas obtidas em capital natural ao serem reinvestidas em capital produzido serão ou não capazes de assegurar uma manutenção de bem-estar para as gerações atuais e futuras. No paradigma de sustentabilidade forte defende-se, pelo contrário, que aqueles dois tipos de capitais ao invés de serem substitutos, são complementares. Estas visões têm pontos em comum com as perspetivas antropocêntrica e biocêntrica, introduzidas no início do capítulo. Adicionalmente, é crucial falar de uma componente do capital natural designada como crítico, não passível de ser substituído, como os sistemas de suporte à vida, constituindo uma perspetiva de «compromisso» entre sustentabilidade fraca e forte.

Todas estas temáticas envolvem inúmeras controvérsias que este livro não tem intuito de resolver, mas sim de expor, apostando mais numa reflexão, que se pretende crítica, sobre algumas das suas vertentes.

O ponto 6 aborda indicadores de sustentabilidade, particularmente com o objetivo de concretizar algumas formas de aferir o grau de sustentabilidade (fraca ou forte) de um país. Esta análise não tem qualquer pretensão de ser exaustiva, mas sim meramente exemplificativa, concentrando-se em indicadores geralmente abrangentes, calculados a uma escala internacional, embora se considere que ainda não se encontram completamente consolidados, ao contrário do PIB.

O primeiro a ser aqui introduzido, a poupança genuína, também denominada pelo Banco Mundial por poupança ajustada líquida, é usualmente calculada para um espectro alargado de países. No ponto 6.1 apresenta-se a sua forma de cálculo, expondo-se as exigências deste indicador, as suas vantagens, mas também fragilidades, para avaliar do grau de sustentabilidade de um país, utilizando uma medida de sustentabilidade fraca. No ponto 6.2, na procura de uma perspetiva de sustentabilidade forte, recorre-se ao Índice Planeta Vivo, descrevendo brevemente os seus propósitos e forma de cálculo, enfatizando também algumas das suas debilidades. O ponto 6.3 prossegue com vertentes relativas à pegada ecológica, explicitando as suas principais componentes e habitual forma de cálculo, lançando a discussão sobre as suas vantagens e os seus pontos fracos. Os três indicadores enunciados, por causa dos seus diferentes conteúdos e procedimentos, podem levar quem os usa a conclusões não concordantes ou mesmo opostas, ideia que é traduzida no fim do capítulo com um pequeno exemplo.

O presente capítulo tem especificidades diferentes dos outros, pelo seu intuito principal de reflexão, comparando e confrontando teorias, tecendo análises críticas, explorando controvérsias. Desta perspetiva resulta um formato mais descritivo e normativo do que os restantes. Devido a essas caraterísticas, o leitor é frequentemente remetido para leituras adicionais, pelo que se apresentam vastas referências bibliográficas.

1. Relação do ser humano com o ambiente: antropocentrismo e biocentrismo

Importa aqui fazer uma breve reflexão sobre a relação do ser humano com a sua envolvente ambiental, que vai ser importante ter presente numa ótica de confluência do ambiente com a economia.

Antes de mais, fazemos um breve parêntesis com a distinção entre duas denominações de economia, economia positiva, baseada sobretudo em factos (*o que é*) e economia normativa, de cariz mais subjetivo, mais apoiada em julgamentos de valor e raciocínios éticos (*o que deve ser*)[46]. Interessa aqui ser introduzida esta distinção, considerando a vertente normativa do conceito de desenvolvimento sustentável.

A relação entre atividades humanas e o meio natural não é possível apenas de uma única forma, mas assenta em opções políticas e sociais, isto é, a configuração dessa relação depende de considerações de direito, morais e éticas, que traduzem também escolhas civilizacionais. De seguida explicam-se as formas mais comuns que esta relação tem assumido. Faz-se, contudo, notar que nem todas as conceções aqui revistas são compatíveis com todas as análises desenvolvidas ao longo do livro.

A visão de uma sociedade **antropocêntrica** coloca o ser humano na posição central e dominante face à natureza. Há uma separação entre o ser humano e a natureza, sendo aquele visto como independente desta e não como sua parte integrante. A condição hierárquica dos humanos é superior à dos outros seres e à natureza no seu todo, cuja relevância se encontra condicionada pelo seu valor instrumental ou utilitarista.

Esta noção de antropocentrismo ainda pode ser dividida em duas categorias. A versão extrema do **antropocentrismo** geralmente dito *forte*, que aqui será designada por **individualista**, identifica-se com uma postura fortemente centrada no indivíduo, que se considera em posição de supremacia relativamente a tudo o que o rodeia. Por outro lado, a versão do antropocentrismo *fraco*, aqui designada por **coletivista**, admite que, embora o ser humano domine, existe alguma preocupação com a envolvente, dado que reconhece a relação de coexistência com os outros seres humanos, inclusive as gerações futuras. Assim, segundo esta corrente, cada geração deve garantir a continuidade da espécie humana, assegurando genericamente uma base de recursos estável.

---

[46] Keynes, J. N. (1890). The scope and method of political economy. *History of Economic Thought Books*. McMaster University Archive for the History of Economic Thought.

Regras mais concretas são estabelecidas por alguns autores. Vastamente citado, B. Norton[47] recomenda, por exemplo, que o uso de recursos renováveis não exceda um máximo, a partir do qual a sustentabilidade dos mesmos esteja em causa. Por outro lado, a utilização dos recursos não-renováveis deveria abster-se de ir além de um uso que não pudesse ser compensado por substitutos, de forma a manter-se uma base constante para gerações futuras. Adicionalmente, seria necessário colocar algumas restrições ao crescimento populacional, que teria de ajustar-se à disponibilidade de recursos, revisitando-se assim preocupações de tipo malthusiano.

Por oposição, as visões de sociedade identificadas como não antropocêntricas, encaram o ser humano como parte integrante da natureza[48]. No **biocentrismo**, a natureza assume um valor próprio, estando em foco os organismos vivos (humanos, animais e até plantas). No **ecocentrismo**, uma noção ainda mais abrangente, a visão é mais holística, abarcando ecossistemas e outros aspetos da natureza tipicamente mais distantes do ser humano.

Se deixarmos de lado as duas visões mais «extremadas», o antropocentrismo individualista e o ecocentrismo, a distinção que mais vai interessar aqui é entre o antropocentrismo (coletivista) e o biocentrismo. Ao contrário do primeiro, a corrente dita biocêntrica nega que o ser humano seja a espécie dominante sobre todas as outras, defendendo que as espécies não-humanas sejam também inerentemente merecedoras de respeito e tratamento imparcial.

O autor P.W. Taylor, proponente de alguns princípios básicos da corrente biocêntrica, defende que os recursos naturais, tanto não-renováveis como renováveis deveriam sofrer um uso mínimo e cuidadoso, com preocupações de necessidades futuras. Em particular, era aconselhada a adoção de técnicas mais eficientes para a utilização destes últimos. Em sequência, a conservação da natureza impõe um aumento das áreas preservadas e tomada de medidas de compensação, caso haja alguma intervenção nas mesmas. Nesta linha, admite-se a satisfação dos interesses básicos dos seres humanos, estabelecendo condições para os interesses não-básicos, quando possa haver confronto entre estes e os interesses básicos de outras espécies. Assim, o ser humano deve coi-

---

[47] Norton, B. G. (1984). Environmental ethics and weak anthropocentrism. *Environmental Ethics*, 6(2), 131–148.

[48] Assim: «O antropocentrismo afirma que o valor é de ou para os seres humanos. O biocentrismo afirma que todas as formas de vida, como tais, são valiosas. O ecocentrismo enfatiza o valor dos sistemas ecológicos como um todo, incluindo processos naturais, relações e partes não vivas do meio ambiente» (Parker, K. (1996). Pragmatism and Environmental Thought. *In* A. Light e E. Katz, *Environmental Pragmatism* (pp. 21–37). Routledge.)

bir-se de atuar, se a sua ação tiver efeitos indesejados e for vista como uma intervenção no ambiente fora da esfera do estritamente necessário.[49] Qualquer ser é visto como tendo valor próprio e não apenas dependente da sua utilidade para os humanos. Aliás, alarga-se aqui o conceito de gerações futuras, para incluir também animais e plantas, extensão essa que vai ser relevante para algumas definições de sustentabilidade.

No âmbito deste livro, embora reconhecendo a existência e importância da reflexão sobre as correntes biocêntricas, se nada for dito em contrário, estará usualmente subentendida a noção de antropocentrismo coletivista, tendo em conta que, para uma noção de valor económico, será, em última instância, o ser humano a fazer apreciações e tomar decisões sobre si próprio, mas também sobre os outros seres.

2. Crescimento económico e degradação ambiental

Antes de se partir para uma análise do conceito de desenvolvimento sustentável, convém estabelecer, desde logo, uma diferença entre a usual conceção de crescimento económico e desenvolvimento. O **crescimento económico** faz uso de agregados macroeconómicos, grandezas expressas em unidades monetárias, para avaliar o desempenho económico, mais ou menos favorável, de um país ou região num dado período de tempo. Um dos indicadores mais usados para apurar o nível de crescimento é o Produto Interno Bruto (PIB), ou o Produto Nacional Bruto (PNB). Para já, há que reconhecer que as vantagens destes agregados são inúmeras, sobretudo concernentes a um uso já consagrado a nível mundial e de longa data, permitindo uma fácil comparabilidade entre diferentes países. Não obstante, várias lacunas lhes podem ser apontadas, dando origem a críticas e à proposta de alguns ajustamentos, referidos mais adiante, neste capítulo.

Em contrapartida, o **desenvolvimento** é um conceito mais lato, embora de mais difícil cálculo e comparabilidade, indo além de vertentes económicas quantitativas e abarcando componentes de âmbito mais qualitativo, como o grau de educação, saúde, equidade, liberdade, qualidade ambiental, entre outras.

Se o enfoque é, porém, o crescimento económico, não está necessariamente afastada uma potencial preocupação com a qualidade ambiental, nomeadamente a ques-

---

[49] «É-nos moralmente pedido que façamos ou nos abstenhamos de praticar atos na medida em que esses atos tragam benefício ou dano para as coisas vivas do mundo natural.» (Taylor, P. W. (1986). *Respect for Nature: A Theory of Environmental Ethics*. Princeton University Press.) (p. 10).

tão de averiguar se aquele promove a degradação ambiental (relação direta), ou, se, em vez disso, a contraria (relação inversa).

O trabalho de Meadows *et al.* (1972), também conhecido por **relatório do Clube de Roma**, sobre os «Limites do crescimento»[50], consolidou a primeira hipótese, defendendo que um maior crescimento económico acarreta consumo de recursos naturais e uso de energia mais elevados, originando necessariamente mais poluição. De acordo com o relatório do Clube de Roma, como a taxa de crescimento do uso de recursos naturais é exponencial, arrastada pelo crescimento da população e da industrialização, a situação revela-se insustentável, levando ao «colapso». Esta ideia recuperou visões de tipo malthusiano, tornando-se um *bestseller*, e alertando, pela primeira vez no século XX, em grande escala, para o problema ambiental e a finitude dos recursos físicos do planeta e para uma necessidade de mudança de paradigma. Um ano depois da sua publicação verificou-se a primeira grande crise do petróleo, um importante recurso não-renovável, citado no estudo. A conexão entre crescimento e degradação ambiental é, nesta perspetiva, inequivocamente direta e positiva, isto é, mais crescimento económico está associado a maior degradação ambiental.

O relatório do Clube de Roma foi sujeito a inúmeras críticas, considerado por uns como um mero estandarte ambientalista, visto por outros como um estudo pouco preciso[51], deixando de fora da análise importantes mecanismos de mercado, como a subida de preços, capazes de inverter a tendência para o esgotamento de recursos, ou o aumento de lucros na exploração, suscitando mais progresso técnico e a emergência de produtos substitutos.

Nessa linha, houve autores que defenderam o segundo tipo de relação, inversa, isto é, que o crescimento económico é um veículo necessário para alcançar menor degradação ambiental. Ou seja, «a forte correlação entre rendimentos e o grau pelo qual medidas de proteção ambiental são adotadas demonstra que, a longo prazo, a maneira mais segura de melhorar o meio ambiente é enriquecer»[52]. Deste modo, garantir crescimento em países menos desenvolvidos, traçaria a condição necessária para alcançar, a longo prazo, menor degradação ambiental.

---

[50] Meadows, D. H., Meadows, D. L., Randers, J., e W. Behrens III, William. (1972). *The Limits to Growth: A Report for the Club of Rome's Project on the Predicament of Mankind*. Universe Book.

[51] Solow usa a expressão «preconceitos ingénuos» quando se refere a conteúdos do trabalho do Clube de Roma: Solow, R. M. (1986). On the Intergenerational Allocation of Natural Resources. *The Scandinavian Journal of Economics*, *88*(1), 141–149.

[52] Beckerman, W. (1992). Economic growth and the environment: Whose growth? Whose environment?. *World Development*, *20*(4), 481–496.

Nesta temática, surge uma relação não linear, um padrão em U-invertido, que ficou conhecida como «**curva de Kuznets ambiental**»[53]. Partindo da obra de Simon Kuznets[54], relativa à relação entre o PIB (*per capita*) e a desigualdade na distribuição de rendimento, aquela função retrata, similarmente, a hipótese, a testar empiricamente, de um comportamento faseado entre crescimento económico (tendo habitualmente como indicador o PIB) e desempenho ambiental de países ou regiões (medido, por exemplo, por nível de emissões de um poluente).

Numa primeira etapa de crescimento económico, com o aumento da atividade económica, medida pelo PIB, a degradação ambiental deverá aumentar, fruto de um maior uso de recursos e maiores níveis de poluição (designado por **efeito escala**), assumindo a manutenção da estrutura económica e do nível tecnológico. A certa altura, hipoteticamente, atingir-se-á o limiar da poluição máxima, que constitui um ponto de inflexão da curva. A partir daí, a trajetória é descendente, já que o crescimento económico vai estar associado a uma recuperação ambiental. Esse facto é derivado do progresso técnico (**efeito tecnológico**) e da mudança de atividade económica de setores mais poluentes para menos poluentes e serviços (**efeito de composição setorial**), provavelmente acompanhados pela tomada de medidas de proteção ambiental pela administração pública e a iniciativa privada (que podemos designar por efeito da regulamentação/consciencialização). Destes efeitos resulta uma função cuja representação gráfica assume a forma de U-invertido, com a variável indicadora do nível de rendimento nas abcissas e do nível de degradação ambiental nas ordenadas (Figura 13).

Esta curva tem vindo a ser testada ao longo do tempo, em vários estudos, contudo sem resultados unânimes. Vários trabalhos relataram que este traçado apenas se verificou para alguns países e certos poluentes[55] e com pontos de inflexão muito diversos. Assim, a ideia de que ao alcançar um certo nível de rendimento se dispunha das condi-

---

[53] Stern, D. I. (2004). The rise and fall of the environmental Kuznets curve. *World Development*, *32*(8), 1419-1439.

[54] Kuznets, S. (1955). Economic Growth and Income Inequality. *American Economic Review*, *45*(1), 1-28.

[55] Para aprofundamento dessa polémica sugerem-se os seguintes trabalhos: Bimonte, S. (2002). Information access, income distribution, and the Environmental Kuznets Curve. *Ecological Economics* *41*(1), 145-156; Huang, W. M., Lee, G. W., e Wu, C. C. (2008). GHG emissions, GDP growth and the Kyoto Protocol: A revisit of Environmental Kuznets Curve hypothesis. *Energy Policy*, *36*(1), 239-247; Lee, C. C., Chiu, Y. B., e Sun, C. H. (2010). The environmental Kuznets curve hypothesis for water pollution: do regions matter?. *Energy Policy*, *38*(1), 12-23.

ções para enveredar por um percurso mais «limpo» e com mais poupança de recursos naturais, não possui suficiente suporte empírico para se tornar consensual.

FIGURA 13: **Curva de Kuznets ambiental**

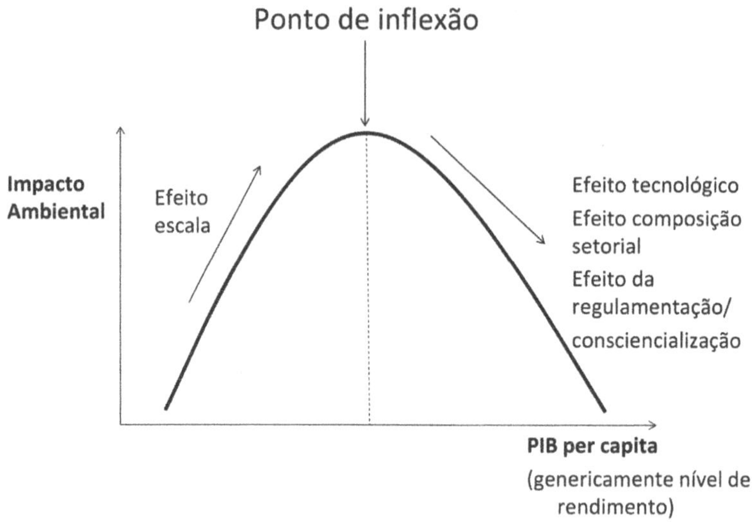

3. Capital natural

Retomando o que foi dito no relatório do Clube de Roma, sobre o papel dos mecanismos de mercado e de produtos substitutos para contrariar a «insustentabilidade» do crescimento económico, interessa aqui analisar a noção de «património» ou capital natural.

Considerado por alguns como indicador de bem-estar da população, o PIB é geralmente ainda visto como uma medida de criação de riqueza e crescimento de uma sociedade. Várias correntes têm vindo a apresentar críticas a esta visão e ao indicador em si. Uma das lacunas mais frequentemente apontadas a este agregado é o facto de só abarcar grandezas quantitativas e monetárias, ou seja, bens e serviços que são transacionados em mercado. Ficarão, desde logo, de fora os trabalhos doméstico, voluntário e de caráter informal, sem contrapartida monetária contabilizada, que, não obstante, se podem revelar muito importantes no contexto da sociedade em causa. Outra crítica que tem sido reiterada é a ausência de uma medição, incorporada no PIB, sobre o nível de (des)igualdade de distribuição do rendimento na sociedade. Por outras palavras, um país pode ter um PIB (ou PIB *per capita*) muito elevado, mas com uma percentagem muito alta de população empobrecida, e um nível de riqueza muito concentrado em indivíduos singulares ou grupos sociais. Outras medidas, como o coeficiente de Gini têm vindo a ser um suporte complementar do retrato de bem-estar social, no entanto, isto só comprova que, em si, o agregado não é suficiente para determinar a posição relativa de um país face a outros.

Além das preocupações anteriores, há que salientar a ausência de parâmetros de qualidade ambiental. Aliás, neste domínio, aparecem sinais incorretos relativos à contabilização. À semelhança de qualquer outra transação monetária que é contabilizada pelo PIB, a aquisição de equipamentos ou materiais que permitam aos indivíduos expostos a elevadas cargas poluentes minorar esses prejuízos também representa um acréscimo do seu valor. Podemos pensar num caso em que, *ceteris paribus*[56], a poluição de um país aumenta, provocando uma subida do PIB pela incorporação de grandezas, correspondentes a itens de consumo, que a população terá de adquirir na tentativa de contrariar essa perda. Assim, a perda de bem-estar é tratada como um ganho, dado que o PIB aumenta quando o país realiza gastos para minimizar os danos causados por uma maior carga poluente.

Da mesma forma, como já está comprovado em vários estudos, a poluição tem implicações em termos de saúde pública.[57] A poluição em si não vai diminuir o valor do PIB. Ao invés, os gastos com cuidados médicos, hospitais, medicamentos, etc., vão de novo, *ceteris paribus*, aumentar o seu valor, em paralelo com a diminuição do bem-estar da população.

Por outro lado, o PIB não mede *stocks* de riqueza, mas sim fluxos monetários verificados em certo período, por norma anualmente. A exploração de recursos naturais, renováveis e, especialmente, não-renováveis será um sinal de que o país está a ficar

[56] O latinismo *ceteris paribus* emprega-se frequentemente, em economia, para designar que, embora ocorram modificações numa variável, todo o resto permanece constante. Ou seja, o efeito dessa variação é «isolado» para chamar a atenção para determinado(s) aspeto(s) que se pretende(m) analisar, decorrente(s) somente daquela transformação pontual.

[57] Por exemplo, recentemente o Air Quality Life Index revelou que «a pessoa média está a perder 2,2 anos de esperança de vida devido à poluição por partículas que excede a diretriz da Organização Mundial da Saúde (OMS). O impacto da poluição por partículas é maior do que os efeitos de doenças transmissíveis devastadoras, como tuberculose e VIH/SIDA, assassinos comportamentais como o tabagismo e até mesmo a guerra» (Lee, K., e Greenstone, M. (2021). Air Quality Life Index, AQLI Annual Report. *Annual Update,* (p. 7)).

mais «pobre», dado a sua riqueza natural estar a diminuir (e no caso destes últimos tipos de recursos não pode ser reposta). Como consequência destes recursos serem transacionados, o PIB aumenta momentaneamente, dando o sinal contrário ao que seria desejável para um prazo mais longo. Da mesma forma, acontecimentos que trazem uma diminuição da riqueza natural de um país e do bem-estar da população, como a ocorrência de um incêndio em grande escala, acrescem ao valor do PIB, pelas despesas que se contabilizam, consubstanciando, de novo, uma «confusão» entre ganhos e perdas efetivos para a sociedade.

Por todos estes motivos, o indicador PIB deve ser visto com cuidado, melhorado e/ou complementado por outras grandezas.

No que respeita ao **capital** de um país/região, o conceito mais generalizado em economia é o que designa o conjunto de «bens produzidos duráveis que são, por sua vez, utilizados na produção»[58]. Designaremos esta componente por $\mathbf{K_M}$, ou seja, **capital «físico» ou manufaturado/produzido** pelo ser humano, indicando, por exemplo, edifícios, estradas, equipamentos, maquinaria, e outros bens produzidos que, não sendo incorporados na produção e sendo utilizados num período longo, constituem, ao mesmo tempo, um fator de produção e um produto.

Também sobejamente estabelecida está outra forma de capital designada por **capital humano** ($\mathbf{K_H}$). Esta variável encontra-se definida como o «acervo de capacidades e conhecimentos úteis e com valor acumulado pelas pessoas no processo das suas educação e formação profissional»[59], também necessário para o processo de produção.[60]

A estas duas formas de capital, acrescenta-se, com manifesta importância no âmbito deste livro, o **capital natural** ($\mathbf{K_N}$). O capital natural abrange, sucintamente, todos os recursos (renováveis ou não) e serviços proporcionados pela natureza, como energia, terra, minérios, plantas, animais, etc. Concretamente, consubstancia a prestação de quatro tipos de funções ambientais[61]:

---

[58] Samuelson, P. A., e Nordhaus, W. D. (1999). *Economia* (16.ª ed.), McGraw-Hill (p.739).

[59] Definição também retirada de Samuelson e Nordhaus, p. 233.

[60] Também de referir é o capital social/institucional, a associar ao humano. «O capital humano compreende todas as capacidades de trabalho dos indivíduos; enquanto o capital social e organizacional compreende as redes e organizações por meio das quais as contribuições dos indivíduos são mobilizadas e coordenadas» (Ekins, P., Simon, S., Deutsch, L., Folke, C., e De Groot, R. (2003). A framework for the practical application of the concepts of critical natural capital and strong sustainability. *Ecological Economics*, *44*(2-3), 165-185.

[61] Pearce, D. W., e Turner, R. K. (1990). *Economics of natural resources and the environment*. Johns Hopkins University Press.

1) É a base de fatores de produção, sob a forma de materiais (por exemplo madeira, recursos mineiros e matérias-primas para fabrico de alimentos) e energia (petróleo, etc.);
2) Constitui formas de sumidouro de desperdícios do processo económico;
3) Garante funções básicas de suporte à vida e de provisão de uma variedade de serviços ecológicos essenciais;
4) Fornece serviços de amenidades.

As três componentes de capital referidas, K_M, K_H e K_N, além de contribuírem indiretamente para assegurar o bem-estar humano, via o resultado do processo produtivo, também o proporcionam diretamente, como é o caso de K_N que, por exemplo, aumenta o bem-estar pela contemplação de um património paisagístico.[62] Mais do que isso, K_N representa as condições básicas da vida no planeta. Ou seja, enquanto as funções 1) e 2) são o sustentáculo para o processo produtivo, as funções 3) e 4) não contribuem diretamente para ele. No entanto, é de ressalvar que a 3) é vital, ou melhor, na sua ausência a vida (e, portanto, os processos económicos) não seriam possíveis. Desta forma, revela-se como a mais importante, uma vez que alberga as condições para a vida humana e, em consequência, o próprio processo produtivo, embora sem relação direta.

Outra expressão habitualmente usada para designar K_N é a de «capital ecológico», que foi a escolhida pelo denominado relatório Brundtland chamando a atenção para a sua degradação, aliás, desigual, direcionada pelos países mais industrializados, e criando dois problemas fulcrais, o do ambiente e o do desenvolvimento. Manter o *stock* de capital ecológico, enquanto se melhorava a distribuição de rendimento e se diminuía o risco de crises económicas, exigia mudanças, no sentido de tornar o crescimento menos intensivo em energia e materiais.[63]

4. Sustentabilidade e desenvolvimento sustentável

Precisamente após a publicação, em 1987, do **relatório Brundtland**, encomendado a Gro Harlem Brundtland (na altura, primeira-ministra da Noruega, e anterior ministra do ambiente) pelo «World Commission on Environment and Development»

[62] Nesse sentido, ver: Pearce, D. W., e Barbier, E. (2000). *Blueprint for a sustainable economy*. Earthscan.
[63] WCED. (1987). Our Common Future, Brundtland Report. World Commission on Environment and Development. (Overview, ponto 17 e Capítulo 2, ponto 35, respetivamente).

das Nações Unidas, as expressões «sustentabilidade» e «desenvolvimento sustentável» começaram a tornar-se comuns, constituindo um ponto de viragem na forma de entendimento do conceito de desenvolvimento.

Como já mencionado, várias teorias/correntes precederam longinquamente as ideias de finitude dos recursos naturais e a noção de «limites», como no caso dos autores Malthus e Ricardo. Em pleno século XX, o relatório do Clube de Roma, assim como o primeiro grande encontro a nível mundial para acolher uma discussão do agravamento dos problemas ambientais, a Conferência das Nações Unidas sobre o Desenvolvimento e Meio Ambiente Humano, em 1972, em Estocolmo, preconizaram novo marco na evolução da relação entre desenvolvimento e ambiente, numa versão de cunho «pessimista» em que «crescer» significaria «degradar mais» o ambiente.

Esta visão negativista foi evoluindo e dando lugar a outras perspetivas, com a emergência de novas expressões, com a tónica na possibilidade de conciliação entre ambiente e crescimento, como desenvolvimento «sem destruição do ambiente», «amigo do ambiente», «não prejudicial ao ambiente». O conceito de «ecodesenvolvimento» surge em 1973 no âmbito do Programa das Nações Unidas para o Meio Ambiente (PNUMA/UNEP).[64] Este conceito foi trabalhado e discutido por vários autores, destacando-se aqui a obra de I. Sachs[65] que define «**ecodesenvolvimento**» como um «estilo de desenvolvimento que, em cada ecorregião, requer soluções específicas para os problemas particulares da região, à luz dos dados culturais e ecológicos e de necessidades, tanto de longo prazo como imediatas.»[66]

Mas é o relatório Brundtland, em 1978, que estabelece a célebre definição de **«desenvolvimento sustentável» (DS)**, que contém vários dos elementos focados pelos trabalhos precedentes. «Desenvolvimento sustentável é o desenvolvimento que

[64] «Olhando para lá das questões imediatas e práticas relativas ao meio ambiente, o diretor executivo mencionou as mais importantes das várias áreas (...) para traçar um curso futuro das atividades do PNUMA. Estas relacionavam-se com a identificação de «limites externos» em certas atividades humanas, (...), indústrias cujas atividades tiveram consequências ambientais particularmente significativas, «ecodesenvolvimento» destinado a ajudar as comunidades rurais a fazer um melhor uso dos seus recursos naturais e humanos (...) (United Nations Environment Programme (UNEP). (1973, 12–22 de junho). Report of the Governing Council on the work of its first session, *General Assembly. Official Records: Twenty-eight session. Supplement No 25 (A/9025)*, United Nations (p. 3).

[65] Sachs, I. (1974). Environment and styles of development. *Economic and Political Weekly*, 828–837.

[66] Esta temática específica não vai ser aqui mais aprofundada. Para o leitor interessado sugere-se: Chaves, M. C. (1994). A dimensão ecológica do desenvolvimento. Elementos de reflexão sobre o conceito de «ecodesenvolvimento». *Cadernos de Ciências Sociais, Porto, Ed. Afrontamento*, (14), 99–117.

satisfaz as necessidades do presente, sem comprometer a capacidade de gerações futuras de satisfazer as suas próprias necessidades.»[67]

Esta definição foi objeto de várias críticas por ser demasiado vaga e ambígua, mas também foi geradora de consensos, por se revelar amplamente «instrumental»[68], sendo a preferencialmente usada quando se fala em desenvolvimento sustentável. Lança também um desafio colossal, ao instigar à resolução, em simultâneo, de um conflito com duas vertentes cruciais na noção de desenvolvimento sustentável: por um lado, a diferente distribuição de rendimentos e pobreza humana e, por outro, a degradação ambiental. O foco central do DS na resolução das necessidades humanas não se alinha com correntes bio ou ecocêntricas, mas converge no ser humano, na maximização do seu bem-estar, considerando o efeito positivo da tecnologia, do aumento da eficiência e da importância da qualidade ambiental no bem-estar da sociedade. Foi assim frequentemente visto como tendo um conteúdo francamente antropocêntrico, desde logo pela sua recomendação de um forte crescimento quantitativo encarado como a solução adequada.

Assim, a distinção entre crescimento e desenvolvimento é aqui observada por ângulos diferentes. Por um lado, a necessidade de crescimento económico é reconhecida, para combater condições precárias da população, onde estas existam e só sejam colmatadas através do potencial do crescimento.

Por outro lado, afirma-se que:

- «o crescimento em si não é suficiente»;
- «o desenvolvimento sustentável envolve mais do que crescimento. Requer uma mudança no conteúdo do crescimento, para o tornar menos intensivo em materiais e energia e mais equitativo»;
- «em essência (...) é um processo de mudança, na qual a exploração de recursos, a direção dos investimentos, a orientação do desenvolvimento tecnológico e a mudança institucional estão todos em harmonia e intensificam o potencial presente assim como futuro, para satisfazer as necessidades e aspirações humanas»[69].

Nesta linha, crescimento e desenvolvimento implicam necessariamente mudanças nos ecossistemas, fazendo-se a distinção entre recursos renováveis, cuja exploração

---

[67] WCED (1987), Capítulo 2, ponto 1.

[68] Mebratu, D. (1998). Sustainability and sustainable development: historical and conceptual review. *Environmental Impact Assessment Review, 18*(6), 493–520.

[69] WCED (1987), respetivamente: Capítulo 2, ponto 6; Capítulo 2, ponto 35; Capítulo 2, ponto 15.

deve atender à sua taxa de regeneração, e não-renováveis, que dependem do limite crítico do recurso, de tecnologia que minimize a degradação e da possibilidade de se encontrarem substitutos. O desenvolvimento sustentável também requer a minimização de efeitos prejudiciais na qualidade do ambiente, como ar e água. Adicionalmente, o relatório Brundtland chama a atenção para o facto de que, ao interferir nos ecossistemas, se reduz a diversidade de espécies, o que afeta as oportunidades de gerações futuras, pelo que apela, genericamente, à conservação de animais e plantas.

Um passo adicional na construção da temática do DS foi dado em 1992, no Rio de Janeiro, com uma segunda conferência a nível mundial, vinte anos após a primeira: a Conferência das Nações Unidas sobre o Meio Ambiente e Desenvolvimento (CNUMAD), também conhecida por «**Conferência do Rio**», «Cimeira da Terra» ou «Eco-92». Aqui foram gerados documentos relevantes como a Declaração do Rio sobre Ambiente e Desenvolvimento, as Convenções da Biodiversidade e do Clima, os Princípios para a Administração Sustentável das Florestas e a Agenda 21. De assinalar, que esta cimeira consolidou a nível institucional o conceito de DS, considerando que os «seres humanos estão no centro das preocupações do desenvolvimento sustentável. Eles têm o direito a uma vida saudável e produtiva em harmonia com a natureza». O elemento inter e intrageracional é aqui também enfatizado, dado que se consagra que o «direito ao desenvolvimento deve ser cumprido de modo a atender de forma equitativa às necessidades de desenvolvimento e ambientais das gerações presente e futuras», apelando à participação de todos os cidadãos, em vários níveis de ação, com uma ênfase particular na responsabilidade acrescida das Nações mais desenvolvidas, na base do princípio das responsabilidades comuns, mas diferenciadas. [70]

Estas abordagens foram continuadas com um espaçamento de dez anos, em Joanesburgo (Rio+10) e Rio de Janeiro (Rio+20), cimeiras realizadas em 2002 e 2012 respetivamente, com alguns pontos inovadores, mas sobretudo numa ótica de continuidade.

Apesar do seu longo percurso, a definição de DS ainda se pode considerar como uma grandeza «em construção». Aliás, comummente os conceitos de «desenvolvimento sustentável» e «sustentabilidade» são usados indistintamente, sem diferenciação. Uma especificação mais precisa entre ambos tem sido tentada por vários autores, considerando genericamente **desenvolvimento sustentável** como um «processo», e **sustentabilidade** com um «estado», em que o primeiro é «a jornada, caminho ou processo

---

[70] United Nations Conference on Environment and Development (UNCED) (1992), Rio Declaration on Environment and Development, 1992. A/CONF.151/26 (Vol. I), respetivamente Principle 1, Principle 3, Principle 10 e 7.

para alcançar (...) o estado dinâmico ideal»[71], ou seja, a segunda, representando esta o objetivo, que se traduz por uma «capacidade de continuidade num futuro de longo prazo».[72] Gallopin (2003) acentua que sustentabilidade remete para um sistema aberto, em interligação com o exterior, por outras palavras, não isento de mudança. Robinson (2004) chama a atenção para a ideia de que DS é um conceito que abrange o crescimento económico, não o pondo em causa, alargando-se a outras vertentes, como seja a desigualdade de distribuição de rendimento. Por outro lado, a sustentabilidade refere-se à capacidade dos seres humanos de enfrentar as restrições ambientais.[73]

Elkington, em 1997, realça que o conceito de DS é tridimensional: «O desenvolvimento sustentável envolve a procura, em simultâneo, de prosperidade económica, qualidade ambiental e equidade social.» [74] Esta ideia, de existência de três dimensões de DS, embora fundamental, nem sempre é explicitada ou seguida pelos estudiosos desta área temática.

Para evitar o conteúdo vago do conceito de DS e conferir-lhe um teor mais voltado para a ciência económica, Pezzey avança com uma aceção em que o termo «necessidades» dá lugar ao de «utilidade» e a dimensão temporal, referente a «futuro», é concretizada por «milhares de anos», período vastamente longo, mas sem pressupor uma «evolução natural genética significativa nos seres humanos». A definição conteria então a ideia de «utilidade não decrescente de um membro representativo da sociedade durante milénios no futuro».[75]

Num quadrante oposto, uma definição, com teor biocêntrico, enquadrada no paradigma da economia ecológica, é dada por Lawn (2006): «uma nação está a atingir um desenvolvimento sustentável se está a seguir um padrão de desenvolvimento que melhora a qualidade total de vida de cada cidadão, tanto agora como no futuro, enquanto assegura que a taxa de uso dos recursos não excede as capacidades regenerativa e de assimilação de resíduos do ambiente natural. Trata-se também de uma nação

---

[71] Lozano, R. (2008). Envisioning sustainability three-dimensionally. *Journal of Cleaner Production, 16*(17), 1838-1846.

[72] Martin, S., Brannigan, J., e Hall, A. (2005). Sustainability, systems thinking and professional practice. *Journal of Geography in Higher Education, 29*(1), 79-89.

[73] Robinson, J. (2004). Squaring the circle? Some thoughts on the idea of sustainable development. *Ecological Economics, 48*(4), 369-384.

[74] Elkington, J. (1997). Cannibals with forks. *The triple bottom line of 21st century.* New Society Publishers.

[75] Pezzey, J. (1992). Sustainability: an interdisciplinary guide. *Environmental Values, 1*(4), 321-362.

que salvaguarda a sobrevivência da biosfera e de todos os seus processos evolutivos, reconhecendo, até certo ponto, o valor intrínseco de seres não humanos sencientes.»[76]

Pearce *et al.* (1994) defendem que a dificuldade não é definir DS, mas sim determinar como este se atinge.[77] Esta ideia será aqui posteriormente retomada na exemplificação de indicadores que tentam aferir se uma economia está ou não num percurso de sustentabilidade.

5. Substituibilidade entre tipos de capital: sustentabilidade fraca e forte

Vários autores consideram que, desde que o sistema de preços funcione eficientemente, o crescimento económico não vai implicar o esgotamento de recursos nem reduzir a qualidade de vida, por aumento da poluição. Esta premissa é geralmente sustentada por uma aposta adequada no progresso técnico, admitindo que diversas formas de capital podem ser **substituíveis** entre si. A principal questão que se coloca é se qualquer das três componentes do capital total K (expressão (1)) pode ser parcial ou totalmente substituída por outra.

$$K = K_M + K_H + K_N \qquad (1)$$

Efetivamente, ao longo do tempo, e no que respeita à componente de capital humano, tem vindo a assistir-se a uma substituição de trabalho (K_H) por processos mais mecanizados (K_M). Os limites da substituição do K_H ultrapassam o âmbito deste livro, pelo que nos cingiremos às outras duas componentes (K_M e K_N).

Genericamente, distinguindo entre uma substituição dentro da mesma componente de capital e entre elas, a primeira parece menos controversa do que a segunda.

Assim, no que respeita à categoria de K_M, tem-se procedido a várias mudanças, permitidas pelo progresso e exigidas pela sociedade, tanto em termos económicos como ambientais. A substituição de infraestruturas ou máquinas mais antigas por outras mais modernas tem tido uma evolução cada vez mais rápida. Decorre, por exemplo, atualmente, uma tentativa de minimizar a produção e o uso de plástico, substituindo-o

[76] Lawn, P. A. (2006). Sustainable development: concept and indicators. Em Lawn, P. A. (Ed.). *Sustainable development indicators in ecological economics* (pp. 13-51). Edward Elgar Publishing.

[77] Pearce, D. W., Atkinson, G. D., e Dubourg, W. R. (1994). The economics of sustainable development. *Annual Review of Energy and the Environment, 19*(1), 457-474.

por outros materiais, como papel, madeira, etc. Esta modificação nem sempre é fácil, nem é isenta de acentuadas consequências, tanto ambientais como económicas, mas parece ser, em grande parte dos casos, possível.

No que toca à substituição de capital natural por manufaturado, por exemplo, na agricultura, animais ou adubos orgânicos, deram lugar, em grande parte, a tratores e preparados químicos, respetivamente. Ou seja, a inovação permite esta substituição entre as duas categorias de capital.

O progresso técnico tem vindo a ser, no entanto, crescentemente encarado como uma condição necessária, mas não suficiente, para se atingir a sustentabilidade. Se a substituibilidade que aquele propicia fosse perfeita, a elasticidade[78] de substituição entre K_N e K_M seria igual a 1. Atendendo, porém, às caraterísticas de K_N já elencadas anteriormente, existem várias barreiras na substituição por K_M, nomeadamente no que respeita à função base dos sistemas de suporte de vida e, num outro nível, à provisão de amenidades, como a estética da paisagem natural. Neste âmbito, especialmente no primeiro caso, não se assevera plausível que o capital natural seja passível de substituição.

Apesar disso, a discussão sobre a sustentabilidade acaba por se centrar, primordialmente, na discussão sobre a possibilidade de substituição de K_N por K_M, e quais os seus limites.

Na linha da economia neoclássica, consolida-se a ideia de que a substituição é exequível, dando origem ao que se denomina genericamente por **sustentabilidade fraca**.

A consideração da equidade intergeracional, firmada por Solow [79], passa por assegurar um nível de consumo constante no tempo, o que é depois complementado pelo que ficou conhecido por «**regra de Hartwick**». Assumindo população constante e

[78] O conceito estatístico de elasticidade é frequentemente usado em economia para representar a reação de uma variável Y a alterações numa variável X. Se Y reagir muito (no mesmo sentido, ou em sentido inverso) diz-se que Y é muito elástica. Se Y reagir pouco a variações de X, diz-se que Y é pouco elástica ou inelástica (no caso extremo de ausência de reação). Formalmente a elasticidade de Y a X pode ser definida pela seguinte expressão:

$\varepsilon_X^Y = \frac{dY/dX}{Y/X} = \frac{dY/Y}{dX/X}$, sendo que a variação de x em 1% leva à variação de Y em ε%. O valor da elasticidade resulta assim da comparação entre duas variações relativas. Por exemplo, um valor de 2 significa que o aumento de 1% em X leva a que Y aumente 2%; um valor de — 0,1 significa que uma variação positiva de 1% em X, reduz Y em 0,1%.

[79] Solow, R. M. (1974). Intergenerational equity and exhaustible resources. *The Review of Economic Studies, 41*, 29-45. Solow, R. M. (1986). On the Intergenerational Allocation of Natural Resources. *The Scandinavian Journal of Economics, 88*(1), 141-149.

ausência de progresso técnico, defende-se que o capital total se mantém, através do investimento dos lucros/rendas[80] obtidos pelo uso presente de recursos naturais, isto é, provenientes de K_N, em K_M (por exemplo, maquinaria). Esta regra foi primeiro estabelecida para recursos não-renováveis (como a extração de petróleo) [81], mas posteriormente estendeu-se ao caso de recursos renováveis.[82] Desta forma, a diminuição dos recursos naturais será completamente compensada pelo aumento do capital físico, K_M. Portanto, dado que a substituição de K_N por K_M, é considerada viável, mantendo o *stock* total de capital, K, constante, ou, numa visão mais alargada, não decrescente no tempo (t) (descrito pela expressão 2),

$$\frac{dK}{dt} \geq 0 \qquad (2)$$

assegura-se que o consumo *per capita* não decresce e que se atinge a sustentabilidade.[83]

Este paradigma ficou conhecido por sustentabilidade fraca, tendo como objetivo a maximização do bem-estar social e pressupondo, no limite, uma substituibilidade sem restrições entre as duas formas de capital, mantendo-se o seu total constante. No global, considera-se que não há deterioração de capital para as gerações futuras, dados os investimentos compensatórios de rendas provenientes de K_N em K_M. Assim, o montante de poupança investida (S), deve ser sempre igual ou superior à depreciação de capital (D), ou seja, (expressão 3):

$$S(t) - D(t) \geq 0 \qquad (3)$$

De certa forma, segue-se aqui a linha do relatório Brundtland de equidade intergeracional, ligando a satisfação das necessidades dos seres humanos ao consumo e uso de capital.

Porém, são genericamente deixadas de fora preocupações com os limites impostos pelos processos naturais relativos a sistemas de suporte de vida e à sobrevivência de

[80] Tanto Hartwick como Solow empregam também a denominação de juros de capital, sendo a taxa de juro de capital proveniente dos recursos igual à taxa de juro do capital físico.

[81] Hartwick, J. M. (1977). Intergenerational equity and the investing of rents from exhaustible resources. *The American Economic Review, 67*(5), 972–974.

[82] Hartwick, J. M. (1978). Investing returns from depleting renewable resource stocks and intergenerational equity. *Economics Letters, 1*(1), 85–88.

[83] Pearce, D. W., Atkinson, G. D., e Dubourg, W. R. (1994). The economics of sustainable development. *Annual Review of Energy and the Environment, 19*(1), 457–474.

espécies, relativizando a sua importância à utilidade que podem ter para a manutenção da vida humana. Esta visão revela-se fortemente antropocêntrica[84].

Em contraposição, a chamada **sustentabilidade forte** com base na admissão da incerteza sobre as consequências negativas de degradar o capital natural, assim como da correspondente irreversibilidade dessas ações (como nos casos da destruição de florestas, da extinção de espécies ou das alterações climáticas) reforça a questão da equidade intergeracional, argumentando que aquela forma de capital é difícil, ou mesmo impossível, de ser reposta, o que pode prejudicar gerações futuras. Segundo Neumayer, os defensores da sustentabilidade forte não se opõem à fraca, mas acham-na deficitária: a sustentabilidade fraca é «um primeiro passo importante, mas insuficiente na direção certa.»[85] Colocado de outra maneira, a primeira forma de sustentabilidade inclui a segunda, mas necessita de requisitos adicionais. Chang (2011) denomina-as respetivamente de sustentabilidade «ecológica» e «económica».[86]

Os principais proponentes deste paradigma foram, inicialmente, Herman Daly e Robert Costanza, representantes da chamada «economia ecológica», a que se juntaram outros autores, sendo objeto de muitas críticas e controvérsias, que não serão aqui focadas. Seguindo as linhas da corrente «termodinâmica», e apoiando-se na sua primeira lei, afirma-se que o capital natural pode ser explorado e transformado pelo ser humano, frequentemente com o intuito de produzir capital físico, mas não pode ser criado por ele, colocando assim em causa a possibilidade da sua substituição. De realçar, assim, uma ideia fundamental da sustentabilidade forte que, genericamente, defende a **complementaridade** entre os dois tipos de capital[87].

Numa versão mais «conservacionista» da sustentabilidade forte, preconiza-se uma manutenção do *stock* de capital natural (expressão 4),

$$\frac{dK_N}{dt} = 0 \tag{4}$$

[84] Para um aprofundamento das relações entre antropocentrismo/biocentrismo e sustentabilidade fraca/forte ver: Ollikainen, M. (1997). Sustainable Development from the Viewpoint of Ethics and Economics. In J. V. D. Straaten e A. Tylecote. (1997). *Environment, Technology and Economic Growth: The Challenge to Sustainable Development* (pp. 39–54). Edward Elgar Publishing Limited.

[85] Neumayer, E. (2003). *Weak versus Strong Sustainability: Exploring the Limits of Two Opposing Paradigms* (p. 24). Edward Elgar Publishing.

[86] Chang, Y. H. (2011 junho). *A path towards strong sustainability. Status Review and Foundation Stakeholders Interviews: A Report.* University of Queensland and Michigan Institute of Technology.

[87] Daly, H. E. (1990). Toward some operational principles of sustainable development. *Ecological Economics, 2*(1), 1–6.

o que pode significar um crescimento demográfico e económico nulo, ou seja, um «estado estacionário», dado que, admitindo a lei da entropia, qualquer consumo de energia e recursos vai influenciar negativamente o *stock* de capital natural. Sugere-se, na situação mais extremada, que sejam minimizados os fluxos de energia e de materiais, com implicações severas a nível económico. Sendo a vertente económica superada pela biológica, verifica-se aqui um posicionamento biocêntrico (ou ecocêntrico) da relação do ser humano com os outros seres, em que as regras a seguir são as impostas pela natureza, não correspondendo necessariamente às preferências dos seres humanos.[88]

Proponentes da sustentabilidade forte, como Daly, não se opõem inteiramente a uma extração de recursos não-renováveis, recomendando antes que esta seja «quase-sustentável», ou seja, limitando a taxa de exploração daqueles recursos à capacidade da sua substituição por recursos renováveis. A perda de recursos não-renováveis seria assim compensada por investimentos em recursos renováveis substitutos. Além dessa substituição, há que assegurar a «existência continuada de capital natural complementar, como a capacidade do ecossistema de absorver resíduos».[89] Por outro lado, as taxas de emissões/poluição devem manter-se dentro dos limites referentes à capacidade assimilativa do respetivo ecossistema. No caso dos recursos renováveis, a extração deles obtida deve garantir um percurso sustentável, de não diminuição, com as taxas de exploração a igualar as de renovação do recurso. O DS pressupõe assim uma manutenção da capacidade de regeneração, assim como de assimilação, assim dizendo, uma constância do *stock* de capital natural, cujo consumo não é admissível, numa perspetiva de sustentabilidade. Quanto ao progresso técnico, deve estar voltado para o aumento da produtividade e uso eficiente dos recursos, renováveis ou não. A um nível macroeconómico, adverte-se que a escalada de crescimento da população e/ou de consumo, respetivamente em países de baixos e altos rendimentos, deve ser contida, para que a capacidade de carga da região não seja ultrapassada.

---

[88] «A sustentabilidade muito forte favorece um modo mais fundamentalista de solidariedade ecológica com a Terra e todas as formas de vida. Essa visão é mais compatível com uma economia de estado estacionário. Aqui, a preservação do meio ambiente — um ponto de vista biocêntrico — é a pré-condição ética para a sustentabilidade. Procurar a sustentabilidade ecológica por meio da diminuição das preocupações sociais e económicas, inclusive até ao ponto de excluir os seres humanos ou aumentar a pobreza humana, não é aceitável para a maioria de nós». (Gallopín, G. C. (2003). *A systems approach to sustainability and sustainable development*. ECLAC.) (p. 64).

[89] Daly, H. E. (1990). Toward some operational principles of sustainable development. *Ecological Economics*, *2*(1), 1-6.

Uma perspetiva «intermédia», ou de «compromisso», entre as duas visões anteriores é a que recomenda, não que a totalidade do capital natural se mantenha constante, mas apenas uma parte dele, comummente designada por **capital natural crítico**. Este subconjunto de K_N, que inclui sistemas de regulação do clima e da camada de ozono, assim como serviços dos ecossistemas, entre outras componentes essenciais de suporte da vida na Terra[90], deve, precisamente pelas suas caraterísticas basilares, obedecer a regras rígidas e permanecer não-decrescente, uma vez que não tem substitutos nem agora, nem previsivelmente no futuro. Alguns dos produtos e serviços que abrange não são mensuráveis, o que não se coaduna com o paradigma da sustentabilidade fraca, que aposta na possibilidade de aferir, e assim poder agrupar, as várias somas de capital numa só medida.[91]

A fixação de um limite inferior para o capital natural, não admitindo a substituibilidade deste para lá desse limiar, foi defendida pela Escola de Londres de economistas ambientais (Pearce e Turner, 1990). Uma das questões que surge é, porém, determinar qual o montante de capital que deve ser conservado, uma vez que esse limiar não é isento de subjetividade nem de entraves, desde logo pelas dificuldades em agregar unidades de capital diversas numa medida comum.

6. Indicadores de sustentabilidade

Seguidamente, trata-se da temática de construção e uso de indicadores que permitam «medir» a sustentabilidade. Embora vários indicadores possam ser usados para esse efeito, cingir-nos-emos apenas a alguns, sobretudo com um caráter ilustrativo e não exaustivo.

---

[90] Apesar de imprescindíveis para os seres humanos e as suas atividades, assim como para os ecossistemas, estas funções não são frequentemente identificadas e compreendidas pelo conhecimento humano. Embora negligenciadas, constituem um pré-requisito da vida e mais atenção científica nesta área seria essencial. A este propósito, ver Ekins, P. (2003). Identifying critical natural capital: Conclusions about critical natural capital. *Ecological Economics*, *44*(2-3), 277-292.

[91] «O pressuposto subjacente à sustentabilidade fraca é que não há diferença essencial entre as diferentes formas de capital ou entre os tipos de bem-estar que elas geram. Isso permite, pelo menos teoricamente, que todos os tipos de capital e os serviços e bem-estar por eles gerados sejam expressos na mesma unidade monetária.» (Ekins, P., Simon, S., Deutsch, L., Folke, C., e De Groot, R. (2003). A framework for the practical application of the concepts of critical natural capital and strong sustainability. *Ecological Economics*, *44*(2-3), 165-185.)

Como foi visto, a importância do PIB para a economia é incontestável, havendo, no entanto, várias lacunas no seu emprego, quando se passa para o domínio da economia ambiental. Um PIB mais elevado não significa que uma economia esteja mais sólida em termos ambientais. Nessa base, precisamos de outro tipo de indicadores, para determinar se uma economia está a seguir um trajeto de sustentabilidade ou não.

Alguns indicadores, embora ainda não estejam inteiramente consolidados, permitem ajustar o cálculo do PIB ou de uma sua componente, ligando agregados macroeconómicos a elementos mais «verdes». Outros visam ainda complementar a sua função com informações adicionais, que incluam vertentes que aquele agregado não considera. Perante a multiplicidade de indicadores propostos na literatura, optou-se, com mero intuito exemplificativo, por escolher alguns que são objeto de cálculo periódico regular a nível internacional e que são calculados ou recomendados por organizações ou acordos internacionais, com a máxima abrangência geográfica possível. A acrescer a estas caraterísticas, esta escolha preteriu os indicadores singulares para se voltar para os agregados, com variadas componentes, mas traduzindo-se num só resultado final, de relativa fácil interpretação.

6.1. Poupança genuína

Iniciamos este percurso exemplificativo com um indicador do âmbito da sustentabilidade fraca, cujo objetivo é reformular a leitura de certas grandezas macroeconómicas, para permitir apurar o grau de (in)sustentabilidade e/ou compará-lo em realidades geográficas diferentes.

Partindo do PIB:

$$PIB = C + G + I + (X - M) \tag{5}$$

agregando C (consumo privado), com G (consumo público), I (investimento) e X (exportações) menos M (importações),
obtém-se o Produto Interno Líquido (PIL):

$$PIL = PIB - D \tag{6}$$

A transformação do agregado bruto em líquido é realizada pela subtração das depreciações (ou amortizações) de capital (D).

Retomando a lógica da corrente de **sustentabilidade fraca**, de que o *stock* de capital total não deve ser decrescente, surge a ideia de que um dos principais indicadores para aferir o grau de sustentabilidade deve ser o Investimento, I (ou Poupança, S). Assim, tanto uma economia, como uma empresa, tem de garantir que a poupança que gera seja superior às respetivas depreciações de capital, D, conforme já indicado pela expressão (3). Caso contrário, o trajeto em causa teria tendência para a insustentabilidade. Implicitamente, trata-se de uma extensão da regra de Hartwick, alicerce da sustentabilidade fraca, pela qual o investimento em capital físico é vital para assegurar a sustentabilidade.

O agregado Poupança (contabilisticamente igual a Investimento), constituindo parte do PIB, foi reformulado para acomodar implicações em termos de sustentabilidade ambiental, denominando-se **Poupança Genuína** (SG). Este conceito inicialmente atribuído a Pearce e Atkinson (1993)[92], tem sido objeto de várias modificações e aperfeiçoamentos. A ideia central é que as depreciações de capital a ter em conta seriam tanto as referentes ao capital físico, como ao capital natural. Ao contrário de S, a SG captura a degradação do capital natural. «Os números da poupança genuína visam evidenciar a taxa pela qual a riqueza nacional (alargada para incluir capital humano e capital natural) está a ser criada ou destruída».[93] Sumariamente trata-se de uma «medida de como o *stock* total de capital de uma nação muda de ano para ano em termos reais»[94], ou seja, constitui «um indicador aproximado para a evolução da riqueza»[95].

Com uma nova roupagem, o Banco Mundial adotou em 1999 este conceito que também denomina de **Poupança Ajustada Líquida** (SAliq). Embora existam outras formas de cálculo para a SG ou SAliq, dar-se-á aqui especial atenção à usada pelo Banco Mundial, que tem permitido a contabilização e comparação, à escala internacional (de cerca de uma centena e meia de países) (expressão 7 e Figura 14):

$$SAliq\ (SG) = SNb - D_{KM} - D_{KN} - W_E + I_{KH} \qquad (7)$$

[92] Pearce, D. W., e Atkinson, G. D. (1993). Capital theory and the measurement of sustainable development: an indicator of "weak" sustainability. Ecological Economics, 8(2), 103-108.

[93] Everett, G. e Wilks, A. (1999). The World Bank's Genuine Savings Indicator: a Useful Measure of Sustainability?. *Bretton Woods Project. Working to Reform the World Bank and IMF*, 3.

[94] Hanley, N., Dupuy, L., e McLaughlin, E. (2015). Genuine savings and sustainability. *Journal of Economic Surveys*, *29*(4), 779–806.

[95] World Bank. (2021). *The Changing Wealth of Nations 2021: Managing Assets for the Future* (p. 51). The International Bank for Reconstruction and Development. The World Bank. Washington, DC.

FIGURA 14: **Cálculo da SAliq**

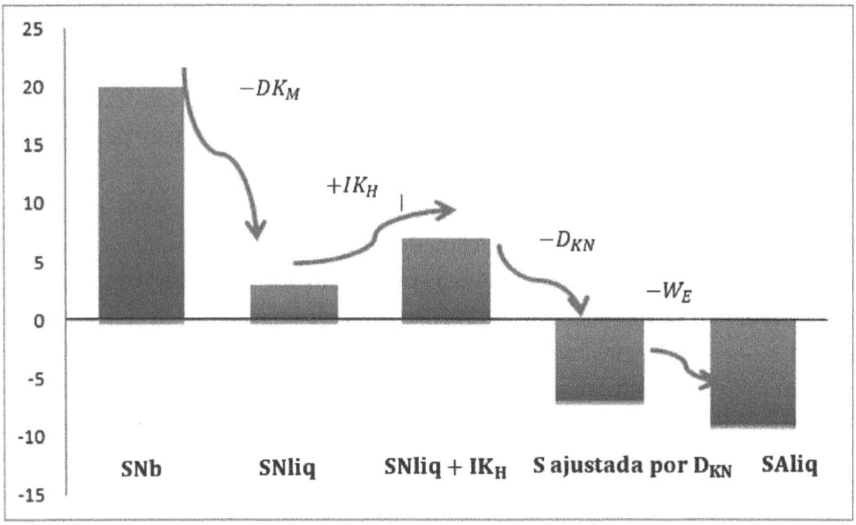

Fonte: Adaptado de World Bank (2021).

Para avaliar se o investimento de uma nação (conjuntamente físico, humano e natural) é positivo, começa por se subtrair à **poupança nacional bruta** (SNb) as **depreciações de capital físico** (D_{KM}), ou seja, o montante que vai substituir as perdas de valor do capital no processo produtivo, derivadas do seu uso, nomeadamente por desgaste.

Obtém-se a **poupança nacional líquida** (SNliq), e subsequentemente, o investimento líquido em K_M.

O **capital natural** é aqui tratado de forma semelhante ao físico, através da consideração da sua depleção (**D_{KN}**), que deve constituir também uma componente a subtrair. Como a dificuldade de cálculo em relação a D_{KM} aumenta, restringem-se os elementos a considerar às vertentes de (1) extração de combustíveis fósseis e (2) minerais (no caso dos recursos não-renováveis) e ainda (3) à degradação das florestas (no respeitante aos renováveis). Se os *stocks* de recursos tanto não-renováveis como renováveis forem degradados, o investimento em capital natural será negativo. Por outras palavras, tanto a depreciação de recursos renováveis, como a sobre-exploração dos renováveis representam desinvestimento. O cômputo limita-se aos elementos crude, gás natural e carvão (em 1) e estanho, ouro, chumbo, zinco, ferro, cobre, níquel, prata, bauxite e fosfato (em 2), sendo em ambos os casos utilizadas as rendas obtidas por cada recurso, atentando sobretudo ao preço de mercado, ao custo unitário de extração e ao respetivo volume. No que concerne às florestas, não se tem em conta o valor monetário da deflorestação total, mas apenas o volume extraído que supere a regeneração natural da floresta («degradação líquida da floresta»), fazendo incidir sobre esse montante a correspondente renda unitária (que remete necessariamente para o preço médio da madeira explorada).

Adicionalmente devem ser subtraídos os **danos ambientais** (W_E) causados pelas emissões de dióxido de carbono e de partículas, componente encarada como forma de capital natural «negativa». A monetarização do CO_2 é realizada por um montante, estabelecido para o efeito, não coincidente com o preço vigente no mercado de carbono, passando, no caso do segundo poluente ($PM_{2.5}$), pela disposição a pagar para evitar mortalidade e morbilidade associada a estas emissões.

Por fim, são somadas as **despesas públicas correntes em educação** (I_{KH}), como salários, que habitualmente fazem parte das despesas de consumo, mas que devem ser vistas como um investimento, se estamos a considerar como preponderante o capital humano de um país. O Banco Mundial está, desta forma, a estimar a acumulação de capital humano, através de um indicador aproximado, assumindo uma correspondência direta entre despesa pública na educação e formação adicional de capital humano.

Assim a SAliq é «a poupança nacional bruta menos a depreciação do capital produzido, a depleção de ativos do subsolo e de recursos de madeira e danos da poluição do ar para a saúde humana, acrescida de um crédito pelas despesas de educação (...). A regra de interpretação da SAliq é simples: se a SAliq, como percentagem do produto nacional bruto [PNB], for negativa, isso indica que o país está a consumir mais do que a poupar, o que prejudicará a sustentabilidade de longo prazo; se a SAliq é positiva, então está a adicionar riqueza e bem-estar económico futuro.» [96] Sumariamente, o resultado obtido pelo Banco Mundial para vários países concluiria que uma economia seria vista como sustentável se a poupança superasse a depreciação de capital, tanto produzido e humano, como natural, acrescida dos danos ambientais.

Mais fiavelmente, no entanto, seria a leitura inversa do comportamento do indicador: «Diminuição de riqueza (SG negativa) fornece um sinal de desenvolvimento não

[96] World Bank. (2021). The changing wealth of nations: measuring sustainable development in the new millennium. *The International Bank for Reconstruction and Development*. The World Bank (pp. 18/19).

sustentável, no sentido em que implica diminuição de *stocks* de capital e, consequentemente, de oportunidades de bem-estar futuro, mesmo se o PIB *per capita* está a subir no curto prazo».[97] Essa é, aliás, uma das críticas a fazer a este indicador, que deveria preferencialmente ser encarado como uma medida de insustentabilidade do que um garante de sustentabilidade.

Outras críticas apontam para dificuldades de monetarização, tendo sido apenas selecionados recursos para os quais há preços de mercado, o que influencia muito o valor final da grandeza. De fora da fórmula do Banco Mundial ficam variáveis muito relevantes, como a própria organização reconhece, por falta de dados, especialmente para o elevado número de países que se procura abranger. Água e solo, biodiversidade, ou sistemas de suporte de vida são exemplos de vertentes que não são consideradas neste cálculo. Desta forma, e como a magnitude da degradação de recursos e dos danos ambientais (grandezas a subtrair no cálculo) fica necessariamente subavaliada, o resultado final encontra-se sobrestimado. Outra causa que pode distorcer o valor calculado é a sua dependência do agregado PIB. Assim, países com PIB elevado, fator que geralmente vem também associado a um investimento forte em educação, tem tendência para fazer subir a SAliq, mantendo-a positiva, comparativamente a países mais pobres, que podem ter, pelo contrário, um forte património em recursos naturais. Portanto, embora seja um indicador relativamente fácil de calcular e de compreender, pode induzir erros de interpretação sobre o percurso de sustentabilidade de um país. Uma poupança genuína negativa indica insustentabilidade, mas uma positiva não indica necessariamente sustentabilidade e pode representar uma medida ilusória. De acrescentar que não são tidos em conta irreversibilidades nem limites ao capital natural, em linha com os pressupostos da sustentabilidade fraca.

6.2. O Índice Planeta Vivo

Na procura de um indicador de sustentabilidade forte surgem várias tentativas de quantificar, de forma não monetária, um capital natural que se prima por preservar. Numa versão de índice agregado, surgiu o Índice Planeta Vivo (IPV) [98]. Adotado em 1992, no âmbito da Conferência do Rio, pela Convenção para a Diversidade Biológica,

[97] McGrath, L., Hynes, S., e McHale, J. (2021). The Air we breathe: Estimates of air pollution extended genuine savings for Europe. *Review of Income and Wealth*, *68*(1), 161–188.

[98] Em inglês, *Living Planet Index*.

é objeto de um relatório, a cada dois anos, atualmente produzido pelo WWF (*World Wide Fund for Nature*), em parceria com a ZSL (*Zoological Society of London*). A UNEP recomendou-o como um indicador já testado, pronto para ser implementado e potencialmente apropriado para analisar «as tendências de abundância e distribuição de espécies selecionadas»[99], com a finalidade de fundamentar a tomada de medidas para evitar perdas significativas de biodiversidade.

O IPV abrange dezenas de milhares de populações de alguns milhares de espécies de vertebrados (correntemente mais de 20 000 populações de mais de 4000 espécies), presentes em ecossistemas terrestres e marinhos (de água do mar e doce). Embora se dedique apenas a estudar a evolução de animais (e não de todos), não separa este objetivo, nem a sua causa, da espécie humana, uma vez que como é afirmado no «Living Planet Report 2020», serve de indicativo de «como a destruição crescente da humanidade sobre a natureza está a ter impactos catastróficos, não apenas nas populações de vida selvagem, mas também na saúde humana e em todos os aspetos das nossas vidas».[100] Como índice agregado num único valor, há quem o veja como um «índice Dow Jones da Natureza».[101]

Na realidade, a métrica de impactos medidos é imperfeita, porque deixa de fora, desde logo, todos os invertebrados e plantas e, embora seja encarada como abrangente das séries temporais mais completas de populações vertebradas, há claras distorções sobre o tipo de espécies que inclui, com uma desproporção notória, para ênfase em mamíferos e pássaros. Também se reconhece um enviesamento geográfico, analisando mais populações em regiões temperadas do que nas tropicais, embora seja nestas últimas que se localiza o maior espectro de biodiversidade. Argumenta-se, contra essa lacuna, que como «acontece com todos os indicadores de mudança de biodiversidade, o IPV depende dos dados disponíveis, que são inevitavelmente mais abundantes nas regiões mais bem estudadas».[102]

---

[99] United Nations Environment Programme UNEP. (2006). *Report on the eighth meeting of the Conference of the Parties to the Convention on Biological Diversity*. CBD. UNEP (p. 252).

[100] WWF. (2020). *Living Planet Report 2020 – Bending the curve of biodiversity loss* (p. 4). In R. E. A. Almond, Grooten M. e Petersen, T. (Eds). WWF.

[101] Jaspers, A. (2020). Can a single index track the state of global biodiversity?. *Biological Conservation, 246*, 108524.

[102] Collen, B., Loh, J., Whitmee, S., McRae, L., Amin, R., e Baillie, J. E. (2009). Monitoring change in vertebrate abundance: The Living Planet Index. *Conservation Biology, 23*(2), 317–327.

Adicionalmente o IPV é calculado com uma base mutável (com a introdução na análise de um número crescente de espécies estudadas), o que dificulta as comparações no tempo. Segundo o último relatório disponível (de 2020) o IPV mostra um declínio de 68% relativo ao ano base (de 1970). No entanto, a leitura deste dado deve ser feita com cuidado, podendo dar lugar a interpretações erróneas, pelos motivos já focados e pelo tipo de agregação escolhida, ao omitir a diferenciação das populações em declínio e, sobretudo, quais destas são consideradas espécies em vias de extinção.

Assim, apesar de ter potencial para ser utilizado a nível internacional, e ser objeto de cálculos periódicos, com dados muito relevantes sobre a biodiversidade, tem sido um indicador muito criticado, visto como simplista e enganador.[103] No que respeita a poder ser classificado como indicador de sustentabilidade forte, há que questionar a sua incapacidade de estabelecer limites claros a um certo nível de degradação do capital natural, que pode ultrapassar situações consideradas irreversíveis, como a extinção de certas espécies, facto que não é indicado pelo seu resultado final.

6.3. Pegada ecológica

O conceito de **Pegada Ecológica** (PEc) foi instituído em meados dos anos 1990, com os trabalhos de Rees e Wackernagel[104], tendo esta vindo a ser calculada, numa base anual, a nível mundial e disponibilizada no site da *Global Footprint Network* (GFN).[105]

Uma noção aqui incontornável é a da **capacidade de carga ou de suporte.**[106] Por um lado, pode dizer-se que uma determinada área tem capacidade para «suportar»

---

[103] Ver, neste sentido, por exemplo: McRae, L., Deinet, S., e Freeman, R. (2017). The diversity-weighted Living Planet Index: controlling for taxonomic bias in a global biodiversity indicator. *PLOS One, 12*(1), e0169156.

[104] Rees, W., e Wackernagel, M. (1994). Ecological Footprints and appropriated carrying capacity: measuring the natural capital requirements of the human economy. In A. M. Jansson, M. Hammer, C. Folke, e R. Constanza (Eds.), *Investing in Natural Capital: The Ecological Economics Approach to Sustainability* (pp. 362-392). Island Press.; Wackernagel, M., e Rees, W. (1996). *Our Ecological Footprint: Reducing Human Impact on the earth.* New Society Publishers.

[105] O site https://www.footprintnetwork.org/ dá acesso às *National Footprint and Biocapacity Accounts* (NFAs), *contas nacionais de pegada ecológica e biocapacidade*, material produzido pela *Ecological Footprint Initiative* da Universidade de York em colaboração com a *Global Footprint Network* para mais de 200 países e regiões de 1961 até ao último ano disponível, neste caso 2017 (última consulta em dezembro de 2021).

[106] Em inglês, *carrying capacity.*

um certo número de pessoas (por exemplo, um hectare tem aptidão para sustentar um máximo de X pessoas), no entanto, vendo a situação por outra perspetiva, cada pessoa que vive nessa área impõe uma carga máxima à ecosfera, traduzida numa necessidade de área *per capita* (ou melhor, por hipótese, cada pessoa precisa de Y hectares para se manter).

Definida desta última forma, a capacidade de carga vai servir de base para o conceito de PEc, vista como «uma medida da área biologicamente produtiva de terra e água que um indivíduo, população ou atividade requer para produzir todos os recursos que consome, para acomodar a infraestrutura urbana que ocupa e para absorver os resíduos que gera, usando a tecnologia e as práticas de gestão de recursos vigentes».[107]

A métrica usada é o **hectare global** (hg) que representa um hectare com uma capacidade média mundial para produzir recursos e assimilar resíduos. Os cálculos sobre uma determinada PEc serão sempre convertidos em hectares globais (hg), de novo uma grandeza não monetária, como no caso do IPV.

Recorrendo às figuras da procura e da oferta, pode postular-se, em relação à primeira, que determinada população vai requerer uma área de biosfera que suporte as suas necessidades em termos de consumo, ou seja, a sua PEc. Por outro lado, a oferta será dada por aquilo que se designa por **biocapacidade** (BC), igualmente medida em hg, representando a disponibilidade que a biosfera tem, em termos de áreas terrestres e marítimas biologicamente produtivas, para providenciar recursos e assimilar resíduos, podendo, também, ser encarada como a capacidade regenerativa da Terra.

Para calcular a PEc (assim como a biocapacidade), usa-se um método de contabilização específico, pelo qual se somam vários elementos, correspondentes aos diversos tipos de «consumo», do contexto que se pretende estudar. Nesse âmbito têm vindo a ser apresentadas, através da PEc, várias formas de determinar o grau de desempenho sustentável de países, regiões e organizações. Neste caso, focar-nos-emos sobre a PEc de um país, seguindo a metodologia da GFN, que apresenta seis **componentes** básicas, de áreas agrícolas, de pastagem, de floresta, de pesca e de infraestruturas, assim como a pegada de carbono, sendo as cinco primeiras comuns ao cálculo da BC (Figura 15).

Interessa fazer aqui uma breve introdução ao significado de cada um destes itens. A área cultivada, considerada a mais produtiva de todas, destina-se à produção de alimentos e fibras, oleaginosas, borracha, assim como rações para gado e aquacultura.

---

[107] Global footprint Network (2021) Data and methodology – National Footprint and Biocapacity Accounts.

A partir da quantidade de alimento para gado obtido num país, é calculada a pegada das pastagens, a qual determina o montante de carne, couro, lacticínios e lã. A pegada do produto florestal é determinada com base na quantidade de madeira, celulose e lenha consumidos anualmente. Estimativas para as capturas de um certo conjunto de espécies piscícolas permitem deduzir a produção primária necessária para a sua alimentação, incluindo peixes usados em rações para aquacultura. A área de terrenos construídos abrange o total necessário para comportar todas as infraestruturas humanas, incluindo habitação e instalações industriais, transportes e centrais hidroelétricas. Por fim, a pegada de carbono, atualmente a mais expressiva de todas (Figura 16), representa a quantidade de área florestal necessária para sequestrar as emissões de carbono, geradas pelo país, nomeadamente pela queima de combustíveis fósseis.

FIGURA 15: **Componentes da biocapacidade e da pegada ecológica mundial**

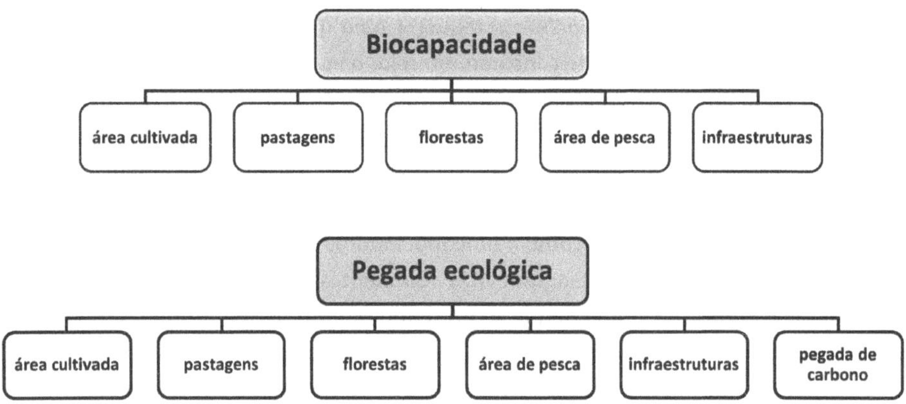

Numa versão elementar, o cálculo procede de «jusante» a «montante», a partir dos dados sobre os consumos dos vários produtos de um país, estimando as áreas necessárias para os obter.

A fórmula básica usada para este cômputo vem indicada em (8).

$$PEc = \frac{P}{Y_M} \times Y_F \times EQ_F \qquad (8)$$

Assim, partamos de um produto (P) consumido por uma população, expresso em toneladas (t) por ano (a). Y_M, designado por produtividade média do produto, por hectare (h) da zona em causa (t/h/a), permite converter essa produção em hectares (h). P/Y_M representa, portanto, o número de hectares da zona em estudo, necessários para assegurar a produção P. A subsequente aplicação do fator de produtividade, Y_F, fruto do rácio entre a bioprodutividade nacional e a média global, mundial, da área bioprodutiva, do mesmo tipo, traz uma comparabilidade à escala internacional. Se a área em causa (por exemplo, de cultivo) for menos produtiva do que a média mundial (de todas as áreas de cultivo) este fator é menor do que 1, sendo superior no caso contrário. Nesta fase, encontram-se determinados os hectares necessários, a nível médio global, para produzir P (mantendo o exemplo de hectares de áreas de cultivo). Finalmente é aplicado o fator de equivalência EQ_F, quociente entre a produtividade potencial média global de uma área bioprodutiva e a correspondente média mundial de todas as áreas, destinadas às diversas utilizações. Por exemplo, um espaço de cultivo é mais produtivo do que um de pasto, pelo que o fator de equivalência é superior no primeiro caso.

Realiza-se assim a homogeneização do hectare concreto (de cada componente da pegada) num hectare global (hg). Esta última operação finaliza a conversão da produção P local, em toneladas, numa medida única e comparável, de hectares globais, indicando a pegada que essa mesma produção acarreta.

FIGURA 16: **Panorama mundial relativo à biocapacidade e à pegada ecológica em 2017**

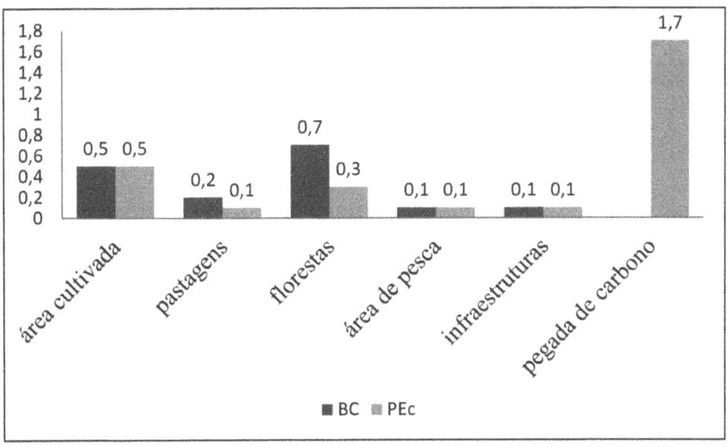

Fonte: Elaboração própria, a partir dos dados da NFAs 2021.

Esta forma de obtenção da PEc, pela soma das várias componentes de consumo de dada população, estabelece, desde logo, uma diferenciação entre países mais e menos desenvolvidos pelos seus padrões de consumo, uma vez que a pegada versa os consumos de bens e serviços provenientes de qualquer área do globo, ou seja, independentemente do local em que geograficamente estes se localizam. A área requerida é assim atribuída ao consumidor do recurso e não ao produtor, pese embora que pode ser na área deste último que se verifique o maior impacto negativo em termos ambientais. Deixa-se portanto o ónus desta medida mais do lado do consumidor do que do produtor, aumentando necessariamente a PEc dos países mais desenvolvidos, ou seja, posicionando-os como potencialmente insustentáveis.

Neste sentido, é decisiva a medição do balanço entre oferta (BC) e procura (PEc), que pode representar um **défice ecológico** (DE) ou uma **reserva ecológica** (RE), consoante PEc>BC ou PEc<BC.[108] No primeiro caso, o mais problemático e mais usual, em que a capacidade de carga é ultrapassada, o consumo corrente torna-se insustentável e estaremos perante uma sobrecarga[109], ou seja, uma ultrapassagem (pela PEc) do limite imposto pela BC (Figura 17).

FIGURA 17: **Relação entre PEc e BC, situações de (in)sustentabilidade e necessidade de planetas Terra**

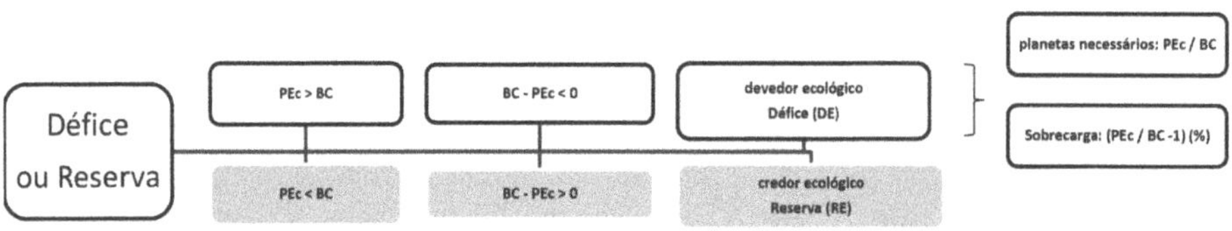

Quando esta situação se verifica em termos mundiais, o que aconteceu no início dos anos setenta segundo os dados obtidos pela *Global Footprint Network*, temos uma indicação de que estamos a viver de forma insustentável, precisando de mais do que um

[108] Se for assumido que a BC seja normalizada ao valor unitário, nesse caso uma PEc superior a 1 representa uma situação insustentável, ao contrário da situação inversa. No entanto, ao ser negligenciada, esta assunção pode levar a conclusões erradas, por isso aconselha-se antes que seja sempre feita a comparação.

[109] Em inglês, *overshoot*.

planeta Terra. Como, obviamente, temos apenas um planeta, uma sobrecarga positiva indica, desde logo, que estamos a extrair recursos renováveis mais rapidamente do que se conseguem regenerar, o que impõe vivermos a «crédito» do planeta.[110] Embora se assevere possível no curto prazo, está aqui em causa hipotecar o futuro, o que configura uma situação de insustentabilidade. Este aspeto da sustentabilidade, que consiste em apurar se as populações vivem de acordo com a correspondente biocapacidade ou se a excedem, mostra-se central no conceito de PEc, constituindo uma razão de crítica para alguns autores, que entendem que o alcance da PEc se delimita a esta esfera.

A simplicidade da conversão de dados heterogéneos em unidades físicas, de terra, ou em concreto, em hectares globais, motiva o estabelecimento de inúmeros pressupostos, o que abala a solidez desta medida.

Adicionalmente, surgem dúvidas sobre se a pegada ecológica, que tem sido apontada como um indicador de sustentabilidade forte, efetivamente cumpre essa missão. Efetivamente, embora contenha vários aspetos deste tipo de sustentabilidade, não impõe restrições à substituibilidade entre vários tipos de capital natural, deixando de fora vários aspetos relevantes como a irreversibilidade e degradação de vários meios, como água e solos. Mesmo que a pegada ecológica seja menor que a capacidade de carga, é possível que algum limite ecológico critico já tenha sido ultrapassado. De novo, torna-se mais apropriada para defender a hipótese de um país ou região estar a seguir um percurso de insustentabilidade, do que para concluir, pela positiva (caso PEc<BC), que o país se encontra numa rota de sustentabilidade.

Finalmente, podemos constatar que vários indicadores podem chegar a conclusões diversas, de acordo com a sua forma de construção. Exemplificando, com dados obtidos para alguns países selecionados (Figura 18), em relação à poupança genuína e à pegada ecológica, vemos que nem sempre a sua leitura nos leva no mesmo sentido. Assim, evidenciam-se alguns países do norte da Europa e da Europa Central com um valor positivo e alto da PAliq (em % do PNB), posicionando-os no *ranking* dos mais sustentáveis segundo este primeiro indicador, apresentando, no entanto, simultaneamente, uma PEc muito alta, o que indica exatamente o oposto, ou seja, um forte pendor

[110] Segundo os últimos dados disponíveis, em 2017 (Global Footprint Network. National Footprint and Biocapacity Accounts, 2021 Edition), a PEc e a BC mundiais, *per capita* (pc), foram de 2,77hg e 1,6hg, respetivamente, o que resulta num défice ecológico de −1,17 hg pc. O número de planetas Terra necessário no mesmo ano era de 1,73, ou seja, o planeta que temos mais um «empréstimo» de 73% de outro planeta com biocapacidade idêntica.

para a insustentabilidade. O contrário se verificaria com países como Angola e Moçambique, que apresentam SAliq negativas, mas pegadas ecológicas muito reduzidas.

FIGURA 18: **Comparação entre SAliq e PEc, para alguns países selecionados**

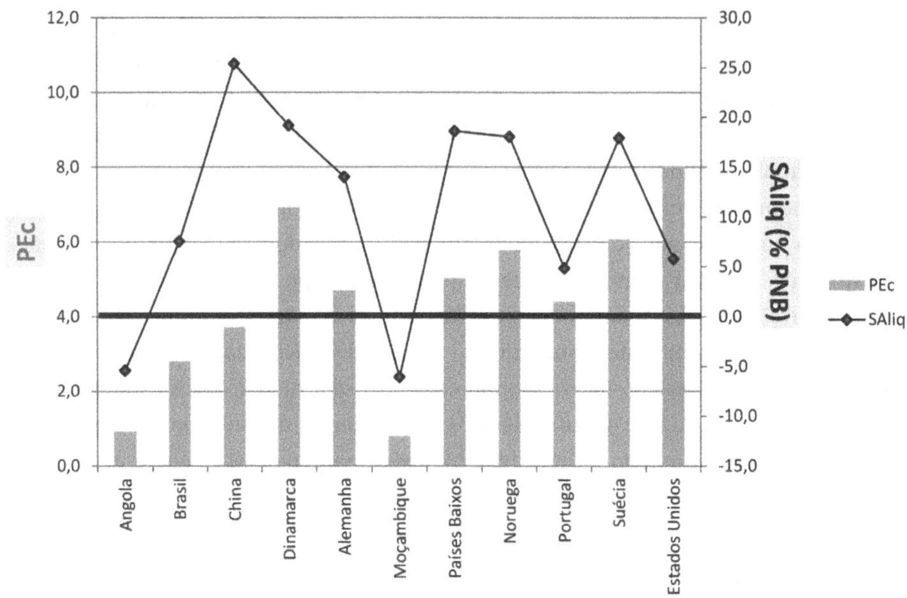

Fonte: Elaboração própria, a partir de dados World Bank. (2021) https://data.worldbank.org/indicator/NY.ADJ.SVNG.GN.ZS e National Footprint and Biocapacity Accounts (NFAs), https://www.footprintnetwork.org/.

IV. Das externalidades à política ambiental

Introdução

Neste capítulo recupera-se o conceito de externalidade, apresentado no Capítulo II, dedicando-se particular atenção aos custos que os causadores provocam na esfera de terceiros, designados por custos externos, e às formas que a sua internalização pode revestir. A apresentação dos conceitos é acompanhada por algumas deduções analíticas e, sempre que possível, por representações gráficas. Com finalidades didáticas, para a análise ter o conteúdo e a sequência desejados, serão avançados vários pressupostos teóricos, sendo abandonados alguns deles no decorrer do capítulo, quando tal se considerar pertinente, para abranger contextos mais latos. Sendo essencialmente teórico, o capítulo vai apresentando alguns exemplos.

No ponto 1, numa abordagem de foro teórico, começam por se distinguir custos privados, sociais e externos (ponto 1.1). Focamo-nos sobretudo nestes últimos, derivados da ocorrência de uma externalidade negativa, assumindo que representam um valor monetário, questão que será abordada no Capítulo v. Interessa aqui aprofundar em que consiste e como se comporta o custo marginal externo. A sua consideração no equilíbrio de mercado de um bem poluente permitiria visualizar as consequências que sofreriam o preço e a quantidade de equilíbrio, na situação em que teoricamente a externalidade negativa fosse tomada em conta.

Perante essa falha do mercado em transmitir ao agente económico o sinal adequado face à existência de uma externalidade constata-se a necessidade de a internalizar, procurando encontrar mecanismos que permitam que o custo do efeito externo seja suportado pelo próprio agente causador. Nessa linha, o ponto 1.2. aprofunda a noção de internalização dos custos de uma externalidade, efetuando uma análise, numa primeira fase limitada a dois agentes. Dela conclui-se que se os custos forem internalizados pelo causador, o nível mais eficiente do causador, a nível privado, vai coincidir com a situação mais favorável para o conjunto dos dois agentes, ou seja, o causador deixa de dar azo a um prejuízo unilateral, sem contrapartida, na esfera do recetor. Em sequência disto o ponto 1.3., alargando a análise ao todo social, estabelece como objetivo atingir o nível ótimo social de produção de uma atividade poluente, estudando o que significa esse equilíbrio e que ajustamentos seriam necessários para o atingir e manter.

Identificada a situação preferível para o todo social, passa-se a analisar que meios podem ser usados para a alcançar. Assim, o ponto 2 estuda vários instrumentos de política ambiental, capazes de internalizar as externalidades e obrigar ou incentivar os agentes a situarem-se preferencialmente no ponto definido como ótimo.

Inicia-se este percurso com as políticas de comando e controlo, traduzidas pela imposição de normas que os agentes são obrigados a cumprir, complementadas por procedimentos de monitorização e eventual punição por incumprimento. Uma classificação dos tipos de normas mais usadas é realizada no ponto 2.1, optando-se por concretizá-las, através de exemplos relativos a regulamentações na União Europeia e Portugal. Ainda no sentido de melhor caraterizar o instrumento das normas, facultam-se alguns critérios que permitem observar melhor as suas consequências sob certas circunstâncias, que se mostram também válidos para a apreciação de outros instrumentos a seguir apresentados.

Os impostos e os subsídios constituem outra classe de instrumentos, neste caso apelidados de mercado, que incentivam à resolução do problema das externalidades (ponto 2.2). O imposto preconizado por Arthur Pigou é o primeiro a ser estudado, uma vez que serve de referência incontornável nesta temática. Devido às suas condições teóricas, o montante deste imposto leva, mediante a sua aplicação ao poluidor, a que o nível de lucro máximo privado coincida exatamente com o que foi previamente identificado como um ótimo social. No ponto 2.2.1 examinam-se os requisitos desta solução, deduzindo analiticamente o que se denomina por nível ótimo do imposto pigouviano, apresentando-se também as dificuldades que podem surgir com a sua implementação.

No sentido de averiguarmos a validade de uma alternativa, introduz-se no ponto 2.2.2 um aparelho metodológico diferente do usado até aí através da possibilidade de o poluidor não reagir apenas a medidas provenientes do exterior, seja por imposição de regulamentações ou de impostos, mas a ter uma atitude mais dinâmica. Assim se apresenta a noção de custos de abatimento, ou seja, custos que resultam de medidas tomadas pelo próprio poluidor para diminuir ou evitar que ocorra poluição sem para isso ter de necessariamente diminuir a sua produção, optando antes, por exemplo, pela adoção de novas tecnologias e procedimentos. O comportamento da curva de custo marginal de abatimento é examinado, efetuando a sua representação gráfica de diversos ângulos.

Com a posse deste instrumental, prossegue-se para a introdução de uma nova perspetiva de determinação do montante do imposto, conhecida por abordagem de preços-quantidades (ponto 2.2.3). Enquanto a ótica de Pigou permitia alcançar automaticamente um ótimo, esta segunda metodologia baseia-se num processo de tentativa e erro, de procura do imposto adequado para atingir uma norma ambiental pré-fixada. Trata-se, no entanto, ainda de uma solução provida de eficiência económica, dado que estamos perante uma situação de custos mínimos. Esta propriedade é evidenciada em termos analíticos e através de análises gráficas.

Antes de prosseguir para outro instrumento, averigua-se os principais aspetos fortes e fracos dos impostos, em termos gerais, nomeadamente com base nos critérios de avaliação do desempenho dos instrumentos de política ambiental, antes apresentados (ponto 2.2.4.).

Seguidamente são apresentados os subsídios na área ambiental, com várias vertentes, desde especificamente o apoio ao investimento em novas tecnologias, a longo prazo, até genericamente à redução de emissões da fonte poluidora. Esta última forma é trabalhada analítica e graficamente no ponto 2.2.5, apontando-se as semelhanças com os impostos, na correção das externalidades, segundo uma ótica pigouviana. Algumas divergências são, no entanto, apontadas na prossecução daquele objetivo. É de evidenciar o que se designa por efeito paradoxal, que teoriza que embora o subsídio tenha um efeito de redução a nível da empresa, incentiva a entrada de outros agentes para a produção do mesmo produto, atraídos pelo recebimento do subsídio, efeito que se acentua à medida que o montante deste aumenta, aumentando a quantidade do produto, ao contrário do que se pretendia.

Diferente da incidência de impostos e atribuição de subsídios que visam corrigir a externalidade, por intervenção estatal, é a proposta da resolução do problema via negociações. Esta abordagem, atribuída a Coase, opõe-se à necessidade de intervencionismo e opta pela atribuição de direitos de propriedade a um dos agentes, que pode ser o recetor do efeito negativo ou o seu causador, numa ótica em que as externalidades são vistas como um fenómeno recíproco, provocando danos ao primeiro ou ao segundo. Explica-se este raciocínio no ponto 2.3 através de análises gráficas e analíticas. Esta análise tem inerentes inúmeros pressupostos e alguma da sua argumentação é aqui discutida.

Seguindo, de certa forma, a linha de Coase, as licenças de emissão pressupõem também que, para poluir, o agente tem de deter os direitos para o fazer, podendo obtê-los, desta vez, por compra, em mercado, que substitui aqui uma negociação direta entre as partes. No mercado de licenças, os direitos de poluir são transacionáveis, sendo permitido aos agentes comprar ou vender, na procura da solução individual economicamente mais eficiente. No ponto 2.4 este instrumento de política ambiental de mercado, que também acarreta custos de internalização de externalidades a quem as provoca, é aprofundado em termos analíticos e gráficos, explicando-se o funcionamento de um mercado, em várias modalidades. Pontos fracos e fortes do seu desempenho são igualmente discutidos. No final do capítulo, no anexo 1, ilustram-se alguns dos aspetos focados a nível teórico, através de uma sumária explicação sobre o Comércio Europeu de Licenças de Emissão, conhecido por CELE.

1. Internalização de externalidades

1.1. Custos privados, sociais e externos

A presença de **efeitos externos ambientais** (definidos no Capítulo II.4.1) verifica-se tanto na esfera de consumo como de produção.

Em qualquer dos casos, recordamos aqui que existem dois tipos de agentes envolvidos (Figura 19):

- **Causador da externalidade**, cuja atividade está na origem do dano em si (agente aqui representado por **K**);
- **Agente Recetor**, ou Vítima, que sofre a influência da externalidade (**V**).

Manteremos estas designações na maior parte do presente capítulo.

Figura 19: **Representação do efeito externo do agente causador (K) no agente recetor (V)**

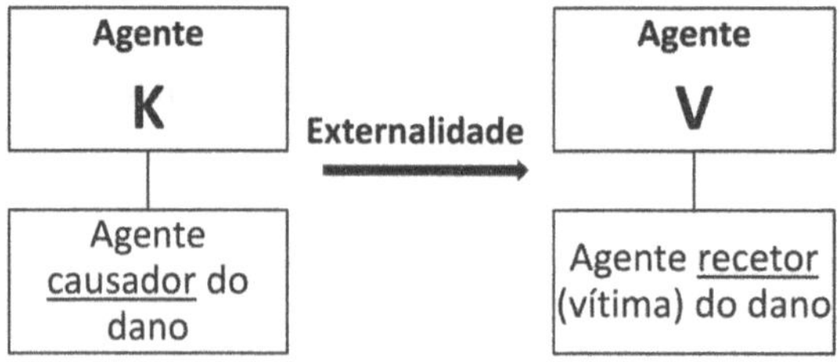

Consideremos, a título de exemplo, dois agentes produtivos: uma empresa causadora de poluição, a montante de um curso de água, onde realiza descargas de efluentes (W), que afetam negativamente a qualidade desta e consequentemente a atividade de produção de uma segunda empresa, a jusante, que necessita de água limpa para produzir.

Essas descargas vão causar prejuízo a outro agente, pelo menos um, que o receciona, sendo vítima das suas consequências negativas. Assumimos, para já, que estamos num «vazio legal» e de imposições políticas, pressuposto que mais tarde iremos levantar.

No que diz respeito aos dois agentes da nossa ilustração, ambos incorrem em **custos privados** (CP), por exemplo, de equipamento, materiais, mão de obra, energia, etc., necessários à sua produção, custos esses que cada agente assume e contabiliza.

Todavia, o poluidor não incorpora na sua contabilização a poluição causada por si a outrem. Já o agente recetor, necessitando do fator de produção «água limpa», terá de incorrer em custos adicionais para obter a qualidade de água que necessita, para a sua produção. Estamos assim perante um **custo externo** (CE), ou seja, o custo da externalidade negativa. Na situação que nesta etapa se assume, o efeito é causado pelo poluidor, mas é o recetor que suporta um aumento dos custos.

Formalmente, pressupondo a existência de dois agentes produtivos e recorrendo apenas às suas funções de custos (C), em função da quantidade produzida (Q), teremos:

Função de custo do agente causador K:

$$C_K = C_K(Q_K), \text{ com } \frac{dC_K}{dQ_K} > 0 \tag{1}$$

Função de custo do agente recetor V:

$$C_V = C_V(Q_V, Q_K), \text{ com } \frac{\partial C_V}{\partial Q_V} > 0, \text{ mas também } \frac{\partial C_V}{\partial Q_K} > 0, \tag{2}$$

correspondendo este último quociente à variação no custo de V resultante da atividade produtiva de K e não da sua própria.

De notar que, em economia, a análise é frequentemente realizada em termos marginais, pelo que neste ponto nos focaremos no custo marginal[1], referindo-se esta última formulação ao custo marginal privado (CmgP) de K e V e ao custo marginal externo

[1] O custo marginal é, de forma simplificada, a variação (Δ) do custo total, resultante de uma variação unitária da quantidade produzida, ou seja, representa em quanto aumenta o custo, para se obter

(CmgE). Neste caso específico trata-se do custo infligido na atividade económica de V, resultante de uma unidade adicional de quantidade produzida de K, devidamente monetarizado.

Assim, os custos marginais decorrentes da atividade dos dois agentes, são:

$$CmgP_K = \frac{dC_K}{dQ_K},\ CmgP_V = \frac{\partial C_V}{\partial Q_V}\ \text{e}\ CmgE_K = \frac{\partial C_V}{\partial Q_K} \tag{3}$$

Importa, desde já, clarificar a diferença entre custo externo e custo social (CS). Em termos da sociedade como um todo, os custos da produção destes dois agentes perfazem: o custo privado de K e o custo privado de V, assim como o custo externo provocado por K e infligido a V. Assim, o **custo social** constitui a soma de duas classes de custos, o privado e o externo[2]. Por conseguinte, custos externos não são iguláveis a custos sociais, integrando apenas estes últimos, dos quais constituem um subconjunto.

Em termos de custo marginal (Cmg), teremos as seguintes relações entre os custos marginais privados (CmgP) e sociais (CmgS) da vítima e do causador do dano:

Vítima da poluição: $CmgS_V = \frac{dCT_V}{dQ_V} = CmgP_V$ (4)

Agente poluidor: $CmgS_K = \frac{\partial CT_K}{\partial Q_K} + \frac{\partial CT_V}{\partial Q_K}$, ou seja, $CmgS_K = CmgP_K + CmgE_K$ (5)

O custo externo pode apresentar comportamentos diversos, de acordo com a atividade económica do agente causador, mas também atendendo à capacidade assimilativa do meio. Vários especialistas debruçaram-se sobre a forma de introduzir e repre-

---

uma unidade adicional. No caso de variáveis discretas, pode ser retratado e calculado como $\frac{\Delta CT_X}{\Delta Q_X}$ (ou seja, o rácio entre variações absolutas). No caso de funções contínuas, estamos perante variações infinitesimais, representando a inclinação da curva de custo total e expressando a sua derivada de primeira ordem. Formalmente, e para efeitos da análise realizada neste livro, o custo marginal será assinalado como $Cmg_x = \frac{dCT_X}{dQ_X}$ ou $Cmg_x = \frac{\partial CT_X}{\partial Q_X}$ (respetivamente derivada ou derivada parcial do custo total em relação à quantidade). Para mais esclarecimentos da matéria, aconselha-se o recurso a manuais de economia introdutória (por exemplo: Samuelson, P. A., e Nordhaus, W. D.. Economia. McGraw-Hill).

[2] A diferença entre custo social e privado pode ser imputada a um custo ou a um benefício externo. Como aqui tratamos de um efeito prejudicial, ligado a poluição, falaremos apenas de custos. Esta análise aplica-se, em sentido contrário, se estivermos perante a ocorrência de benefícios. Por exemplo, o pomar de um indivíduo beneficia o vizinho, que possui colmeias. Neste caso o custo social é igual ao somatório dos custos privados, ao qual se subtraem os benefícios externos.

sentar este tipo de custos na teoria económica. Para esse efeito, procura-se representar o efeito do custo externo através de funções matemáticas que, embora se afigurem reducionistas da realidade, cumprem a finalidade de, em termos analíticos, ser mais simples de manusear.

Duas formas preferenciais são escolhidas no âmbito deste trabalho, a exponencial e, numa base mais simplificada, a linear, representadas na Figura 20 (a, b, respetivamente).[3]

A forma exponencial (Figura 20a) materializa uma lógica que pretende aproximar-se o mais possível da realidade, embora siga uma função matemática exata. Voltemos ao exemplo exposto acima, em que há uma descarga de efluentes, ou genericamente poluição (W), no curso de água. No início, o impacto causado por uma unidade adicional de efluentes (variação unitária no eixo das abcissas) pode ser relativamente reduzido, acarretando um custo relativamente baixo (expresso pela correspondente variação no eixo das ordenadas). Se adotarmos uma sequência temporal, lançar constantemente unidades de efluente no mesmo meio, irá causar impactos progressivamente mais gravosos na qualidade da água e nos seus ecossistemas, gerando custos cada vez maiores e podendo inclusivamente levar a uma situação de limite (assimptótica).

FIGURA 20: **Representação da função de custo marginal externo: (a) forma exponencial; (b) forma linear**

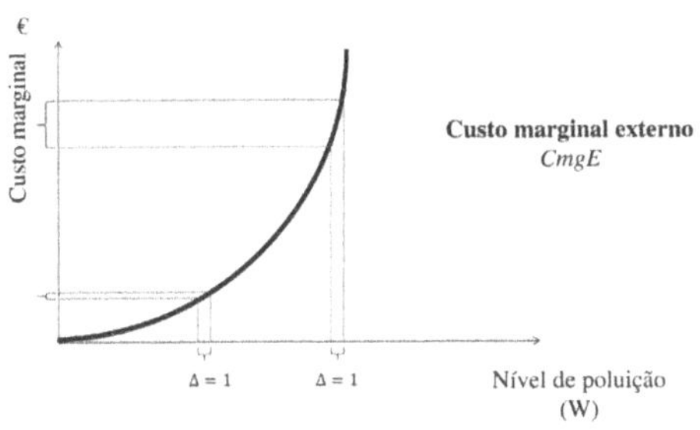

(a)

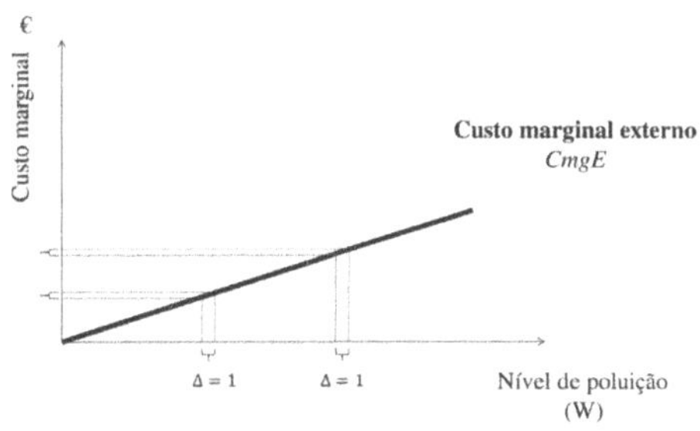

(b)

[3] De notar que o eixo das ordenadas se encontra expresso em unidades monetárias, o que, desde logo, pressupõe que o impacto da poluição do ambiente é passível de ter um valor monetário associado. Este ponto será devidamente retomado e aprofundado no Capítulo v deste livro.

Como essa forma de representação ainda revela alguma complexidade no tratamento analítico, é habitual para, por exemplo, melhor esclarecimento de matérias, adotar-se uma especificação linear. Privilegia-se, assim, frequentemente uma reta de declive positivo para representar o custo marginal externo (Figura 20b).

Ainda com recurso à forma exponencial, os custos externos totais são prontamente identificáveis pela área abaixo da curva até à abcissa, relativamente à qual se pretende fazer o cálculo, por exemplo W_1 ou W_2, mostrando-se manifestamente crescentes, à medida que o nível de poluição aumenta (Figura 21a).

FIGURA 21: **Custo externo total: (a) forma exponencial; (b) forma linear**

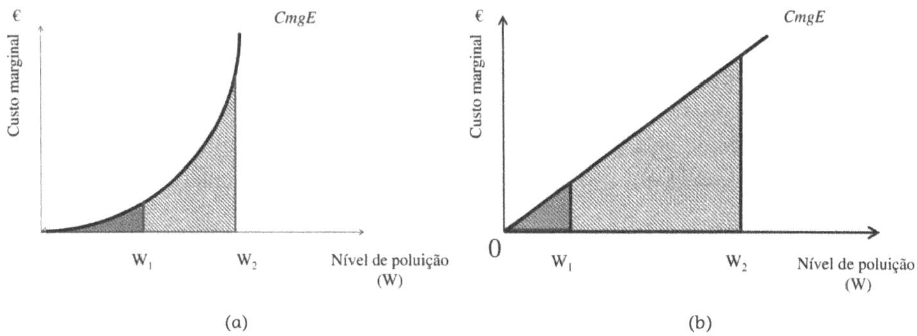

Recorrer à forma linear da função acarreta pressupostos naturalmente mais reducionistas, trazendo vantagens a nível da simplificação do manuseamento analítico, podendo as áreas abaixo da função ser facilmente calculáveis por recurso a figuras geométricas simples, como triângulos (Figura 21b). Como já referido, essa opção será priorizada neste capítulo, para propiciar uma forma mais intuitiva e menos complexa de explicação das matérias.

Após a distinção e esclarecimento sobre custos privados, sociais e externos, procedamos agora à representação gráfica do mercado, sem e com externalidade (Figura 22a e 22b, respetivamente).

Adotemos outro pressuposto que nos vai acompanhar numa grande parte do capítulo:

- Suponhamos que produzir uma maior quantidade do produto (Q) significa provocar mais poluição (W), ou seja, para já, existe uma relação direta e positiva entre Q e W. Como tal, em várias representações gráficas, optou-se por considerar uma equivalência numérica das quantidades de ambas as variáveis (Q e W).[4]

Embora esta assunção não esteja longe da realidade em grande parte dos casos, pode ser questionável em situações em que, por exemplo, se inclui na análise a influência do progresso técnico, permitindo que a mesma quantidade seja produzida com um nível de poluição menor, ou para o mesmo grau de poluição se possa produzir mais quantidade. A suposição de identificação de Q e W vai, no entanto, nesta primeira fase, tornar a matéria mais compreensível, vindo a ser usada em vários tópicos em seguida.

FIGURA 22: **Representação do equilíbrio de mercado: (a) sem consideração de externalidade; (b) com introdução de externalidade negativa**

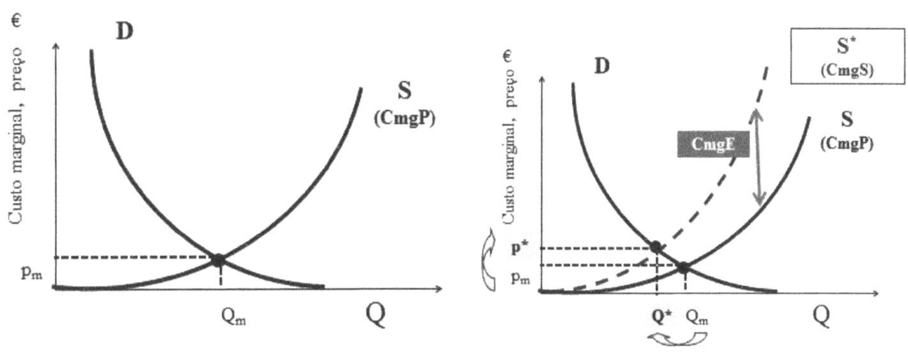

(a) (b)

Acompanhando o andamento das curvas da procura (D) e da oferta (S)[5], o nível de equilíbrio de mercado encontra-se no ponto em que a quantidade é Q_m e o preço p_m

[4] Ressalve-se que, no entanto, embora o pressuposto adotado tenha um intuito de simplificação, as unidades de medida de Q e W podem diferir, o que implica que Q = W se refira meramente às quantidades numéricas. Assim, tem-se, por exemplo Q = 20 toneladas produzidas e W = 20 litros de poluente, com idêntica representação gráfica de Q = W = 20.

[5] De notar que a curva da oferta, S, é determinada pela curva de CMgP na sua fase ascendente.

(Figura 22a). A consideração da externalidade (Figura 22b) iria implicar o aumento dos custos englobados na curva da oferta, obrigando esta a deslocar-se para cima e para a esquerda e cruzando a curva da procura no ponto (Q*, p*). A ser efetivado, este movimento da curva levaria a uma menor quantidade produzida ($Q^* < Q_m$) e, em simultâneo, a um preço superior ($p^* > p_m$), o que, aliás, é consentâneo com a lógica de estarmos perante um bem poluente, prejudicial a terceiros. No entanto, não sendo tomadas medidas que incentivem, ou mesmo obriguem, o poluidor a incorporar estes custos na sua esfera, trata-se apenas de um equilíbrio normativo, teórico. Com efeito, o equilíbrio permanece em (Q_m, p_m) em vez de se estabelecer em (Q^*, p^*), podendo então afirmar-se que o mercado falha. Isto porque, embora se verifique a existência de uma externalidade negativa, são tidos em consideração os custos privados e não os sociais. A externalidade consubstancia, deste modo, uma falha de mercado.

1.2. Internalização

A solução para corrigir a falha de mercado acima apresentada seria «inverter» o sentido inicialmente previsto do efeito do causador para a vítima, transferindo para a esfera do primeiro agente o custo que a externalidade pode provocar a terceiros, mas que é proveniente da sua atividade. Este fenómeno denomina-se de **internalização da externalidade** (Figura 23).

Figura 23: **Internalização do efeito externo**

Antes de analisarmos mais detalhadamente o procedimento de internalização das externalidades, façamos um exercício simples, seguindo a habitual ótica económica de que ambos os agentes produtivos que temos vindo a considerar, K e V,[6] pretendem uma maximização do lucro (π).

Numa primeira etapa, admitamos que dirigem atividades independentes e que, à vista disso, pretendem *maximizar, de forma individual*, o seu lucro, igualando aqui o produto das quantidades produzidas (Q) pelo respetivo preço (p), e subtraindo-lhe os custos (C)[7].

Dada a expressão dos lucros de cada agente, poluidor (K) e vítima (V), temos

$$\pi_K = Q_K \cdot p_K - C_K(Q_K) \text{ e } \pi_V = Q_V \cdot p_V - C_V(Q_V, Q_K) \qquad (6)$$

O lucro máximo ocorre quando a primeira derivada da função lucro em relação à quantidade produzida é igualada a zero. Neste caso:

$$\begin{aligned} &\frac{d\,\pi_K}{dQ_K} = 0 \\ &\Leftrightarrow \frac{d(Q_K \cdot p_K - C_K(Q_K))}{dQ_K} = 0 \\ &\Leftrightarrow p_K - \frac{dC_K}{dQ_K} = 0 \\ &\Leftrightarrow p_K - CmgP_K = 0 \\ &\Leftrightarrow \boldsymbol{p_K = CmgP_K} \end{aligned} \qquad (7)$$

$$\begin{aligned} &\frac{d\,\pi_V}{dQ_V} = 0 \\ &\Leftrightarrow \frac{d(Q_V \cdot p_V - C_V(Q_V, Q_K))}{dQ_V} = 0 \\ &\Leftrightarrow p_V - \frac{\partial C_V}{\partial Q_V} = 0 \\ &\Leftrightarrow p_V - CmgP_V = 0 \\ &\Leftrightarrow \boldsymbol{p_V = CmgP_V} \end{aligned} \qquad (8)$$

Pela maximização do lucro de cada agente, chega-se à premissa habitual em economia, numa situação de concorrência perfeita, em que o requisito para a maximização do lucro é que o preço que vigora em mercado iguale o custo marginal do agente.

Ou seja, o facto de existir ou não uma externalidade não internalizada em nada influencia esta condição.

---

[6] A definição de externalidade vai para lá da consideração de agentes produtores, uma vez que há também que ter em conta externalidades de consumo e formas mistas. No entanto, aqui, para uma melhor compreensão da matéria, é conveniente observarmos o problema pelo prisma da relação entre duas atividades produtivas.

[7] Com rigor, esta expressão representa o «lucro líquido de custos» (ou seja, as receitas recebidas, subtraindo-lhe os custos totais incorridos), mas, com intuito de simplificação, neste texto vai ser designado simplesmente por «lucro».

Admitamos, agora, que os agentes fundem ambas as empresas numa só, com duas linhas de produção, do produto do agente K e do produto de V. Esta situação equivale a constituir uma simplificação da sociedade como um todo. Ou seja, nesta primeira abordagem simplificadora a «sociedade» reduz-se a dois agentes. Posteriormente, a análise será alargada para abarcar a noção mais comum que temos de sociedade como coletividade, em que coexistem múltiplos agentes.

Procedamos a uma *maximização conjunta* do lucro dos dois agentes (π_s).

A expressão conjunta dos lucros é dada pela adição das duas funções,

$$\pi_S = \pi_K + \pi_V = Q_K \cdot p_K - C_K(Q_K) + Q_V \cdot p_V - C_V(Q_V, Q_K) \quad (9)$$
$$= Q_K \cdot p_K + Q_V \cdot p_V - C_K(Q_K) - C_V(Q_V, Q_K)$$

Igualemos as derivadas parciais a zero, ficando com:

$$\frac{d\,\pi_S}{dQ_K} = 0 \Leftrightarrow p_K - \frac{dC_K}{dQ_K} - \frac{\partial C_V}{\partial Q_K} = 0$$
$$\Leftrightarrow p_K - CmgP_K - CmgE_K = 0$$
$$\Leftrightarrow p_K = CmgP_K + CmgE_K \quad (10)$$

$$\frac{d\,\pi_S}{dQ_V} = 0 \Leftrightarrow p_V - \frac{\partial C_V}{\partial Q_V} = 0$$
$$\Leftrightarrow p_V - CmgP_V = 0$$
$$\Leftrightarrow p_V = CmgP_V \quad (11)$$

Da expressão (5), temos:

$\Leftrightarrow p_K = CmgS_K$, com $CmgS_K$ a representar o custo marginal social do bem.

Decorre deste exercício que, enquanto a situação de maximização de lucro de V mantém a condição anterior, com o preço a igualar o seu custo marginal[8], o preço de K aumenta no montante do custo que provoca a V[9]. Ou seja, K pretende, assim como V, maximizar o lucro conjunto. Como a sua atividade está ligada à de V, tem agora interesse em incorporar o custo anteriormente «externo», ou seja, que não afetava o próprio, mas sim outrem, mas que agora se torna «interno» à «sociedade» constituída pelos dois.

Procedamos agora a uma análise gráfica, mais intuitiva, começando pela situação sem internalização, ou seja, em que a maximização do lucro é realizada de forma separada para cada um dos agentes, K e V.

[8] Verificar a igualdade como resultado das expressões (8) e (11).

[9] Confrontar situação (7) com (10).

O lucro marginal de cada um dos agentes, por exemplo de K (π_{mgk}) pode ser representado por uma função decrescente, uma vez que o preço (p) é uma constante e o custo marginal privado (CmgP) é, pelo menos a partir de determinada quantidade, uma função tipicamente crescente.

$$\pi_{mgK} = \frac{d\,\pi_K}{dQ_K} = p_K - \frac{dC_K}{dQ_K} = p_K - CmgP_K \quad (12)$$[10]

Na Figura 24a optamos, de novo, por um comportamento linear desta função, que intercepta o eixo das abcissas (Q) em Q_m, ponto em que o lucro marginal é nulo.

Por sua vez, o lucro total π_K (que não é mais do que o integral do π_{mgk} até ao nível em análise) vai aumentando à medida que a quantidade produzida aumenta. Assim, em Q_1 o lucro total seria dado pela área $0DEQ_1$, em Q_2 por $0DFQ_2$, e assim por diante, atingindo-se o lucro máximo, com $0DQ_m$, quando o π_{mgk} intercepta o eixo das abcissas, em Q_m (Figura 24b).[11] O interesse do agente, a nível privado, é, assim, situar-se o mais à direita do gráfico que lhe seja possível, nomeadamente em Q_m, em que alcança o seu nível ótimo de produção. A partir deste ponto (à direita de Q_m) teríamos uma circunstância indesejável, dado que o lucro começaria a diminuir, com custos a superar as receitas.

FIGURA 24: **Representação do lucro do causador da externalidade, sem internalização: (a) lucro marginal; (b) lucro marginal e total**

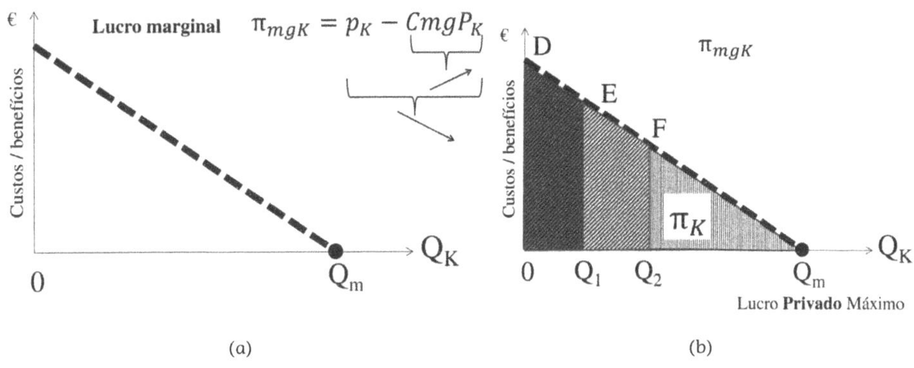

[10] De notar que esta expressão analítica foi retomada de (7).

[11] Esta conclusão podia ser tirada sem o recurso ao gráfico da Figura 24b, só com apoio na Figura 24a, dado que a derivada do lucro é zero para a quantidade Qm ($\pi_{mgK} = 0$), o que obviamente significa um extremo da função original, neste caso um máximo.

Claramente o agente K permanece em Q_m, a não ser que novos pressupostos sejam incluídos na análise, o que é materializado no quadro de inclusão numa «sociedade» com o outro agente, V. Estamos, nesta última ótica, perante uma perspetiva de maximização conjunta dos lucros dos dois agentes. Retornamos à situação já vista em (10), com:

$$\frac{d\,\pi_S}{dQ_K} = p_K - CmgP_K - CmgE_K \tag{13}$$

Sendo um resultado desta condição de maximização que esta expressão seja igualada a zero, obtém-se:

$$\frac{d\,\pi_S}{dQ_K} = 0 \Leftrightarrow p_K = CmgP_K + CmgE_K \tag{14}$$

$$\Leftrightarrow p_K - CmgP_K = CmgE_K \Leftrightarrow \boldsymbol{\pi_{mgK}} = \boldsymbol{CmgE_K} \tag{15}$$

Esta última condição permite juntar as funções π_{mgk} (Figura 24a) com $CmgE_K$ (Figura 20b) num só gráfico (Figura 25a). De notar que a maximização do lucro de K passa agora do ponto de abcissa Q_m, para o ponto de abcissa Q*, o que significa que o seu ótimo se desloca para a esquerda, para o ponto de interseção das duas funções.

A internalização é, portanto, cumprida, pela simples junção dos dois agentes numa mesma «sociedade», com a assunção de maximização de lucro, mas agora comum a ambos. A quantidade oferecida do bem em mercado contrai-se (para Q*) e o preço sobe (de $p_K = CmgP_K$ para $p_K = CmgP_K + CmgE_K$), o que está de acordo com a representação de mercado que vimos anteriormente (Figura 22b), corrigindo-se assim a falha provocada pela existência de uma externalidade não internalizada.

1.3. Ótimo de produção de uma atividade poluente

Generalizando agora a ilustração elaborada que até aqui assumia a existência apenas de dois agentes, um causador e somente um recetor, podemos alargá-la a uma perspetiva social em que o custo externo passa a representar o conjunto dos custos provocados pelo agente causador em vários agentes, ou seja, no todo social. Ao cruzamento da função de lucro do agente causador da externalidade com o custo marginal externo, designaremos por **ótimo social de produção da atividade poluente.** (Figura 25b)[12].

Figura 25: **Junção das funções de lucro privado marginal com custo marginal externo — (a) Novo lucro privado máximo; (b) Ótimo social**

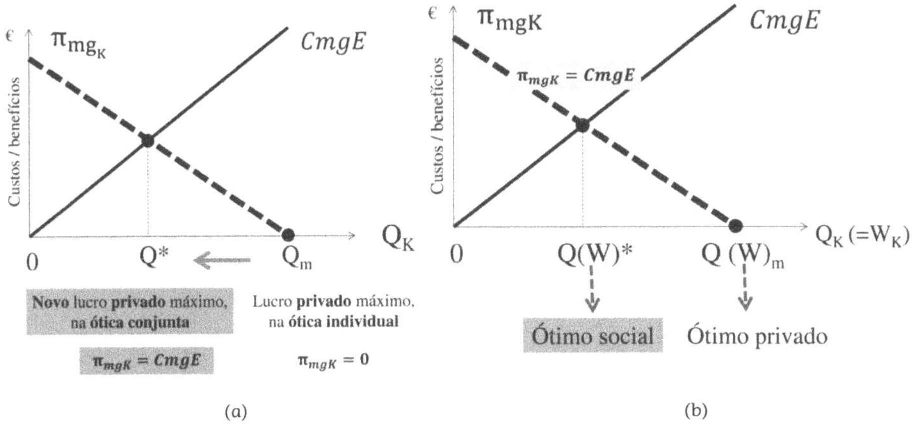

Estudemos, em seguida, a importância do ponto de equilíbrio, observando a lógica de nos posicionarmos fora da situação de ótimo. Mantém-se a proposição de igual magnitude para Q e W, para a leitura do eixo das abcissas, pelo que, por conveniência didática, passaremos agora a falar dos montantes de poluição (W), em vez da quantidade produzida (Q) (Figura 26). Consideramos, de novo, a simplificação inicial de que existe um agente K causador da externalidade, produtor, cujo objetivo passa por maximizar

---

[12] O ótimo (também designado por ótimo de poluição) não coincide com a poluição zero. Este facto pode ser contestado por diversas perspetivas, geralmente não económicas. Nas palavras de Pearce (1974), «os economistas não veem o problema da poluição como um problema de a *eliminar*, mas de encontrar a quantidade "ótima" de poluição (...). Para a maioria dos cientistas, em contraste, os problemas de poluição são problemas puramente técnicos — ou seja, *como* se elimina; não *em quanto* se deve reduzir.» (Pearce, D. W. (1974). Economic and ecological approaches to the optimal level of pollution. *International Journal of Social Economics*, *1*(2), 146–159.) No entanto, atingir a poluição zero assevera-se como uma tarefa impossível, uma vez que produzir provoca sempre poluições, por muito que se procure minimizar a sua geração. Mesmo recorrendo a outros instrumentais, como ao modelo de economia circular (Capítulo II, ponto 3), acaba por persistir uma poluição residual.

o lucro próprio individual, e um agente V, recetor da mesma, também produtor, que sofre os seus efeitos, vendo os seus custos aumentados e o lucro reduzido, como já foi visto antes. Os dois agentes formam o todo social e têm a mesma importância para o bem-estar da sociedade[13], pelo que o objetivo é chegar ao equilíbrio.

Em W_2, posição em que o custo sofrido pelo agente recetor é já muito alto, com notoriamente poluição em demasia, é incontroverso afirmar que a quantidade desta deve diminuir. Já para W_1, explicar um ajustamento para a direita no eixo das abcissas merece mais justificação.

FIGURA 26: **Atingir o ótimo:**
(a) Análise pelas variações marginais; (b) Análise pelas variações totais

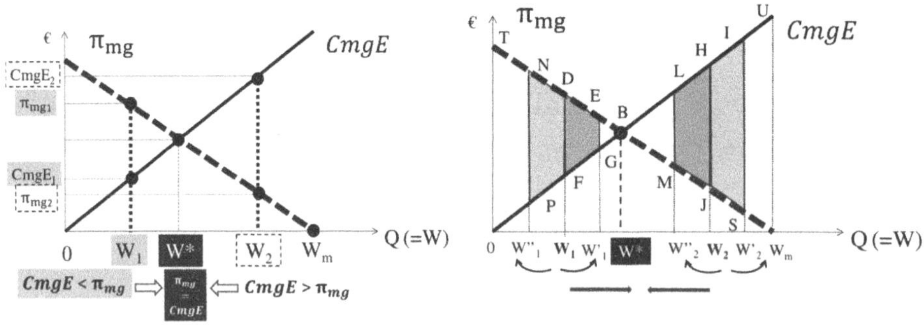

(a) (b)

Com apoio nas funções marginais (Figura 26a) e começando na posição W_2, produzir uma unidade adicional traduz-se num custo externo ($CmgE_2$) que vai agravar a situação do agente recetor, de forma desproporcionalmente alta em relação ao lucro que acarretaria para o agente causador (π_{mg2}). Como $CmgE_2 > \pi_{mg2}$, é desejável que a atividade poluidora se contraia, deslocando-nos para a esquerda, diminuindo tanto o custo externo para o agente recetor, como o lucro para o poluidor.

[13] Ou seja, não há aqui nenhum agente cujos interesses se possam sobrepor aos do outro (o que na realidade nem sempre se verifica, com eventuais diferenciais legislativas e/ou de caráter político/social, cuja consideração se encontra fora do âmbito desta obra). Mesmo que o V fosse um consumidor e não um produtor, esta premissa mantém-se. Portanto, o bem-estar de K e de V são aqui perfeitamente equivalentes.

Se nos encontrarmos demasiado à esquerda, por exemplo em W_1, ao produzir uma unidade adicional, a perda para a vítima da poluição ($CmgE_1$), situa-se consideravelmente abaixo do ganho adicional do causador, π_{mg1}. Sendo assim, $CmgE_1 < \pi_{mg1}$, ou seja, a atividade produtiva do agente K está a ser demasiadamente restringida, tendo em conta um custo externo relativamente insignificante para o agente V. Como estamos, desta feita, a sacrificar demasiado o agente causador, deve permitir-se um aumento dos lucros, sendo necessário um movimento para a direita, o que acarreta também um incremento dos custos externos.

O processo termina consequentemente em W*, o nível de equilíbrio, também considerado em economia como um **ótimo de Pareto**[14].

Se a análise conduzida se guiar pelas variações totais (áreas abaixo das funções marginais), chegaremos a uma conclusão idêntica (Figura 26b). Assim, se posicionados em W_2, intentarmos um aumento da quantidade para W'_2, a diferença entre os acréscimos no custo externo total ($W_2HIW'_2$) e no lucro ($W_2JSW'_2$) é de HISJ, ou seja, o aumento de custo externo total supera em muito o aumento do lucro. Uma diminuição do mesmo montante (para W''_2) resulta numa diferença menor entre o custo externo total e lucro, de LHJM, pelo que a racionalidade aponta para a segunda hipótese, isto é, diminuir W, o que implica uma deslocação para a esquerda, para esbater a diferença entre os dois.

Pelo contrário, colocados em W_1, um aumento para W'_1 leva a um aumento do lucro em $W_1DEW'_1$ superior ao do custo externo ($W_1FGW'_1$). Mas uma diminuição da poluição para W''_1, acarreta uma variação ainda mais significativa da diferença entre lucro ($W_1DNW''_1$) e custo externo total ($W_1FPW''_1$), ou seja, DEGF<NDFP, pelo que o diferencial entre ambos se atenua com a movimentação para a direita.

A análise leva, de novo, à convergência na abcissa W*, com um lucro total de 0TBW* e um custo externo total de OBW*.[15] Pode ainda acrescentar-se que o montante ótimo de lucro líquido de custos externos é de TBO.

---

[14] O ótimo de Pareto ocorre quando a alocação de recursos entre os diferentes agentes é tal que qualquer alteração implica prejudicar pelo menos outro agente. Não é assim possível encontrar alterações que beneficiem um agente sem prejudicar outro.

[15] Repare-se que em W_m, com lucro total máximo (de $0TW_m$), teríamos também um custo total externo máximo (0UWm), situação francamente indesejável, do ponto de vista do conjunto dos dois agentes.

Chegados ao nível ótimo, o desafio será agora analisar quais as estratégias a empreender para que o agente seja incentivado a mover-se de Qm (ou Wm) (onde tem o seu lucro máximo) até Q* (ou W*) (onde é a sociedade no seu todo que atinge o máximo benefício social), por outras palavras, de que forma a externalidade pode ser internalizada. Este objetivo será cumprido, percorrendo alguns dos instrumentos mais usados e considerados mais relevantes. Abandona-se aqui o pressuposto de que nos encontrávamos num «vazio» legal e de políticas direcionadas para finalidades ambientais.

Serão, em seguida, analisados vários instrumentos, um de cada vez, não significando que não possam na prática ser aplicados em simultâneo.

2. Instrumentos de política ambiental

Definida de forma breve, a **política ambiental** consiste num conjunto de medidas destinadas a sustentar e precaver a deterioração das condições naturais existentes (de seres humanos, animais, plantas), e a compensar danos ambientais já ocorridos. Podemos estar a referir-nos a uma perspetiva ***ex-ante*** (ou seja, antes da ocorrência de danos, melhor dizendo, trata-se de evitar ou prevenir que estes ocorram), traduzindo-se numa atitude antecipatória. Por outro lado, podemos estar perante atitudes reparadoras, ou seja, ***ex-post*** (isto é, após a sua ocorrência[16]), portanto meramente defensivas e até punitivas de algo que já se verificou.

Uma das grandes apostas da política ambiental é a sua atuação em situações que envolvem a necessidade de internalizar externalidades.

2.1. Políticas de comando e controlo

O primeiro instrumento de política ambiental que convém analisar é a política impositiva, designada por comando e controlo. A imposição de restrições a vários níveis, através de regulamentação, é a forma historicamente mais antiga, mas também a mais comum em muitas regiões do mundo.

---

[16] Os termos *ex-ante* e *ex-post* são construções provenientes do latim que se utilizam frequentemente em economia para designar basicamente «o antes» e «o depois».

Trata-se essencialmente de fixar uma norma (**comando**)[17], que pode configurar, por exemplo, restrições, fixação de limites máximos ou proibições. Após a imposição dessas leis/regulamentações, a sua observância deve ser vigiada e monitorizada (**controlo**) e, em caso de incumprimento, deve ser estabelecida a respetiva sanção.

Existem várias tipologias para **normas** (N), tendo-se optado aqui por tipificar as seguintes categorias:

1. As **normas de qualidade ambiental** determinam, para cada meio (água, ar, etc.) o limite máximo admissível de concentração de determinados poluentes. Esta demarcação pode ser feita com base em estudos sobre o risco que a carga de poluição em causa possivelmente terá, desde logo, para a saúde humana. Assim, torna-se por vezes aconselhável proceder ao cálculo de elasticidades de morbilidade e mortalidade,[18] ou seja, em que percentagem impacta em cada uma destas variáveis o aumento de 1% na poluição do meio. Como exemplo destas normas, a União Europeia tem publicado listas para concentrações de poluentes do ar (valores-limite), como as partículas (PM_{10} e $PM_{2.5}$), o dióxido de nitrogénio (NO_2) e de enxofre (SO_2), etc. (Caixa 1), a partir das quais podem verificar-se ameaças, mais ou menos gravosas, para a saúde humana e para os ecossistemas.

Caixa 1: **Exemplo de normas de qualidade do ar**

Em Portugal vigoram atualmente várias restrições, emanadas das diretivas europeias, em relação a poluentes atmosféricos como, por exemplo, o dióxido de enxofre, que não deve ultrapassar os 125 microgramas (µg) por metro cúbico, em média, por dia, estando, além de tudo, a concentração horária limitada a 350 microgramas/m³. Uma margem é ainda admitida, antes de serem despoletados mecanismos de sancionamento. Por ano, a restrição diária e horária pode ser apenas transgredida respetivamente 3 e 24 vezes. Também para o ozono baliza-se a concentração máxima diária a 120 µg/m3, com alguma margem de tolerância, em relação ao número de dias em que este limite possa ser ultrapassado.

Fonte: https://ec.europa.eu/.

[17] A designação internacional mais comum para «norma» é «*standard*».

[18] A elasticidade de mortalidade (Mort) e morbilidade (Morb) pode ser definida respetivamente pelas expressões: $\varepsilon_{Mort} = \frac{dNO/dW}{NO/W}$ e $\varepsilon_{Morb} = \frac{dND/dW}{ND/W}$, com NO e ND a representarem o número de óbitos e de doentes, respetivamente e W o nível de poluição.

2. As **normas de emissão** visam restringir a quantidade de emissões (ou efluentes ou resíduos) lançada, a partir da fonte, para o meio ambiental em causa. Embora interligadas, é de notar que, em relação às normas anteriores, aqui é mais apropriada a menção a substâncias que, uma vez chegadas ao meio, e em combinação com outras, darão origem a poluentes. Está em causa, neste contexto, a fonte (individual) e não o seu destino (efeito em conjunto de todas as fontes de emissão, que têm âmbitos diversos). Pode mencionar-se a obrigatoriedade de delimitar a quantidade de um determinado efluente lançado para a água, em litros, por dia. Outro exemplo seria a criação de metas relativamente a determinadas emissões atmosféricas, como a quantidade de dióxido de carbono emitido, por quilómetro, a partir dos motores de veículos em circulação (Caixa 2).

Caixa 2: **Exemplo de normas de emissão - Veículos ligeiros na União Europeia**

Data de 2009 o estabelecimento de normas de emissão de CO_2 prescrita pela União Europeia para veículos ligeiros em circulação.
A primeira geração normativa impõe o limite de 130g/km, em média, por veículo, a ser atingido no ano de 2015, o que se cumpriu ainda antes do término do prazo.
Uma segunda fase restringe esse valor a 95g/km, até 2021.
Finalmente em 2017, a terceira geração de políticas estabelece objetivos ainda mais exigentes estipulando uma redução, em relação aos valores de 2021, de 15% e 37,5% a ser alcançada em 2025 e 2030 respetivamente.

Fonte: Regulamento (UE) 2019/631 do Parlamento Europeu e do Conselho - de 17 de abril de 2019 - que estabelece normas de desempenho em matéria de emissões de CO_2 dos automóveis novos de passageiros e dos veículos comerciais ligeiros novos e que revoga os Regulamentos (CE) n.º 443/2009 e (UE) n.º 510/2011.

3. As **normas tecnológicas** particularizam tecnologias e procedimentos técnicos, a ser implementados. A título de exemplo pode focar-se a adoção de tecnologias mais limpas (caixa 3), como as que permitem a reutilização de água, mas também, por hipótese, de alguns materiais químicos, que possibilitem maior aproveitamento de recursos naturais (e no cômputo geral, menores custos).

Caixa 3: **Exemplo de normas tecnológicas – Melhores Técnicas Disponíveis**

As Melhores Técnicas Disponíveis (MTD)[19] constituem um exemplo de normas tecnológicas[20], referindo-se a procedimentos e tecnologias/equipamentos indicados para a prossecução de uma certa atividade económica, «com vista a evitar e, quando tal não seja possível, a reduzir as emissões e o impacte no ambiente no seu todo» (conforme disposto no DL 127/2013)[21]:

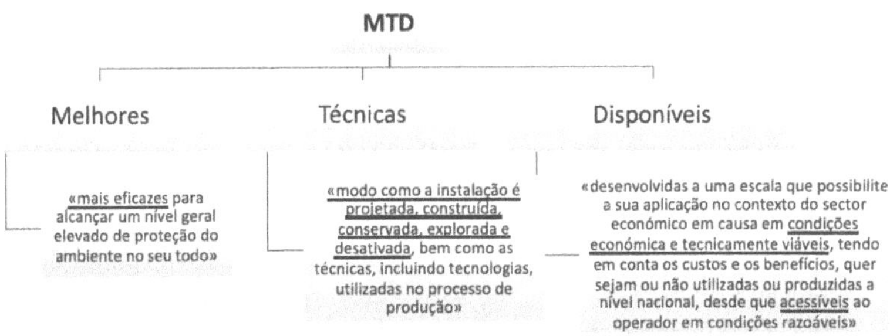

São acordadas perante um painel constituído por peritos dos Estados-membros da UE, representantes da indústria e de organizações não-governamentais do ambiente.

Trata-se de técnicas das quais se espera, entre outros benefícios[22]:
- prevenção de acidentes;
- redução ao mínimo de riscos para o ambiente e de impacte global das emissões;
- geração de poucos resíduos;
- uso de substâncias menos perigosas;
- emprego de técnicas de valorização e reciclagem de substâncias produzidas e utilizadas nos processos e resíduos.

Por exemplo, na indústria de ferragens e fundições, uma MTD consiste na adoção pela empresa de processos de reutilização de resíduos de alumínio, derivados de perdas no processo produtivo (aparas ou peças com defeito), o que vai de encontro às exigências impostas a nível tecnológico e aos consequentes benefícios ambientais esperados.

Fonte: Textos de DL 127/2013.

[19] Em inglês, conhecidas por *Best Available Control Technology* (terminologia usada nos EUA) ou *Best Practical Means* (usada no Reino Unido).

4. Finalmente são de evidenciar as **normas sobre produtos ou fatores de produção**, as quais providenciam regras a que estes devem obedecer, para garantir um menor grau de poluição. De mencionar, como exemplo, plásticos (caixa 4), alguns herbicidas, cuja produção está a ser descontinuada, de forma imediata ou progressiva (como é o caso do glifosato[23]), ou fatores de produção, como a ausência de chumbo na gasolina ou certas substâncias a não incluir no fabrico de alguns detergentes, denominados biodegradáveis.

Caixa 4: **Exemplo de normas sobre produtos - O caso dos plásticos**

A elevada poluição derivada da utilização de produtos de plástico levou a várias iniciativas a nível nacional e internacional que visam proibir ou, pelo menos, apontar para uma drástica diminuição do seu uso. Assim, em 2021 foi transposta para a legislação portuguesa a normativa comunitária Diretiva (UE) 2019/904 a este respeito.
As metas de reduções do consumo de produtos de plástico de utilização única são da ordem dos 80% e dos 90%, até 2026 e 2030 respetivamente, em relação a 2022, ou até, a sua proibição. Especialmente visada é a colocação no mercado de vários produtos, como cotonetes, palhas e agitadores de bebidas, talheres, pratos e recipientes para conter alimentos e bebidas, feitos de poliestireno expandido, assim como de plástico oxodegradável.

Fonte: Decreto-Lei n.º 78/2021: Diário da República n.º 187/2021, Série I de 2021-09-24, páginas 3-27.

Para terminar a apresentação desta primeira abordagem de política ambiental, procuremos recorrer a alguns dos critérios que constam da Figura 27, para analisar o desempenho das normas atendendo a vários prismas.

---

[20] Na literatura, além das MTD, normas baseadas em tecnologia existente e aliadas a indústrias consideradas com desempenho alto, foca-se, com alguma frequência, com um grau de exigência menor, as tecnologias «médias» disponíveis («*Currently available technology*» ou «*Average standard approach*»), frequentemente aplicadas e de fácil transferência para terceiros. Num patamar de exigência superior, as tecnologias que se encontram ainda numa fase experimental («*Experimental standard approach*»), que devem sofrer ainda desenvolvimento tecnológico, a curto trecho.

[21] Decreto-Lei n.º 127/2013: Diário da República, 1.ª série — N.º 167 — 30 de agosto de 2013, Artigo 31.º.

[22] Decreto-Lei n.º 127/2013: Diário da República, 1.ª série — N.º 167 — 30 de agosto de 2013, Anexo III.

[23] Parlamento Europeu. (2017, 24 de outubro). *Parlamento Europeu defende proibição do glifosato a partir de dezembro de 2022.*

FIGURA 27: **Alguns critérios de avaliação do desempenho de instrumentos de política ambiental**

A imposição de normas pode revelar-se especialmente interessante se pretendermos cumprir objetivos de **eficácia ecológica**, ou seja, assegurar que um certo nível de emissões ou poluição não seja ultrapassado. Encontrando-se fixados os limites, uma das suas vantagens é, precisamente, atingir objetivos ecológicos, precavendo a ocorrência de situações de maior gravidade e maioritariamente irreversíveis, em termos ambientais, restringindo, ou mesmo proibindo substâncias, produtos ou procedimentos, evitando, assim, casos críticos ou de atuação urgente.

Focando-nos em normas de emissão, procedamos a uma representação gráfica, para uma melhor compreensão (Figura 28). No caso de poluentes extremamente perigosos, a colocação mais adequada para a norma, seria na origem (N_0) (Figura 28a). No entanto, uma vez que assumimos uma equivalência entre Q e W, poderá, nessas situações, haver grandes entraves à produção. Já se houver uma capacidade assimilativa do meio ainda não esgotada (até W_1), o quadro muda de figura, permitindo que a norma (N_1) se fixe na abcissa de poluição zero, preservando assim o objetivo ambiental e não descurando, por completo, a vertente produtiva.

Também do ponto de vista da **implementação política**, pode haver interesse preferencial no uso deste instrumento, dada a vasta experiência das instituições públicas em emitir regras, controlar e sancionar quem as incumprir. Adicionalmente, tanto algumas fações políticas da sociedade, como organizações não-governamentais do ambiente, podem achar este tipo de medida dotado de mais transparência e segurança, em relação a mecanismos de mercado, que veremos mais adiante.

Como o objetivo primordial das normas não é assegurar aspetos económicos, não são consideradas instrumentos economicamente eficientes, a não ser que se imponha ao agente causador o cumprimento de uma norma fixada no nível ótimo de poluição (N*) (Figura 28b), o que garantiria, em primeira mão, a eficiência económica. Existem autores que entendem que, perante danos infinitos, a curva CmgE deve ser representada por uma linha vertical, ou seja, caraterizada por uma elasticidade perfeitamente rígida, sendo o nível ótimo arrastado para a esquerda, coincidindo ou chegando perto da origem do gráfico. No entanto, na grande maioria das situações, a aproximação da norma ao ótimo assevera-se muito difícil. Isto prende-se com a dificuldade em conhecer as funções de lucro marginal privado e, ainda mais, do custo marginal externo e por fim do seu ponto de interseção, que resulta na determinação do ótimo. Por conseguinte, a fixação da norma apresenta uma incapacidade de visualizar o ponto ótimo. Ora se situa ou à sua direita (N_2), sendo demasiado permissiva em relação à poluição que deveria delimitar, ora à sua esquerda (N_1), sacrificando demasiado o agente causador, por ser demasiado restritiva do seu nível de poluição (e produção) em relação ao que seria necessário para atingir o ótimo.

Já o estímulo a **inovar** é notório no contexto das normas tecnológicas, num prazo curto, mas esse incentivo não é continuado no tempo. Assim, se uma empresa for obrigada a adotar uma tecnologia específica, menos geradora de poluição do que a que usa atualmente, dará um «salto tecnológico» momentâneo. Mas encontrando-se, desde logo, a cumprir a norma, não é instigada a prosseguir com a inovação, mas sim a manter-se no estado de cumprimento.

Finalmente, impor determinadas normas pode constituir uma barreira de mercado à **concorrência**. Estipular condicionantes, de ordem diversa, tende a dificultar a expansão de empresas em atividade, mas no seu limite de custos. Por outro lado, agentes que entram em mercado, mesmo providos de maior dinâmica, podem deparar-se com regras mais restritas do que as empresas existentes, nomeadamente com exigências maiores relativamente a equipamentos tecnológicos, ou impedimentos à entrada, por o limite de emissões globais já se encontrar saturado.

FIGURA 28: **Fixação da norma:**
(a) No nível de poluição nula; (b) No nível ótimo

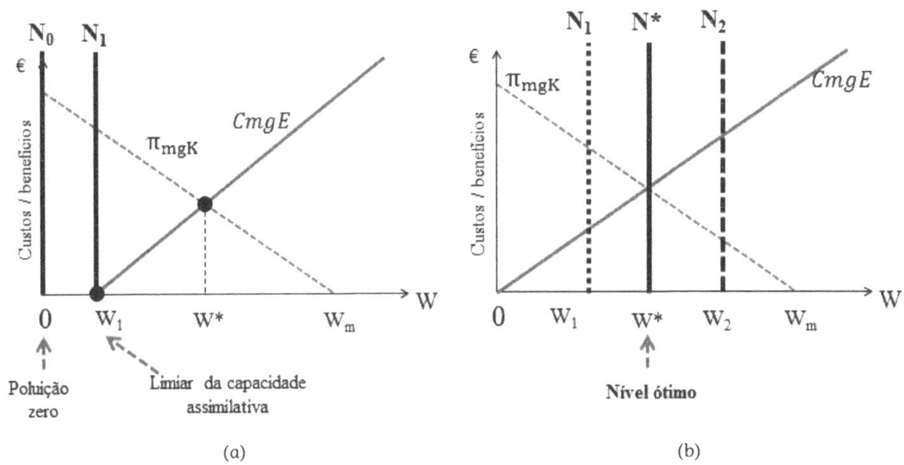

Obviamente que se pressupõe que, emanadas as normas, elas sejam cumpridas. Na realidade, este facto está muito dependente de vários fatores, determinados, por exemplo, pelo âmbito geográfico e sociopolítico em que nos encontramos, sendo variáveis de país para país. De forma geral, o grau de cumprimento pode ser reduzido por diferentes fatores: Há poucos recursos, nomeadamente humanos, para realizar ações de fiscalização, enfrentando o controlo do cumprimento vários entraves, inclusivamente falta de colaboração por parte dos agentes visados, tentados a dissimular algumas ações de incumprimento. Além da reduzida probabilidade de o agente incumpridor ser descoberto, as sanções, pecuniárias ou não, revelam-se diminutas, para atuar como dissuasoras. Este é um problema que afeta grande parte dos instrumentos de política que serão abordados neste capítulo, mas não irá aqui ser aprofundado.

2.2. Impostos e subsídios

Uma outra abordagem de política ambiental corporiza uma forma diferente de intervenção do poder central, já não usando formas impositivas de política, como é o caso das proibições ou restrições, mas sim instrumentos económicos que assentam no funcionamento do mercado, denominando-se, por vezes, instrumentos de mercado (tal como as licenças de poluição transacionáveis que abordaremos no ponto 2.4).

Nesse sentido, vamos agora debruçar-nos sobre a aplicação de mecanismos, como o estabelecimento de impostos[24] ou a concessão de subsídios que fornecem um incentivo ao agente para internalizar as externalidades.[25]

2.2.1. Imposto pigouviano

Embora não tenha constituído a primeira geração de políticas ambientais, foi precocemente proposto, na ciência económica, por Arthur Pigou, em 1932, na sua obra *The Economics of Welfare.*

O imposto (por unidade de poluição emitida) destina-se a resolver a falha de mercado, já apresentada, via internalização dos custos externos no preço do produto do agente causador, que deve passar a pagar pela sua emissão. O imposto supre assim a ausência de preço no mercado.

Genericamente, o valor unitário do imposto (t) vai incidir diretamente sobre o montante de poluição causada (W), que, por sua vez, depende, de alguma forma, da quantidade produzida (Q) do bem poluente em si, escrevendo-se esta função como W(Q). Por exemplo, um imposto sobre o carbono deve incidir diretamente sobre W e não sobre a quantidade da produção em si (Q). No entanto, se o agente produzir uma maior quantidade, frequentemente provocará mais poluição, pelo que a consideração de uma relação positiva entre W e Q se mantém.

Perante a implementação de um imposto, os custos do agente causador (K) vão aumentar na quantia do imposto a pagar (T). Ou seja, ao custo privado considerado em (1) junta-se agora o custo relativo ao pagamento do imposto: $T = t * W$.

---

[24] Apesar da sua diferenciação na prática e na sua vertente jurídica, a denominação de imposto será também aqui utilizada para designar instrumentos de efeito similar, como taxas, tarifas, etc. No entanto, é de referir, muito brevemente, o caráter unilateral do imposto (*tax*, em inglês), em que o pagamento ao Estado é realizado sem a expectativa de contrapartidas, ao contrário das taxas, que só devem ser cobradas quando há uma contrapartida.

[25] Na literatura anglo-saxónica denominam-se os instrumentos de comando e controlo de *sticks*, e estes últimos de *carrots*.

Assim, a partir do lucro de K antes de imposto, π_K (expressão 6), encontra-se o lucro após imposto (π^*_K):

$$\pi^*_K = Q_K \cdot p_K - C_K(Q_K) - t \cdot W(Q_K) \quad (16)$$

Para obter o lucro máximo, na situação com imposto, devemos igualar a primeira derivada a zero, como se fez anteriormente no caso em que não se considerava o imposto:

$$\pi^*_{mgK} = \frac{d\pi^*_K}{dQ_K} = p_K - CmgP_K - t \cdot \frac{dW(Q_K)}{dQ_K}$$

De (12) resulta:

$$\pi^*_{mgK} = \pi_{mgK} - t \cdot \frac{dW(Q_K)}{dQ_K} \quad (17)$$

Simplificando, de novo, a relação entre W e Q, como sendo montantes iguais, com $\frac{dW(Q_K)}{dQ_K} = 1$, temos:

$$\pi^*_{mgK} = \pi_{mgK} - t \quad (18)$$

O novo ótimo privado traduz-se em:

$$\pi^*_{mgK} = 0 \Leftrightarrow p_K - CmgP_K - t = 0 \Leftrightarrow p_K = CmgP_K + t \quad (19)$$

Comparando agora esta última expressão com a (14), relativa ao preço perante a maximização do benefício líquido social, temos:

Máximo lucro após imposto Novo Ótimo Privado ($\pi^*_{mgK} = 0$)	Máximo benefício social Ótimo Social ($\pi_{mgS} = 0$)
$p_K = CMgP_K + \mathbf{t}$	$p_K = CMgP_K + \mathbf{CmgE_K}$
o que resulta em: $\mathbf{t = CmgE_K}$	

O nível **ótimo do imposto pigouviano** é dado pela igualdade entre o imposto unitário e o custo marginal externo, no ótimo de poluição.[26] De realçar que a condição colocada, de que t deve igualar CmgE é necessária, mas não é suficiente para atingir o ótimo. Sendo CmgE uma função contínua, qualquer montante de imposto satisfaria aquela condição (Figura 29a), mas só um (o proveniente do cruzamento com a curva de lucro marginal) identifica o imposto ótimo.

[26] Trata-se do que se denomina em economia por solução de *first-best*, ou "primeiro ótimo".

Graficamente, Q_m continua a representar a quantidade que otimizava a situação do agente antes da incidência do imposto. No entanto, com o imposto, a função de lucro marginal cai, deslocando-se para a esquerda, ao acompanhar a diminuição provocada pelo imposto unitário (Expressão 18), e acaba por intersetar o eixo das abcissas exatamente em Q*, onde os níveis de ótimo privado (após imposto) e ótimo social de poluição coincidem (Figura 29b). O imposto incentiva então o agente causador a afastar-se do seu ótimo prévio (Q_m), encontrando um novo ótimo, com uma produção mais restrita (Q*), uma vez que à direita desse montante o lucro marginal se tornaria negativo (representado pela linha a tracejado). O agente posiciona-se, portanto, precisamente no ponto desejável para a sociedade (Q*).

A maximização do benefício social passa a equiparar-se à maximização do lucro, após uma internalização dos custos externos, neste caso, via imposto.

FIGURA 29: **Fixação do imposto:**
(a) Nível indeterminado; (b) Nível ótimo do imposto pigouviano

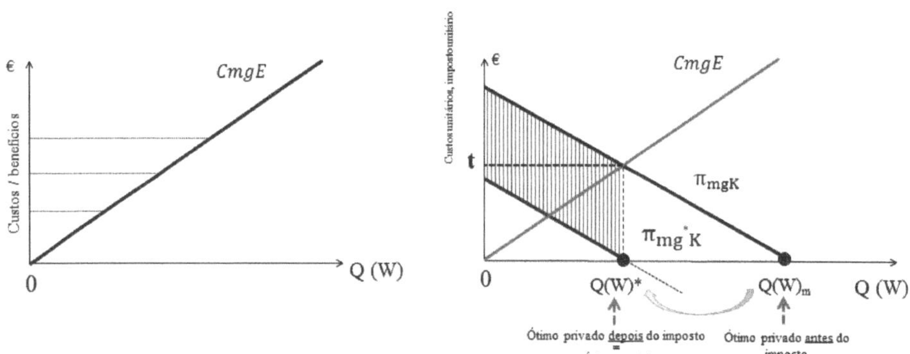

(a) (b)

Perante a internalização, além da contração da quantidade, o preço do agente causador não iguala o seu custo marginal ($p_K = CmgP_K$), mas sim a soma deste com o imposto unitário ($p_K = CmgP_K + t$), o que remete, mais uma vez, para colmatar a falha de mercado, representada na Figura 22b, agora através deste instrumento de política.

O imposto pigouviano constitui a solução de referência em termos teóricos, em Economia do Ambiente, na matéria de política ambiental, uma vez que indica como atingir a internalização do custo externo pelo agente causador.

Na prática, este instrumento apresenta, no entanto, uma série de constrangimentos. Como já foi referido para as normas, o conhecimento das funções de lucro, concretamente π_{mg}, é dificultado pela assimetria de informação entre os poluidores e os poderes públicos, responsáveis pela fixação do nível do imposto.

Por sua vez, o traçado do CmgE é também representativo de uma função contínua, isto é, de uma infinidade de pontos, estimativas de valor dos danos causados pela poluição. Cada um destes pontos não traduz uma ocorrência efetiva, real e especificamente decorrente de um dado montante de produção e poluição, num determinado momento de tempo. Representa, sim, uma situação hipotética de dano provocado pelo agente causador, de acordo com cada quantidade produzida, valor devidamente convertido em grandeza monetária.[27]

Se já no primeiro caso (π_{mg}) a construção da função não era isenta de dificuldades, no segundo caso (CmgE) este problema acentua-se. Ademais, é necessário, além de todos os impedimentos apontados para o traçado das funções, encontrar o ponto específico da interseção de ambas. Se as hipóteses de cálculo do CmgE efetivamente gerado são complexas, menos provável é conseguir obter o valor do dano num «nível ótimo».[28]

Vários autores, embora apoiando a perspetiva pigouviana como referência teórica fundamental, vieram chamar a atenção para a sua inexequibilidade na aplicação prática. Entre eles, William Baumol e Wallace Oates chamam a atenção para a tarefa «hercúlea» de dispor de dados sobre o custo marginal externo de causadores de externalidades, que abarcam um número incalculável de atividades e recetores do prejuízo, ao que se juntam as dificuldades de encontrar um valor monetário para fatores como, por exemplo, perdas a nível da saúde ou de amenidades.

Acrescentaríamos aqui que alguns agentes recetores podem não estar conscientes do facto de haver um dano a afetá-los, como é o caso de uma água poluída num poço de abastecimento particular, que, por desconhecimento do próprio, continua a ser usada para consumo. Das consequências negativas daí provocadas pode só se aperceber mais tarde, ou nunca chegar a percecioná-las, dada a complexidade em estabelecer uma relação causa-efeito que lhe permita a sua identificação.

---

[27] No Capítulo V serão abordados métodos que permitem estimar o valor desses danos em termos monetários.

[28] Assim Baumol e Oates (1971, p. 43) comentam: «Se há pouca esperança de estimar o dano que é gerado atualmente, quão menos provável é que possamos avaliar os danos que ocorrem num mundo ótimo…» (Baumol, W. J., e Oates, W. E. (1971). The use of standards and prices for protection of the environment. *The Swedish Journal of Economics*, *73*, 42–54).

2.2.2. Nota: Abatimento de poluição pelo causador

Antes de prosseguir, e para um melhor esclarecimento da presente análise e de outras que se seguirão, cumpre apresentar um novo custo, que resulta da atitude do poluidor, que pode tomar medidas (seja de caráter voluntário, seja por obrigação normativa ou incentivo monetário) para diminuir, controlar ou evitar a poluição. Essas medidas acarretam necessariamente custos, estipulando-se para estes a designação de «**custos de abatimento**»[29] (A).

Até este ponto, a análise que se adotou foi de tipo «reativo», do lado do causador de poluição, implicando uma atuação que passou, necessariamente, por ser efetuada via quantidade de produção, como único caminho para controlar a poluição. O pressuposto que considerámos até agora implicava que para diminuir a poluição (W), houvesse uma redução da quantidade produzida (Q), perante a hipótese de existência de uma relação direta entre ambas as variáveis.

Passamos agora a introduzir na análise, quando tal se revelar apropriado, a possibilidade de o poluidor empreender iniciativas que envolvam outro tipo de tomada de decisões. Assim, em vez de optar por diminuir a produção, para atingir um menor nível de poluição, perante o estabelecimento de normas ou impostos, o agente pode apostar, por exemplo, em efetuar uma mudança tecnológica, como a introdução de tecnologias mais limpas, que permita que W diminua, mantendo Q. [30]

Desta forma, já perante uma norma de emissões (ponto 2.1), os agentes são compelidos a agir, sob pena de ser sancionados. Admitamos as duas formas de ação agora explicitadas: ou o agente cumpridor restringe a sua produção para atingir a norma decretada (como visto até aqui), ou então, aberta uma segunda hipótese, incorre em custos de abatimento para diminuir a sua poluição ou evitar a sua ocorrência.[31] Esta possibilidade existe porque o limite é ditado para a quantidade de poluição e não a de produção. Em ambos os casos, qualquer destas ações acarreta custos (de restrição da poluição ou de abatimento). Já no que respeita a outras normas, sobretudo tecnológicas, a margem de flexibilidade do agente é completamente nula, exigindo-se o seu

---

[29] Do inglês, *abatement*. Apesar de termos optado por usar o conceito de «custo de abatimento», há outras designações como «custo de redução de emissões», «custo de prevenção da poluição», etc.

[30] Deixamos, para já, de lado, no contexto de atitudes pró-ativas, um eventual caráter voluntário das medidas tomadas (a ver mais tarde, Capítulo VI).

[31] Como já foi dito, dado que a sanção depende de uma probabilidade condicionada em ser efetivamente aplicada, o agente vai comparar dois montantes: o custo de cumprir a regulação versus o produto da sanção pela correspondente probabilidade em ser penalizado.

cumprimento, sem possibilidade de acautelar uma minimização de custos, através da imposição, por exemplo, de uma tecnologia alternativa.

É perante um imposto, funcionando como «preço» de um fator (ambiente), usado pela empresa, que essa possibilidade de reação do agente se expande, podendo, claramente, optar por uma das duas formas enunciadas. O agente racional preferirá a solução que se assevere economicamente mais vantajosa, que pode passar por: (1) restringir a quantidade produzida, posicionando-se à esquerda do Q inicial, ou (2) investir em soluções e procedimentos técnicos menos poluentes, mantendo Q, mas diminuindo W. Obviamente que qualquer uma das soluções o leva a incorrer em custos. A primeira (1) diminuindo, via restrição da quantidade, o montante de imposto a pagar, provavelmente ocasionará despesas, não existentes na situação de partida; a segunda (2), abatendo a poluição para se isentar (total ou parcialmente) do pagamento de imposto, acarretará custos de abatimento. Esta última pode ser compensatória, tudo dependendo de como o poluidor reage, na sua situação concreta. Inclusivamente, em alternativa, perante o imposto, e caso represente o custo menor, o agente pode decidir não incorrer naqueles custos e continuar a poluir e consequentemente a pagar o imposto, solução que não se revela possível no caso da norma.

Numa ótica marginal, o agente pesa, essencialmente, dois custos, optando pelo menor: o imposto unitário ou o **custo marginal de abatimento** (CmgA), ou seja, o custo de restringir a ocorrência de uma unidade adicional de poluição.

À semelhança do que aconteceu com as funções já apresentadas, a curva de CmgA pode apresentar várias formas sem padrão matemático definido, mas teoriza-se tipicamente como uma função decrescente com a poluição e crescente com o abatimento dessa mesma poluição. Um dos comportamentos mais modelizados é o de uma curva crescente a rendimentos crescentes com o nível de abatimento de poluição. A lógica deste traçado pode ser compreendida com recurso ao exemplo de vários depósitos de uma ETAR (Estação de Tratamento de Águas Residuais). Parte-se de uma situação de água muito poluída, com resíduos sólidos, turva e de odor desagradável (Figura 30a, origem (0), com poluição «máxima», sem qualquer abatimento da mesma). Retirar os dejetos maiores por uma simples filtragem pode significar custos, mas muito reduzidos (de 0 a A_1). Aumentar o abatimento, em termos marginais, ou seja, obter uma unidade adicional de água menos poluída, vai crescentemente requerer o uso de procedimentos, nomeadamente físico-químicos, mais exigentes e dispendiosos (de A_1 a A_2). Finalmente, para alcançar uma pureza total da água, os custos podem ser tão elevados, que se pode retratar uma assimptota, na situação em que o abatimento de poluição é total (A_3). Isto é, eliminar níveis iniciais bastante elevados de poluição é, através deste delineado, relativamente barato, enquanto eliminar os últimos níveis de poluição, até ao zero, pode significar quantias incomportáveis. Exatamente a mesma informação é transmitida no gráfico «espelhado» (Figura 30b), em que as abcissas se invertem, representando o nível de poluição e não de abatimento. Aqui o ponto de partida do exemplo é W_3, com poluição máxima, sem qualquer abatimento. Quando se avança no processo de diminuição da poluição (movimento para a esquerda), mais uma unidade subtraída significa um custo cada vez maior (de W_3 a W_2 e W_1), até se atingirem, na origem, custos insustentáveis, correspondentes na nossa ilustração a obter água potável.

FIGURA 30: **Custos de abatimento — Custo marginal em função do nível de: (a) abatimento; (b) poluição; Custo total simplificado em função do nível de: (c) abatimento; (d) poluição**

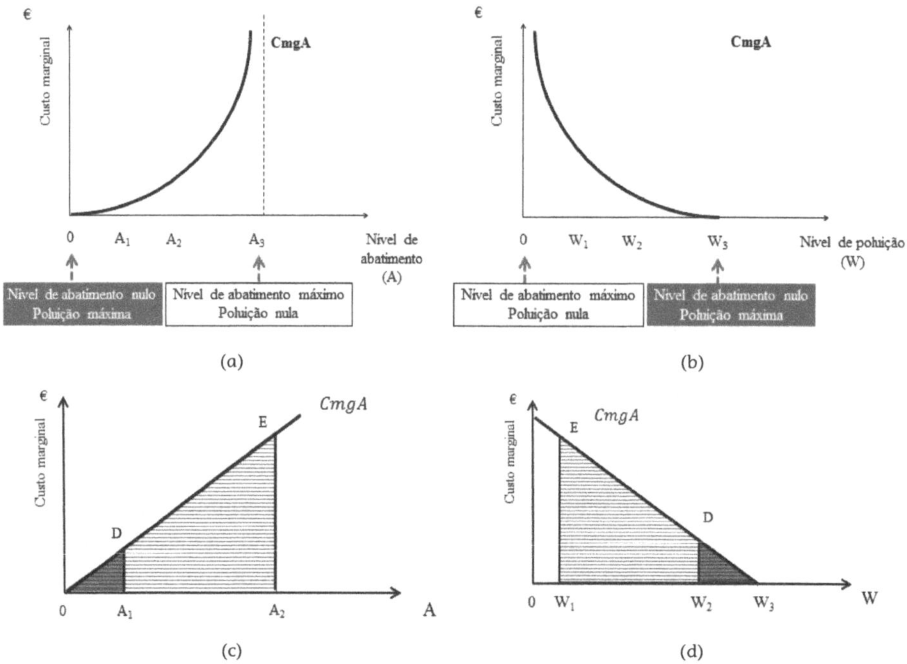

Como usual, para simplificação, as curvas serão substituídas por retas (Figura 30c e d). Os custos totais de abatimento (CTA) são retratados pelas áreas, abaixo da função do custo marginal, com A como abcissa (Figura 30c), sendo crescentes à medida que o abatimento da poluição aumenta, por exemplo de $0DA_1$ para $0EA_2$. Se a abcissa representar o nível de poluição (Figura 30d), o raciocínio é «simétrico», espelhando as mesmas áreas, em sentido inverso. Neste caso, o custo de abatimento principia quando a poluição começa a diminuir, sendo zero em W_3 (com CmgA = CTA = 0), prosseguindo a um montante relativamente baixo, em que se abate ainda pouca poluição (de W_3 para W_2, com um CTA = W_3DW_2), e intensificando-se quando a poluição diminui mais (de W_3 para W_1, com um CTA = W_3EW_1), em suma, configurando a deslocação sucessiva para a esquerda, um aumento progressivo do custo de abatimento.

2.2.3. A abordagem de «preços-quantidades» de Baumol e Oates

A apresentação dos custos de abatimento vai permitir uma melhor compreensão da análise de Baumol e Oates[32].

Estes autores propõem uma alternativa à determinação do imposto, mais viável, apesar de não adequada para se alcançar um ótimo de Pareto, resultado que a teoria de Pigou assegurava.

Embora reconheça a ineficiência da imposição de normas, a **solução «preços-quantidades»** de Baumol e Oates encontra-se numa combinação de normas (quantidades) com o instrumento dos impostos (preços).

Esta proposta teórica sugere uma alteração de perspetiva, com o imposto a ser determinado endogenamente, a partir de uma fixação exógena de uma norma. Esquematicamente, uma norma de qualidade ambiental (N), considerada socialmente aceitável[33] deve ser fixada à partida. É esperado que esta norma (N), inicialmente estabelecida a um nível relativamente arbitrário, versando externalidades com efeitos avultados e inequívocos na qualidade do ambiente, não acarrete custos incomportáveis de internalização, podendo, caso contrário e ainda segundo Baumol e Oates, provocar variações incertas no benefício social.

---

[32] Baumol, W. J., e Oates, W.E. (1971). The use of standards and prices for protection of the environment. *The Swedish Journal of Economics*, *73*, 42–54.

[33] Esta aceitabilidade tem que ver com uma forma de atingir uma «qualidade de vida razoável». Um dos exemplos apresentados por Baumol e Oates para definir N, na base da evidência e aceitabilidade é: «o conteúdo de dióxido de enxofre na atmosfera de uma cidade não deve exceder x %». (1971, p.44).

Seguidamente, o procedimento dos autores implica que deve ser escolhido um imposto unitário, t, considerado adequado para atingir N. Em resposta ao imposto, os agentes poluidores, em mercado, que têm de enfrentar este novo custo, devem reajustar o nível de produção e, consequentemente, o volume de emissões geradas é redefinido. O conjunto de todas as emissões causadas após a incidência do imposto pode levar de imediato ao objetivo ambiental fixado (N). Se isso não acontecer, o que será o mais provável por se tratar de uma primeira tentativa, seleciona-se um outro montante de imposto a ser cobrado aos agentes poluidores, levando a novos reajustamentos e assim por diante. O processo é de tentativa e erro (iterativo) até conseguir atingir N (Figura 31).

Embora o reajustamento recorrente do imposto seja, na prática, de novo, algo complexo e não isento de custos para os agentes que procedem a ele, as necessidades de informação são mais reduzidas do que na solução pigouviana, porque se vai observando na realidade se o limite pretendido é atingido ou não. Ou seja, perante constatação de poluição que excede ou fica aquém da norma fixada, aumenta-se ou baixa-se o imposto, respetivamente, balizando sucessivamente as fronteiras para a fixação do seu valor e atingindo uma solução, que se pretende, convergente[34].

FIGURA 31: **Raciocínio de determinação do montante do imposto pela abordagem de Baumol e Oates**

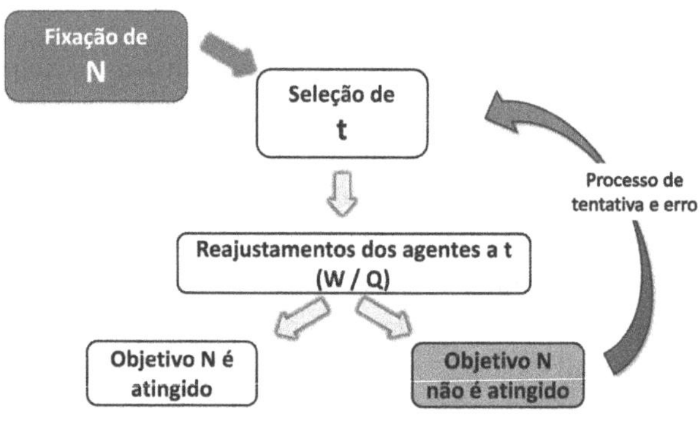

Para uma melhor compreensão deste tópico pode usar-se a curva de CmgA, na sua forma descendente com o nível de poluição, e arbitrar um imposto unitário, t (Figura

[34] Segundo Baumol e Oates, a própria norma pode sofrer alterações se a comunidade entender que são adequadas.

32a e Tabela 4). Interessa apurar qual será a **reação do poluidor** perante a estipulação do imposto. Começando pelas posições extremas, W_m e 0, conclui-se que, em termos de custo total, é mais eficiente uma situação que implique um movimento mais para a esquerda ou para a direita, respetivamente. Replicando o raciocínio para duas hipóteses intermédias, W_3 e W_1, por exemplo, o resultado anterior é reforçado acabando por se convergir sempre em W_2, caso em que o custo apresenta um valor mínimo. Por conseguinte, a solução mais eficiente, em termos de custos, para o agente que enfrenta o imposto, encontra-se exatamente na interseção entre o CmgA e o t. Como afirmam Baumol e Oates[35], a solução mais eficiente para o poluidor é abater, ou seja, diminuir a poluição, até «encontrar» o imposto unitário (Figura 32b).

FIGURA 32: **Custo marginal de abatimento versus imposto: (a) Várias situações hipotéticas; (b) Decisão mais eficiente**

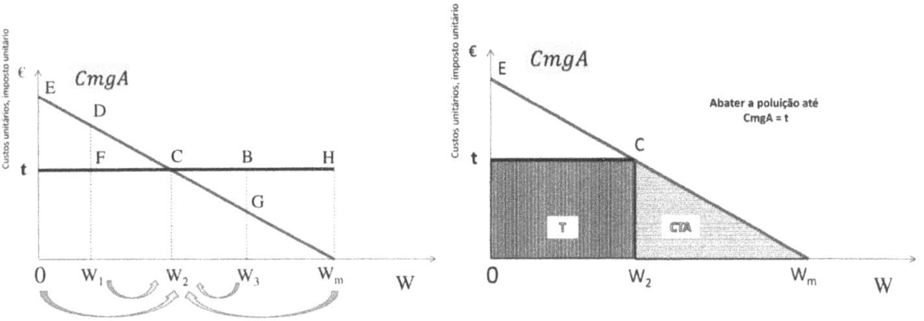

(a) (b)

Estando agora de posse do mecanismo de reação do poluidor perante a introdução do imposto, vejamos como a **abordagem de tentativa e erro** permite uma compreensão gráfica intuitiva (Figura 33). O CmgA pode representar a função individual do custo de um agente ou a função de custos agregada dos vários agentes, do todo social. Fixada a norma em N e de acordo com a solução que acabamos de retratar, os agentes vão escolher a solução mais racional. Assim, e para um imposto unitário de t',

[35] «Em resposta a um imposto (...), uma empresa minimizadora de custos vai reduzir emissões até que o custo marginal de mais reduções (...) seja igual ao imposto» (Baumol e Oates, 1971, p. 46).

a poluição vai ser abatida, desde W_m, apenas até W', nível em que estamos com poluição em demasia, relativamente à norma, sendo necessário subir o imposto; já com t'', o resultado inverte-se, alcançando um montante de poluição que também não cumpre a norma N, porque restringe demasiado a atividade dos agentes, em relação ao desejável, o que aconselha a diminuir o imposto. Neste momento, encontramos dois marcos, um inferior e outro superior, o que delimita o processo de tentativa e erro, que prossegue até t*, onde obtemos a solução de custos mínimos para os poluidores. De notar que, de novo, o traçado deste CmgA não é conhecido das autoridades, devido à assimetria de informação. Caso o fosse, a análise reduzia-se a encontrar a interseção das retas CmgA e N.

TABELA 4: **Solução mais eficiente para um agente sujeito a imposto**

<table>
<tr><th>W
(Nível de poluição)</th><th>T
(pagamento do imposto)</th><th>CTA
(custo total de abatimento)</th><th>CT
(custo total)</th><th>Δ
(variação relativamente à situação anterior)</th><th>Ajustamento</th></tr>
<tr><td>W_m
(poluição máxima, abatimento nulo)</td><td>$0tHW_m$</td><td>0</td><td>$0tHW_m$</td><td>-</td><td rowspan="2">Diminuir W/ aumentar A (mover para a esquerda)</td></tr>
<tr><td>W_3</td><td>$0tBW_3$</td><td>W_3GW_m</td><td>$0tBW_3$+ W_3GW_m</td><td>maior em $GBHW_m$</td></tr>
<tr><td>0
(abatimento máximo, poluição nula)</td><td>0</td><td>$0EW_m$</td><td>$0EW_m$</td><td>-</td><td rowspan="2">Diminuir A/ aumentar W (mover para a direita)</td></tr>
<tr><td>W_1</td><td>$0tFW_1$</td><td>W_1DW_m</td><td>$0tFW_1$+ W_1DW_m</td><td>maior em tEDF</td></tr>
<tr><td colspan="6"></td></tr>
<tr><td>W_2</td><td>$0tCW_2$</td><td>W_2CW_m</td><td>$0tCW_m$</td><td colspan="2">Custo total mínimo — permanecer neste ponto</td></tr>
</table>

Este nível de imposto t*, embora não constitua necessariamente um ótimo de Pareto, representa uma solução de custos mínimos.[36] Desde logo, permite atingir a norma de

[36] Para uma prova formal recorrer a Baumol e Oates (1971, p. 46) que afirmam: «Enquanto o procedimento de fixação do preço e normas não vai, em geral, levar a níveis de eficiência de Pareto (...), é, apesar disso, verdade que o uso de impostos unitários (...) para alcançar o nível de qualidade

qualidade ambiental fixada, sem obrigar os agentes a incorrer em custos de abatimento inflexíveis, mas a responder de acordo com as suas estruturas de custo, em comparação com o valor do imposto. Assim, dados vários poluidores, cada um vai abater a poluição, com base num confronto entre o seu CmgA e o t. Desta forma, os agentes com custos marginais de abatimento menores tendem a restringir mais a poluição, fazendo-o de forma mais eficiente do que os que têm custos maiores, com mais dificuldade e menor eficiência nessa mesma diminuição. A norma é alcançada a **custos sociais mínimos** nesta solução de «preços-quantidades».

FIGURA 33: **A procura do nível de imposto adequado por processo iterativo**

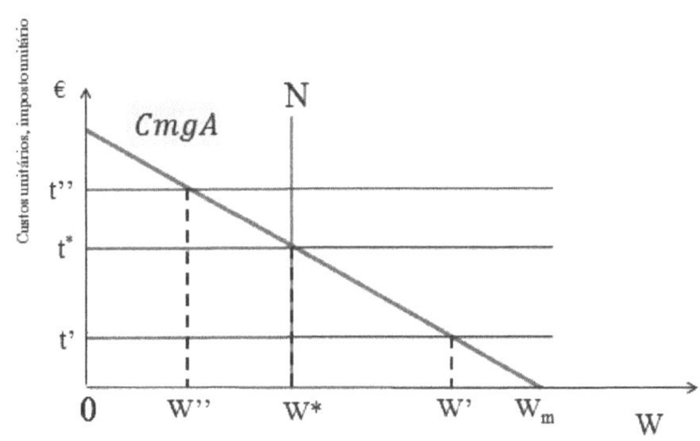

2.2.4. Vantagens e inconvenientes dos impostos

Como já foi analisado para o caso das normas (nomeadamente com recurso aos critérios expostos na Figura 27), há motivos positivos e negativos para recomendar o uso de impostos.

Desde logo, seja qual for a sua forma de cálculo (Pigou, Baumol e Oates, etc.), o imposto possui propriedades de **eficiência económica**, de maior ou menor grau, permitindo flexibilidade e margem de manobra aos poluidores.

especificado possui pelo menos uma importante propriedade»: «é o método de menor custo para alcançar esses objetivos».

No que toca à **concorrência** de empresas, o imposto, constituindo um instrumento de mercado, permite uma adaptação mais consonante com as suas regras. Ao contrário das normas, no caso de ser implementada tributação para os agentes, a sua entrada, permanência e expansão em mercado encontra-se apenas dependente da predisposição em assegurar o pagamento do imposto (isoladamente ou em conjunto com medidas de abatimento). Esse constitui o passaporte para empresas novas, mas eventualmente mais eficientes e inovadoras, ao contrário de empresas obsoletas, que poderão encontrar-se no seu limiar de custos, sendo eventualmente suprimidas. Adicionalmente, um aumento das exigências ambientais, com a subida do imposto unitário, não leva a um impedimento de funcionamento dos agentes, desde que estes estejam aptos a pagar, sendo a dinâmica absorvida pelo mercado.

Já quanto à **eficácia ecológica**, a questão é complexa. Perante o imposto, a resposta dos agentes quanto à redução ou não da poluição, e em que montante, vai depender de vários fatores, sendo os efeitos sobre o ambiente incertos.

Uma das maiores dificuldades são as elevadas exigências de informação que um sistema baseado em impostos implica, nomeadamente na determinação da quantia a aplicar, em conjunto com uma grande assimetria de conhecimento da realidade existente entre poluidores e decisores. Do montante do imposto, nomeadamente em confronto com os custos marginais de abatimento, está dependente o facto de o causador poluir ou abater (e em que magnitude), determinantes para um resultado, satisfatório ou não, em termos de qualidade ambiental. Isto assenta em condições várias, dado que pode ou não ser rentável, por exemplo, uma alteração de tecnologia e procedimentos (aumentando os custos de abatimento), face à expectativa de pagamento do imposto.

Mesmo um montante considerado apropriado para atingir o resultado pretendido pode sofrer a influência de fenómenos económicos (como nível de crescimento e conjuntura, inflação), uma vez que, tratando-se de uma variável monetária, há que ter em conta a sua permeabilidade àqueles fatores. Por exemplo, perante um contexto inflacionário, o valor real do imposto unitário diverge do seu valor nominal,[37] podendo baixar o desempenho ecológico pretendido. Isto pode implicar empreender diversas

[37] Para um aprofundamento de diferenças entre valores nominais e reais, assim como a forma de converter preços correntes em constantes, aplicando técnicas de deflação, consultar Chaves, C., Maciel, E., Guimarães, P., e Ribeiro, J. C. (2001). *Instrumentos Estatísticos de apoio à economia: conceitos básicos*. Amadora: McGraw-Hill de Portugal.

medidas e proceder a cálculos complexos, na tentativa de correção do objetivo inicialmente planeado.

Ademais, a elasticidade preço da procura[38] revela-se determinante para a eficácia ecológica do imposto. Assim, perante uma procura pouco elástica (por exemplo quando estão em causa bens dos quais não podemos prescindir, embora sejam poluentes), a incidência do imposto, aumentando o preço, pode não ter efeitos, ou estes podem não ser assaz significativos, numa diminuição da quantidade procurada do bem. Nesta linha, os sinais de mercado podem não ser suficientes ou mesmo mostrar-se erróneos. A este facto acresce a possibilidade de alguns agentes causadores de poluição, produtores de vários produtos, poderem desviar a quantia do imposto devido por produtos mais poluentes, em direção a produtos menos poluentes, que possam ter, por hipótese, uma elasticidade maior. Isto pode ocorrer porque, sendo o agente obrigado a pagar o total do imposto, que passa a fazer parte da «massa» total dos seus custos privados, pode fazê-lo recair no preço do bem que se revele mais favorável para a sua situação económica. Se o bem poluente em causa tiver elasticidade baixa, o custo será transferido para o consumidor, via aumento do preço, uma vez que a quantidade procurada pouco ou nada se pode alterar. Já se a elasticidade for elevada, a repercussão do imposto no preço poderia implicar uma forte redução da quantidade procurada, com efeitos económicos significativos para o produtor, levando-o a explorar outras soluções, em particular, aumentar o preço de outro bem com elasticidade mais baixa. A «incidência transversal» do montante do imposto pode provocar efeitos perversos, com sinais falsos dados pelo mercado, não sendo necessariamente os bens mais poluentes a assistir a um aumento de preços.

Aliás, um dos obstáculos mais conhecidos da aplicação da tributação ambiental é comum à reação dos agentes perante o pagamento de impostos em geral, sendo usualmente alvo de crítica tanto dos produtores, que veem os seus produtos encarecidos, como dos consumidores para quem geralmente o ónus do imposto é transferido. Esta transferência de efeitos é, como vimos, altamente dependente da elasticidade preço da procura.

---

[38] A elasticidade preço da procura pode ser definida pela seguinte expressão: $\varepsilon_p^D = \frac{dQ_D/dp}{Q_D/p} = \frac{dQ_D/Q_D}{dp/p}$, em que p representa preço e Q_D a quantidade procurada do bem, sendo que a variação do preço em 1% leva à variação da quantidade procurada em ε%.

Um aspeto que também deve ser tido em consideração é o fator temporal.

Os impostos têm efeitos mais a longo do que a curto prazo, o que impossibilita uma ação rápida, uma vez que é necessário tempo para modificar estruturas de procura e oferta, técnicas e preferências. No caso de existir urgência em empreender alterações, outras ferramentas, como as normas, podem constituir um instrumento mais eficaz de conter, de forma mais célere, ocorrências gravosas e improrrogáveis.

Mais ainda, a expectativa de pagamento do imposto, agora e no futuro, pode significar um estímulo permanente ao abatimento, dado o interesse em reduzir de forma duradoura os custos de abatimento e/ou pagamento do imposto, podendo ser nesse sentido, certamente, compensatório introduzir inovações. Esse incentivo constante em **inovar**, para reduzir custos, não era um imperativo no caso das normas, uma vez que logo que se atingisse o objetivo estabelecido, não existia um encorajamento perante o mesmo instrumento em ir mais longe. Em particular, dada uma norma tecnológica, se o agente fosse detentor de uma tecnologia A e a tecnologia B fosse a exigida, o agente teria que adotar este último «estado tecnológico», não devendo avançar para uma terceira forma, C, mesmo que esta fosse ambientalmente mais favorável. Desta maneira, haveria um salto tecnológico inicial, de A para B, estancando o progresso nessa fase. Por oposição, no caso do imposto, o progresso tecnológico é fomentado de forma continuada.

Convenientemente incorporado na agenda dos destinatários, com uma janela temporal que permita a sua correta programação, o imposto pode funcionar como um estímulo à adoção de tecnologias "mais limpas", ao invés da opção comum, mais facilitada e célere, de adotar tecnologias «em-fim-de-linha», com todos os benefícios que as primeiras trazem para uma redução de custos a médio/longo prazo, mesmo que, no imediato, possam ocasionar investimentos mais avultados.

De novo, este tipo de resoluções depende do montante do imposto, mas também da previsão que o agente faz sobre a sua evolução (por exemplo, gradual ou não), e sobre o objeto concreto de incidência do mesmo.[39] A propósito deste último aspeto, é de referir que um imposto ambiental pode não incidir, em primeira linha, sobre o nível de poluição em si, mas sim sobre uma sua *proxy*. Vamos supor que se pretende, em última instância, taxar as atividades emissoras de CO_2, mas o imposto fica a

[39] Para um maior aprofundamento desta questão, com base no exemplo concreto de tributação na Finlândia, consultar Määttä, K. (2006). *Environmental Taxes: An Introductory Analysis*. Edward Elgar Publishing.

incidir sobre o consumo de eletricidade. Esta última variável é de mais fácil medição e acesso, assim como mais rápida e ampla em angariar receitas, mas desvirtua o verdadeiro objetivo e o efeito que dele se pretendia.

Além da qualidade dos impostos que genericamente constituem um meio de apoio à inovação, uma utilização do montante arrecadado pela tributação, encaminhando-o para medidas de suporte à proteção ambiental, consolida uma vantagem em relação a outros instrumentos.[40] Esse reencaminhamento é efetuado em vários países, convertendo as somas recolhidas, por exemplo, em subsídios que tenham aplicação na mesma área de onde os impostos foram retirados.

2.2.5. Subsídios

Os subsídios, na área ambiental, têm geralmente como uma das suas mais importantes missões o financiamento de medidas de proteção ambiental, de determinados setores, atividades ou agentes. Podem assumir diversas formas, desde transferências monetárias diretas, empréstimos para apoiar a aquisição de determinadas tecnologias (como energias renováveis, processos de reciclagem/circulares ou genericamente procedimentos mais limpos e integrados), transferências a fundo perdido, parcialmente reembolsáveis ou a taxas bonificadas, até outro tipo de isenções, compensações ou contrapartidas, nomeadamente tributárias.

Daremos aqui especial relevo aos **subsídios** (Sb) concedidos aos agentes produtivos por diminuição das emissões (W), ou seja, **por abatimento** (A).

O subsídio traduz, genericamente, uma função crescente do abatimento. Sendo W_N o nível de poluição tomado como referência, portanto, uma constante, o subsídio será tanto maior quanto mais o W (poluição que efetivamente ocorre) se afastar desse limiar. Os agentes são assim incentivados a poluir menos, beneficiando por cada unidade de poluição abatida.

No que respeita ao montante unitário do subsídio, s, por unidade de redução de emissões, assume-se que se trata de uma constante. Esta assunção não se afasta muito da realidade do esquema de pagamento de subsídios em geral, à semelhança do que acontecia com os impostos (t), podendo embora ser equacionado que estas quantias

[40] A prática de aplicação de receitas fiscais a fins específicos designa-se, em economia pública, por consignação de receitas.

unitárias seguissem um padrão diferente, por exemplo em escalões progressivos. Trata-se, assim, de um pressuposto, mas que mostra forte aderência à prática.

Mais concretamente o subsídio total é calculado da seguinte forma:

$Sb = s \cdot A,$

e como $A = W_N - W$

obtém-se

$$Sb = s \cdot (W_N - W) \tag{20}$$

Tanto Pigou como Baumol e Oates abordam a temática dos subsídios, numa perspetiva «simétrica» e «equivalente» à dos impostos. No seguimento da análise pigouviana, o subsídio deve ser visto como um meio capaz de encorajar procedimentos menos poluentes, no sentido de fazer convergir, à semelhança dos impostos, a ótica privada com a social. Tal como os impostos, os subsídios, no seu nível ótimo, correspondem a uma forma de correção das externalidades, tendo, de acordo com este ramo da literatura, efeito idêntico aos primeiros.

Seguindo a **ótica pigouviana**, encontra-se para o subsídio exatamente o mesmo resultado que se obtinha no caso do imposto.

Senão vejamos:

O lucro do causador K (Expressão 6), sofre um aumento, decorrente do subsídio atribuído para a diminuição da poluição:

$$\pi^{**}{}_K = Q_K \cdot p_K - C_K(Q_K) + s \cdot (W_N - W(Q_K)) \tag{21}$$

e o lucro marginal é agora dado por:

$$\pi^{**}{}_{mgK} = p_K - CmgP_K + s \cdot \frac{d(W_N - W(Q_K))}{dQ_K} = p_K - CmgP_K - s.\frac{d(W(Q_K))}{dQ_K} \tag{22}$$

Como se fez para o caso do imposto, simplificando a relação entre W e Q, como sendo montantes de ordem igual, com $\frac{dW(Q_K)}{dQ_K} = 1$ e recordando que $p_K - CmgP_K$ representa o lucro marginal antes do imposto (π_{mgK}), temos:

$$\pi^{**}{}_{mgK} = \pi_{mgK} - s \tag{23}$$

Ou seja, o lucro marginal, após subsídio, é arrastado para baixo e para a esquerda (Figura 34), exatamente como acontecia no caso do imposto (Figura 29b), levando o agente a um nível de produção (Q**) coincidente com o **ótimo social**.

FIGURA 34: **Nível ótimo do subsídio pigouviano**

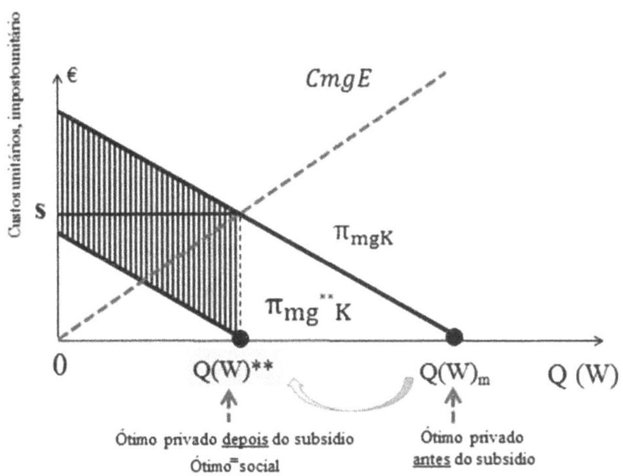

TABELA 5: **Comparação entre custos total, médio e marginal perante a incidência de um imposto e um subsídio**

Custo	Custo inicial	Custo após incidência de imposto (t)	Custo após incidência de subsídio (s)
Custo total	CT	CT* = CT+T	CT** = CT-Sb
Custo médio	$CM=\frac{CT}{Q}$	$CM^* = \frac{CT+T}{Q} = CM+\frac{T}{Q}$	$CM^{**} = \frac{CT-Sb}{Q} = CM-\frac{Sb}{Q}$
Custo marginal	$Cmg=\frac{dCT}{dQ}$	$Cmg^*=\frac{d(CT+T)}{dQ}=Cmg+\frac{dT}{dQ}=$ $=Cmg+\frac{d(tW)}{dQ}= Cmg+t\cdot\frac{dW}{dQ}=$ $=Cmg+t$ (com o pressuposto habitual de que $\frac{dW}{dQ}=1$)	$Cmg^{**}=\frac{d(CT-Sb)}{dQ}=Cmg-\frac{dSb}{dQ}=Cmg-$ $\frac{d(s(W_N-W))}{dQ}=Cmg+s\cdot\frac{dW}{dQ}=$ $=Cmg+s$ (com o pressuposto habitual de que $\frac{dW}{dQ}=1$)

Esta igualdade de resultados entre a aplicação de dois instrumentos de funcionalidade oposta merece alguma explicação adicional, dado, à primeira vista, parecer pouco intuitiva.

Na Tabela 5, apresenta-se uma comparação entre as categorias de custos perante a aplicação de um imposto e de um subsídio. Facilmente se pode concluir que, em termos totais e médios, os custos aumentam com o imposto e diminuem com o subsídio, como seria de prever. De ressaltar que o custo marginal, pelo contrário, aumenta em ambos os casos.

Decorrente da análise ser feita em termos marginais, o aumento unitário da quantidade produzida (Q), aqui equivalente a um acréscimo de uma unidade de poluição (W), leva a empresa a pagar mais imposto, se for este o instrumento escolhido, elevando o seu custo marginal. Mas se a opção política for o subsídio, aumentar uma unidade de poluição significa abdicar de auferir uma quantia que se recebia precisamente por redução da poluição. À medida que a poluição aumenta, menor será o subsídio recebido. Por outras palavras, estamos perante um custo de oportunidade[41], de deixar de receber um certo montante de subsídio, porque escolhemos aumentar a poluição em uma unidade. Ou seja, também aqui o custo marginal sobe.

Os constrangimentos apontados por **Baumol e Oates** ao imposto no nível ótimo aplicam-se, da mesma forma, ao instrumento do subsídio (aliás, sempre presente na análise destes autores), dada a assimetria de informação e a consequente dificuldade de se chegar a um ótimo.

De novo, para atingir a melhor solução e recorrendo à função de CmgA, teremos uma situação muito idêntica à já retratada a propósito do imposto (Figuras 32a e 32b), embora, neste caso, não estejamos perante uma minimização de custos, mas sim uma maximização do benefício total (BT) obtido por recebimento do subsídio, líquido do pagamento dos correspondentes custos de abatimento (Figuras 35a e 35b).

[41] O conceito de custo de oportunidade é central em economia. Samuelson e Nordhaus definem-no da seguinte forma: «As decisões têm custos de oportunidade, porque escolher uma coisa num mundo de escassez significa prescindir de qualquer outra coisa.» (1999, p. 128). O custo de oportunidade é o valor do bem ou serviço de que se renuncia. Seguidamente, estes autores exemplificam: «Se a extração de petróleo levar a derrames que poluam as praias, o valor recreativo das praias pode ser prejudicado» sendo este último identificado com o custo de oportunidade em relação ao valor do petróleo extraído (1999, p. 129). (Samuelson, P. A., e Nordhaus, W. D. (1999). *Economia* (16.ª ed.). McGraw-Hill.).

FIGURA 35: **Custo marginal de abatimento versus subsídio: (a) Várias situações hipotéticas; (b) Decisão mais eficiente**

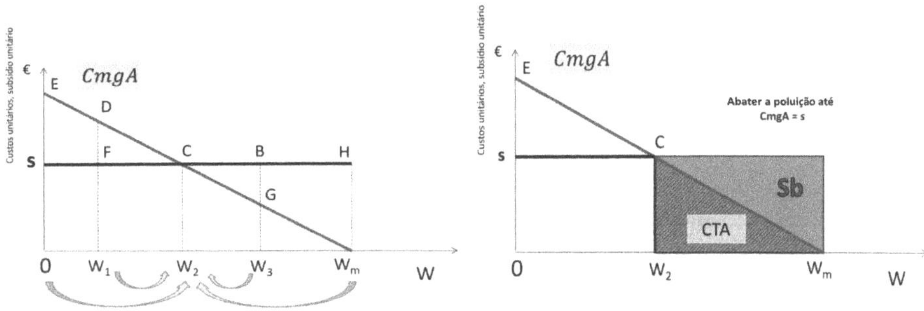

(a) (b)

Na Tabela 6 exemplifica-se o raciocínio de obtenção deste resultado, sendo de evidenciar as duas situações extremas: 1) com poluição máxima (W_m), e por conseguinte, sem qualquer custo de abatimento, mas também sem qualquer recebimento de subsídio, ou seja, com benefício líquido nulo; 2) com poluição nula (0) e, em consequência, um benefício máximo de receita por subsídio, contrabalançado por um igualmente máximo custo de abatimento. Esta última, em termos líquidos, redunda num caso também de excluir, dado que o balanço final não é, de todo, o cenário mais favorável, podendo até resultar em prejuízos[42].

O ajustamento para posições respetivamente mais à esquerda e mais à direita leva logo ao reconhecimento de situações mais favoráveis em termos do benefício final, até se atingir W_2, ou seja, a interseção entre CmgA e s. A regra aplicada ao imposto, para obter a melhor solução possível, é, portanto, aqui estendida ao subsídio, devendo o agente abater até que o seu custo marginal de abatimento «encontre» o subsídio unitário.

Apesar das similitudes com o imposto, Baumol e Oates apontam um ponto fraco aos subsídios, que designam por **efeito paradoxal**.[43] Efetivamente o efeito do subsí-

[42] Esta circunstância depende do posicionamento específico das funções de CmgA e do subsídio unitário.

[43] «Mostraremos (...) que, em concorrência perfeita, embora um subsídio tenha tendência a reduzir as emissões da empresa, é suscetível de aumentar as emissões da indústria além do que seriam na ausência de incentivos fiscais! Mais ainda, paradoxalmente, quanto mais o subsídio conseguir limitar as emissões da empresa, mais poderá estimular as da indústria.» (Baumol, W. J., e Oates, W. E. (1988). *The Theory of Environmental Policy* (2.ª ed., reimpressa), Cambridge University Press.) (p. 212).

dio e do imposto, a nível da empresa individual, é análogo, de acordo com o que foi teorizado. No entanto, no caso do imposto, e conforme foi analisado (Tabela 5), o custo médio de produção aumenta, assim como o custo marginal. Isto vai ter um efeito de diminuição da produção (e poluição) a nível de cada agente, mas vai também promover, a longo prazo, o afastamento de empresas, frente ao encarecimento da atividade e consequente subida de preços.

TABELA 6: **Solução mais eficiente para um agente sujeito a subsídio**

<table>
<tr><th>W
(Nível de poluição)</th><th>Sb
(receita do subsídio)</th><th>CTA
(custo total de abatimento)</th><th>BTliq=
=Sb-CTA
(benefício total líquido)</th><th>Δ
(variação relativamente à situação anterior)</th><th>Ajustamento</th></tr>
<tr><td>W_m
(poluição máxima, abatimento nulo)</td><td>0</td><td>0</td><td>0</td><td>-</td><td rowspan="2">Diminuir W, aumentar A (mover para a esquerda)</td></tr>
<tr><td>W_3</td><td>W_mHBW_3</td><td>W_mGW_3</td><td>$GBHW_m$</td><td>BT aumenta</td></tr>
<tr><td>0
(abatimento máximo, poluição nula)</td><td>W_mHs0</td><td>W_mE0</td><td>W_mHC-sEC</td><td>-</td><td rowspan="2">Diminuir A, aumentar W (mover para a direita)</td></tr>
<tr><td>W_1</td><td>W_m HF W_1</td><td>W_mDW_1</td><td>W_mHC-CDF</td><td>BT aumenta</td></tr>
<tr><td colspan="6"></td></tr>
<tr><td>W_2</td><td>W_mHCW_2</td><td>$W_mC\ W_2$</td><td>W_mHC</td><td colspan="2">Benefício total máximo — permanecer neste ponto</td></tr>
</table>

Com o subsídio, a diminuição do custo médio, em combinação com o aumento do custo marginal, tem um efeito similar de diminuição de Q (e W), a nível da empresa. Porém, o facto do custo médio ser inferior ao preço incentiva à entrada de novas empresas, resultando posteriormente num equilíbrio de mercado com preços inferiores. Visto de forma mais intuitiva, a atração pelo recebimento do subsídio vai favorecer a entrada de empresas novas, aumentando as emissões no seu conjunto, pelo simples facto de se ter mais produção total. A chegada de novas empresas vai mais do que contrabalançar a diminuição das emissões a nível individual. Aliás, quanto maior for o montante do subsídio fixado, mais forte se revelará este efeito. Desta forma, conforme afirmam Baumol e Oates, quanto mais se aumentar o subsídio, maior será o incentivo a nível individual para abater poluição, mas, paradoxalmente, também será maior o aumento da mesma, por entrada de novos agentes em mercado. Ou seja, embora o objetivo funcione a nível individual, falha no cômputo total.

Um debate frequente, a propósito do uso de subsídios, aqui na sua vertente ambiental, mas que pode estender-se à sua aplicação em geral, diz respeito a aspetos de ordem sociopolítica. Enquanto os impostos são pagos pelo agente causador da poluição, os subsídios são habitualmente custeados pela comunidade, retirando do «orçamento geral» as quantias que se destinam a incentivar aqueles mesmos agentes a diminuir a sua poluição. O sistema revela-se vantajoso para os próprios, mas pode despertar algum desacordo noutros agentes. Caricaturando, o imposto funciona assim como uma «punição», um incentivo pela negativa, obrigando a pagamentos adicionais, enquanto o subsídio surge como uma «recompensa» para o mesmo fenómeno, via recebimentos, ou seja, encorajamentos de ordem positiva, com entendimentos diferentes no seio social.

2.3. Atribuição de direitos de propriedade e negociações: o teorema de Coase

A solução apresentada pelo galardoado pelo prémio Nobel em 1991, Ronald Coase, para resolver o problema das externalidades, difere substancialmente daquelas até agora revistas, passando pela atribuição de direitos de propriedade ao bem «ambiente». Da vasta obra de R. Coase, interessa aqui ressaltar, atendendo à problemática em questão, o trabalho *The Problem of Social Cost*, publicado em 1960[44], em que o autor apresenta um contributo antagónico ao de Pigou, estabelecendo um novo marco, em termos de literatura económica, para resolver o problema das externalidades ambientais.

[44] Coase, R. (1960). The problem of social cost. *The Journal of Law and Economics, 3*, 1-44.

Como resposta à questão enunciada logo na primeira frase do seu trabalho[45], Coase avança com uma crítica ao intervencionismo preconizado por Arthur Pigou, utilizando vários exemplos concretos. O autor dá destaque ao caso de um criador de gado (agente K), vizinho de um produtor agrícola (agente V), cujos plantios serão tendencialmente afetados pelo primeiro, dada a inexistência de uma vedação que impeça o gado de afetar as culturas de V. Na linha pigouviana, quem devia claramente acarretar os custos (aqui, de construção de uma vedação), seria o criador de gado, decisão tida como demasiado reducionista para Coase.[46]

Vamos optar por outra ilustração, da emissão de fumos e odores desagradáveis, que afetam a atividade de outros agentes, produtores ou não, exemplo que também é aflorado por Coase. Assumimos ter apenas dois agentes, uma fábrica que através da sua atividade produz fumos e genericamente emissões atmosféricas (K), e um agente recetor sob a forma de um hotel (V) que se situa nas proximidades. O problema que aqui urge resolver é o da externalidade negativa proveniente de K para V que, numa ótica pigouviana, ou nos seus desenvolvimentos subsequentes, é solucionado pela incidência de um imposto, dado que se presume, desde logo, que o poluidor deve pagar pelo dano em causa. Outras hipóteses, na linha do que neste livro tem sido estudado, consubstanciariam medidas que o «obrigassem» a empreender diligências, no sentido de impedir, ou compensar monetariamente, a ocorrência da poluição, ações essas que originariam custos para K.

Na perspetiva de Coase, a natureza do efeito externo não é unilateral, de K para V, mas sim **recíproca**. Por outras palavras, há sempre um perdedor, que pode não ser exclusivamente o recetor da externalidade. Por conseguinte, em vez de se considerar apenas uma parte da questão, de que K vai lesar V, alarga-se o seu âmbito, conjeturando-se que, por outro lado, também V é capaz de causar prejuízos na esfera de K. Numa análise Coasiana, não se trata de decidir a quem deve ser permitido infligir um dano (a V ou a K), mas, qual destas opções provocará um prejuízo mais gravoso.[47]

---

[45] «Este artigo preocupa-se com as ações das empresas que têm impactos nocivos sobre outros» (Coase, 1960, p.1).

[46] «O problema com que nos deparamos quando tratamos de ações que têm efeitos nocivos não é simplesmente restringir os responsáveis. O que tem de ser decidido é se o ganho da prevenção do dano é superior à perda que seria sofrida noutro local como resultado de parar a ação que produz o dano» (Coase, 1960, p. 27).

[47] «A abordagem tradicional tem tendência a obscurecer a natureza da escolha que deve ser feita. A questão é comumente pensada como aquela em que A inflige dano a B e o que deve ser decidido é: como devemos restringir A? Mas isso está errado. Estamos a lidar com um problema de natureza recíproca.

Dado que a intervenção reguladora do Estado não é vista aqui como desejável, a solução passa pela atribuição de **direitos de propriedade**. De notar que esta noção de «propriedade» se aplica «ao direito de usar um recurso»[48].

À atribuição de direitos, que implica determinados resultados, dependendo da perspetiva usada, junta-se a possibilidade de os agentes negociarem entre si.

Uma análise gráfica, em que se encontram representadas as funções de lucro marginal do agente K (π_{mgK}), assim como o correspondente custo marginal externo ($CmgE_K$) poderá mostrar, de forma mais intuitiva este raciocínio.[49] Admitamos de novo, que ambas as funções são conhecidas e passíveis de tradução monetária. O problema da assimetria de informação, que criava sérios obstáculos à solução de Pigou, não se coloca: o agente K conhece os seus lucros, podendo facilmente contrabalançar ganhos/perdas frente a potenciais compensações monetárias. Pressupõe-se, também, que o agente V, recetor da poluição, tem conhecimento suficiente dos custos externos que o afetam, o que lhe permite decidir sobre o que está disposto a pagar/receber, via negociação.

Finalmente, admitimos, mais uma vez, uma relação de equivalência entre quantidade produzida (Q) e poluição (W).

Iniciemos a análise, atribuindo o direito de propriedade ao agente recetor do dano (V), no caso do exemplo proposto, o hotel, o que significa que este tem o direito a uma atmosfera sem fumos e odores desagradáveis, para desempenhar a sua atividade produtiva. Desta forma, a fábrica emissora de poluições, K, não é detentora do direito de poluir, pelo que, na Figura 36a, nos situamos na origem (0), onde não há custos externos que afetem V, mas em que o lucro de K é igualmente nulo. Esta situação, muito prejudicial a este último agente, em termos económicos, vai motivá-lo a encetar uma negociação com V, no sentido de se moverem para a direita, aumentando consequentemente a poluição. Em troca deste acréscimo, K oferece uma compensação monetária a V, cujo limite superior serão os seus potenciais ganhos, por aumento do lucro. Por outro lado, o agente recetor só aceitará o aumento de poluição se o montante monetário

---

Evitar o dano a B infligiria dano a A. A verdadeira questão que deve ser decidida é: deve-se permitir que A prejudique B ou que B possa prejudicar A? O problema é evitar o mal mais grave.» (Coase, 1960, p.2) Mais concretamente: «Se supormos que o efeito nocivo da poluição é matar os peixes, a questão a ser decidida é: o valor do peixe perdido é maior ou menor do que o valor do produto que a contaminação do curso de água torna possível». (Coase, 1960, p. 2).

[48] Pearce, D. W., e Turner, R. K. (1990). *Economics of natural resources and the environment*. Johns Hopkins University Press (p. 70).

[49] Apoiamo-nos aqui na análise gráfica elaborada por outros autores, nomeadamente Pearce e Turner (1990, p. 70).

cobrir a perda sofrida, em termos de aumento no custo externo, o que define o limite inferior da compensação. Neste caso, como V é também um produtor, o dano reflete-se diretamente na sua função de lucro. O resultado da negociação será uma situação com maior poluição até W*. De notar que, a partir deste ponto, não há qualquer incentivo a compensação, pela parte do agente causador, uma vez que os lucros (líquidos) marginais se situarão abaixo do custo marginal externo. Ou seja, o aumento de uma unidade produzida leva a um acréscimo do lucro inferior ao do custo externo provocado, não sendo suficiente para pagar uma indemnização, o que torna, neste caso, a negociação inviável.

Se, pelo contrário, os direitos de propriedades estiverem, por algum motivo, atribuídos ao agente poluidor (Figura 36b), o ponto de partida é W_M e a iniciativa de propor a negociação será do agente recetor V, no exemplo dado, o hotel. Nesse caso, tanto a poluição como os respetivos custos externos são muito elevados, pelo que este último agente estará, em teoria, disponível para oferecer uma compensação para reduzir os danos. O limite superior dessa prestação é o ganho por diminuição dos custos externos, sendo o limite inferior a disposição a receber da parte de K, contanto que o pagamento recebido por este supere a perda que sofre nos seus lucros. A negociação resulta num nível de poluição menor ao que existiria na sua ausência, parando em W*. De novo, à esquerda desse ponto, a diminuição unitária da poluição acarretará uma variação do custo externo que é mais baixa do que o aumento do lucro do outro agente, pelo que a negociação não terá lugar.

FIGURA 36: **Negociações com direito atribuído ao agente: (a) recetor (V); (b) causador (K)**

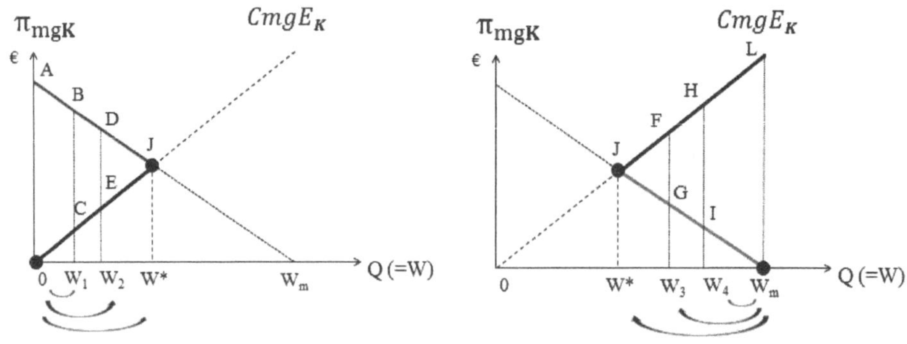

(a) (b)

Uma descrição mais detalhada sobre este raciocínio encontra-se na Tabela 7.

Tabela 7: **Procura da solução mais eficiente na negociação**

<table>
<tr><th>Direito do recetor (V)</th><th>Abcissa (W)</th><th>Ganho de K ($\Delta \pi$)</th><th>Perda de V (Δ CmgE)</th><th>Limites da compensação (Mínimo e Máximo)</th><th>Ajustamento</th></tr>
<tr><td rowspan="3"></td><td>0</td><td>0</td><td>0</td><td>-</td><td rowspan="3">Incentivo à compensação de K a V (perda de V < ganho de K)
Indicação para aumentar W (mover para a direita)</td></tr>
<tr><td>W_1</td><td>$0ABW_1$</td><td>$0CW_1$</td><td>Mín:$0CW_1$
Máx: $0ABW_1$</td></tr>
<tr><td>W_2</td><td>$0ADW_2$</td><td>$0EW_2$</td><td>Mín:$0EW_2$
Máx: $0ADW_2$</td></tr>
<tr><th>Direito ao poluidor (K)</th><th>Abcissa (W)</th><th>Perda de K ($\Delta \pi$)</th><th>Ganho de V (Δ CmgE)</th><th>Limites da compensação (Mínimo e Máximo)</th><th>Ajustamento</th></tr>
<tr><td rowspan="3"></td><td>W_M</td><td>0</td><td>0</td><td>-</td><td rowspan="3">Incentivo à compensação de V a K (perda de K < ganho de V)
Indicação para diminuir W (mover para a esquerda)</td></tr>
<tr><td>W_4</td><td>W_MIW_4</td><td>W_MLHW_4</td><td>Mín:W_MIW_4
Máx: W_MLHW_4</td></tr>
<tr><td>W_3</td><td>W_MGW_3</td><td>W_MLFW_3</td><td>Mín: W_MGW_3
Máx: W_MLFW_3</td></tr>
<tr><td></td><td>W^*</td><td colspan="4">Independentemente de quem tiver os direitos de propriedade, permanece-se neste ponto, não havendo mais incentivos a compensação</td></tr>
</table>

Em ambos os casos, sendo os direitos atribuídos a um dos agentes, independentemente de ser o causador ou o recetor da externalidade, o outro agente vai iniciar uma negociação, oferecendo ao primeiro uma compensação para a passagem a uma nova posição (Figura 37), monetariamente vantajosa para ambos. Trata-se de uma tendência automática para o processo culminar em W*, que, como na solução pigouviana, representa o **nível ótimo** de produção de uma atividade poluente, constituindo um ótimo de Pareto.

O conhecido «**teorema de Coase**» sustenta que num contexto de concorrência perfeita a negociação bilateral dos agentes vai conduzir a uma igualdade entre custos privados e sociais, ou seja, ao ótimo social que permite resolver o problema da externalidade, independentemente de quem detém os direitos de propriedade.[50]

FIGURA 37: **Concessão de direitos, negociação e resultado**

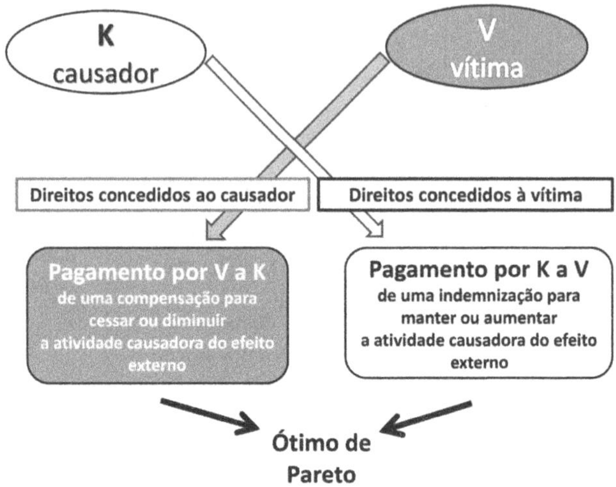

Uma condição fulcral para viabilizar a hipótese de acordo entre os agentes passa pela prerrogativa de que o ganho potencial obtido pela negociação não fique aquém dos custos a ela associados, designados por **«custos de transação»**. Estes custos abrangem a identificação e a informação das partes, a organização e a reunião dos interessados, o custo da negociação assim como a vigilância da implementação do acordo, entre outros.[51] Idealmente, para o acordo ter lugar, estes custos deveriam ser inexistentes ou, pelo menos, negligenciáveis.

Aliás, este constitui um dos maiores problemas relativo à hipótese das negociações, dado que os custos aumentam com o número de pessoas envolvidas. No exemplo que

[50] «O teorema de Coase afirma que sob concorrência perfeita os custos privados e sociais serão iguais [e] a composição da produção não será afetada pela maneira pela qual a lei atribui responsabilidade por danos.» (Stigler, G. J. (1966). *The Theory of Price* (3.ª ed.). Macmillan.) (p. 113).

[51] «Para realizar uma transação de mercado é necessário descobrir com quem se deseja negociar, informar as pessoas que se deseja negociar e em que termos, conduzir negociações que levem a um acordo, elaborar o contrato, realizar a inspeção necessária para certificar-se de que os termos do contrato estão a ser observados, e assim por diante» (Coase, 1960, p. 15).

se retratou de um único agente causador (K), uma fábrica poluidora, e de um único agente recetor (V), um hotel, o exercício parece ser exequível, com custos de transação possivelmente quase nulos, dada a facilidade das partes em negociarem entre si. Na prática, no entanto, a ocorrência de externalidades abrange geralmente um número significativo de agentes lesados pelo seu efeito, o que vai significar custos de transação (muito) altos e inviabilizar a negociação. No exemplo da fábrica poluidora, a assunção de apenas um afetado é muito reducionista e será agora abandonada. É fácil de compreender que a situação até aqui ilustrada consubstanciava uma exceção e não a regra. Na prática, verificar-se-á a existência de vários, ou até inúmeros, agentes recetores da externalidade, que sofrem os efeitos da poluição atmosférica causada por K, originando sérios entraves à negociação.

Em geral vários outros obstáculos se juntarão a este.[52]

Desde logo, pode existir um problema de identificação da totalidade dos agentes em questão, passíveis de participar na negociação. Em primeiro lugar, o agente causador nem sempre é facilmente identificável, ou porque não pretende ser «descoberto» e fazer parte do processo, ou porque há vários que provocam efeitos similares e é difícil determinar qual o verdadeiro causador, ou porque efetivamente não há apenas um, mas vários a contribuir para o prejuízo em comum. É ainda possível que o poluente tenha sido emitido no passado, mas, dado os seus efeitos continuados, afete várias gerações. Em qualquer destas situações e noutras análogas, a negociação falha, porque não é conhecido um dos intervenientes.

Em segundo lugar, e de novo focando o caso dos poluentes cumulativos de influência persistente, como é o caso da radioatividade, também os agentes recetores podem não coexistir na mesma época, ou seja, as contaminações atingem não só as gerações atuais, mas também as vindouras. Nesta última situação, de novo, a negociação entre as partes é impossibilitada[53] e o seu próprio significado entre os elementos diretamente envolvidos perde sentido. Em terceiro lugar, os indivíduos que sofrem o dano podem não ter consciência do mesmo, geralmente por falta de informação. Faria sentido, neste caso, adicionar custos de informação aos de transação.

---

[52] Alguns destes elementos foram adaptados de Pearce e Turner (1990), onde se encontra uma análise interessante sobre esta temática.

[53] «Muitos poluentes têm duração longa (...). Se assim for, as pessoas que serão afetadas pela poluição podem ainda não existir, e então não é possível falar das duas partes que se encontram para negociar. (...) Na melhor das hipóteses, alguns grupos da geração presente teriam que negociar em nome das gerações futuras.» (Pearce e Turner, 1990, p. 76).

Por outro lado, mesmo se for possível uma identificação cabal dos agentes afetados, haverá provavelmente *free-riders*, ou seja, indivíduos que beneficiam da negociação se se efetivar e der resultados positivos, mas que não estão dispostos a fazer parte dela e incorrer nos seus custos.

Sumariamente, a abordagem de Coase, sob fortes pressupostos de informação e concorrência perfeitas, comportamento «racional», traduzido por resposta automática dos agentes a incentivos monetários, direitos de propriedade bem definidos e custos de transação negligenciáveis, leva ao ótimo social. Este resultado é comum ao da análise pigouviana, mas aqui prescindindo da intervenção do Estado e, adicionalmente, não dependendo da forma como os direitos são distribuídos.

Abona, assim, a seu favor, caso os pressupostos se verifiquem, uma maior facilidade de atingir o ótimo social, dispensando processos burocráticos e políticos e deixando às partes interessadas, e detentoras de informação sobre os seus próprios custos e benefícios, a margem de entendimento necessária a um acordo. O mercado funciona sozinho encaminhando, de forma automática, a sociedade para o ótimo.

A originalidade da proposta de Coase não a isentou de críticas, pecando exatamente pela rigidez de pressupostos de verificação inverosímil. É, aliás, imaginável que neste contexto haja um aumento de agentes poluidores, se a estes agentes for atribuído o direito de propriedade. Este facto levaria a chegadas inesperadas a mercado, de novos entrantes, com o intuito de receber a compensação dada pelos agentes recetores, o que desvirtuaria a solução proposta.

Às vulnerabilidades já elencadas acima, como é o caso das dificuldades de identificação dos parceiros de negociação, podia ser acrescentada a ausência de preocupações sobre a assimetria de poder de negociação entre as partes, por vezes de peso económico muito diverso, e o alheamento de considerações de ordens ética, moral e ambiental, sendo a reação dos agentes entendida apenas como um exercício «mecânico» perante incentivos meramente de ordem monetária.

2.3. Licenças de poluição transacionáveis

Embora de natureza diferente, a atribuição de direitos de propriedade pelo uso de recursos ambientais, deixando os agentes e, consequentemente, o mercado funcionar livremente, como alternativa à regulação central, é resgatada mais tarde no instrumento de «direitos», «certificados», «títulos» ou «licenças» de poluição. J. H. Dales

(1968)[54] propõe o "uso" de recursos ambientais, se ao agente for atribuído o «direito» de o fazer. Esse direito pode ser conferido diretamente, na linha de Coase, ou ser adquirido em mercado como um bem, hipótese que será agora explorada.

Na obra de Dales sugere-se a criação de **mercados** em que se possam comprar e vender direitos de propriedade, em relação à poluição. Nesta nova perspetiva, subsequente à ótica de Coase, o mercado passa, desta maneira, a ser um «intermediário» da negociação entre as partes. A ideia central, colocada de forma esquemática, é que, ao invés de as autoridades imporem normas inflexíveis ou instrumentos tributários aos agentes, lhes permitam a autonomia de encontrar a solução mais adequada, entre abater ou continuar a poluir. A procura de mais eficiência é efetivada através de um balanço entre os custos de abatimento de poluição e os custos/benefícios em transacionar no mercado «certificados» que concedem direito a poluir.

Dando como exemplo o objetivo de controlar a poluição no lago Ontário (que faz fronteira com os EUA e o Canadá), através da criação de autoridades especialmente designadas para o efeito, Dales preconiza que estas designem uma norma (N), ou seja, um limite quantitativo, considerado como montante global de poluição tolerável ou admissível para a área em causa. Este total deve ser fracionado em unidades, licenças (L), concedendo, pela sua posse, ao detentor o direito em poluir, de acordo com o montante total possuído. Embora, desde já, se reconheçam algumas similitudes com a abordagem de Baumol e Oates, com a imposição inicial de um instrumento quantitativo, que funciona como baliza à poluição, aqui o processo iterativo de procura de um imposto não se verifica, sendo substituído pelo recurso a um mercado, onde as licenças são transacionadas.

Numa fase que designaremos de «inicial», as licenças, por opção política, podem ser concedidas **gratuitamente** aos agentes, na totalidade ou em parte, a) em montante uniforme (noutras palavras, igual para cada um) ou b) proporcional às necessidades do agente (recebendo quem polui mais, uma maior fatia) (Figura 38a). De ponderar, desde logo, que especialmente o último modo de distribuição (vulgarmente designado por *grandfathering*), «premiando» os maiores poluidores, condiciona muito o estímulo que este instrumento pode trazer aos agentes a reduzir as suas emissões. Em ambos os casos de distribuição gratuita, já se comprometia este incentivo e o efeito de mercado. O reverso da medalha seria uma proteção do tecido económico existente, sobretudo

---

[54] «Já é hora de começarmos a conceber algumas novas formas de direitos de propriedade... para o uso do ar e da água.» (Dales, J. H. (1968). *Pollution Property & Prices: An Essay in Policy-Making and Economics*. University of Toronto Press.)

com o objetivo político de não confrontar as empresas, centrais para o funcionamento da economia, com custos adicionais, não pondo em causa a sua viabilidade. Embora controverso, tem sido este o sistema mais usado, em quase todos os mercados de carbono, inclusivamente no CELE (Comércio Europeu de Licenças de Emissão).[55]

A outra forma de concessão das licenças é por **venda** (a preço fixo) ou leilão. Aqui, desde o início, há incentivo para as empresas ponderarem se compram licenças ou se incorrem em custos de abatimento. O efeito ecológico é maior, sem protecionismo de empresas mais poluentes e não se circunscreve apenas a agentes existentes, mas a qualquer um, disposto a pagar para deter licenças.

Estando o mercado em funcionamento, os agentes decidem a estratégia mais racional (Figura 38b), com base numa ponderação entre o custo marginal de abatimento (CmgA) e o preço unitário da licença (p).

FIGURA 38: **Licenças:**
(a) Formas de distribuição; (b) Ponderação para decisão de compra ou venda

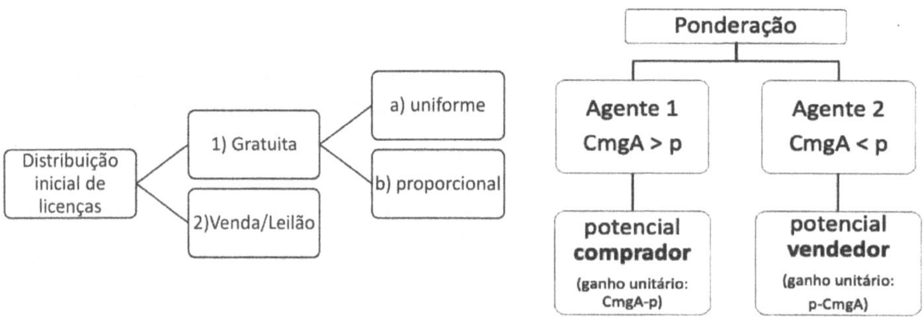

(a) (b)

Assim, se o seu CmgA superar o preço, o agente (a que chamaremos (1)) tem a opção de continuar a poluir mais uma unidade, adquirindo a correspondente licença. Consegue, desta forma, uma poupança de custos que se traduz num ganho, tanto maior quanto mais o CmgA exceder o preço de mercado.

[55] No Anexo 1 faz-se uma breve descrição do funcionamento do CELE, que pode exemplificar algumas das modalidades deste tipo de mercado, aqui enunciadas em termos teóricos.

Pelo contrário, um agente (2) com custos marginais de abatimento baixos, inferiores ao preço, é incentivado a aumentar o abatimento, além do que lhe seria necessário. Cada unidade excedente, obtida por abatimento, pode ser colocada à venda por um valor superior (p) ao que lhe custa abatê-la (CmgA), gerando um proveito por venda.

Ambos os agentes ganham, portanto, com a existência do mercado, em relação à situação em que ele não existe.

Pelas suas caraterísticas, este sistema é habitualmente classificado como ***cap and trade* (fixação de norma e transação de licenças)**. Traduzido esquematicamente (Figura 39), trata-se de estabelecer um teto quanto a parâmetros de qualidade ambiental, que não deve ser ultrapassado. Esse montante deve ser fracionado e colocado à disposição dos agentes em mercado para que comprem ou vendam, de acordo com a sua estratégia de conseguir a melhor solução individual. Genericamente, este sistema conduz ao resultado mais eficiente, a nível global.

FIGURA 39: **Sistema de *cap and trade***

Trata-se de mais uma forma de internalizar as externalidades, uma vez que a poluição tem um custo, seja ele o pagamento da licença e/ou do custo marginal de abatimento. O raciocínio do agente é idêntico ao que já vimos, no caso do imposto ou do subsídio. Procurando maior eficiência, a empresa deve abater a poluição até o seu custo marginal encontrar o preço (Figura 40), ou seja, ficar em W se o preço for p ou em W* se o preço for p*. Escolheu-se este último caso, para representar, no gráfico, o montante de custos de abatimento totais na situação mais eficiente.

FIGURA 40: **Custo marginal de abatimento versus preço da licença**

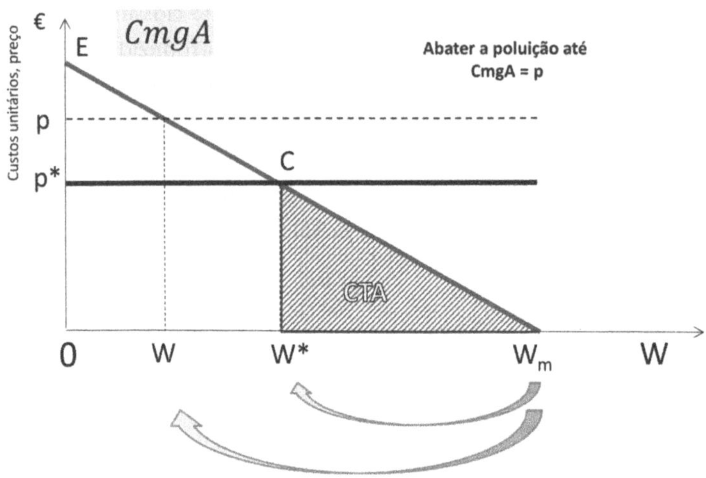

Para compreender melhor como funciona este mercado de "direitos de poluição", vamos considerar uma análise gráfica, em que temos apenas duas empresas (1 e 2) que constituem a totalidade do mercado. Embora a simplificação pareça reducionista, tem como objetivo que o foco da análise se concentre, podendo ser posteriormente alargada a vários ou múltiplos agentes. Outros pressupostos devem verificar-se:

I) Cada licença corresponde a uma unidade de poluição, havendo uma ligação direta entre o eixo de W (poluição) e de L (licenças), identidade que é frequente ocorrer na prática;
II) As funções de custos marginais de abatimento são representadas por retas, para facilitar as ilações que se vão traçar;
III) É fixada uma norma (N) de igual montante para ambas as empresas;
IV) Acresce que, nesta perspetiva inicial, cada empresa recebe gratuitamente as licenças necessárias até ao cumprimento da norma (situação 1a, da Figura 38a).

Estas duas últimas hipóteses serão abandonadas mais tarde.

Na Figura 41 apresentam-se as funções de custo marginal de abatimento, das empresas 1 e 2, ambas lineares, com declives diferentes, de acordo com a situação concreta de cada empresa.

FIGURA 41: **Situação sem mercado com duas empresas: (a) Curvas de abatimento a nível individual e global; b) Imposição de normas individuais e global; (c) Custos totais de abatimento**

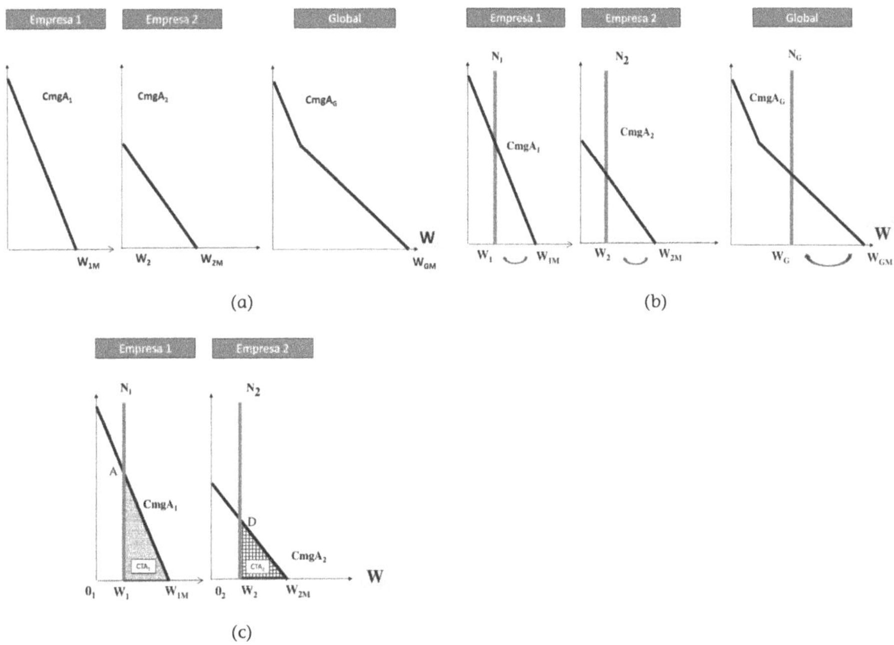

Qualquer das funções de CmgA individual é constituída por uma infinidade de pontos, cada um dos quais representa a solução mais racional da empresa, perante o confronto entre CmgA e preço. Recorrendo de novo à Figura 40, se o preço for zero a empresa escolhe poluir no máximo W_M, se for p, a melhor opção é W e se for p* a empresa decide-se por W^*. Ou seja, a função de CmgA expressa as preferências por determinada quantidade de poluição, frente às várias hipóteses de preços de mercado, portanto, traduz a função de **procura de licenças**. A Figura 41a exibe precisamente as duas funções de CmgA individuais e a função que resulta da agregação daquelas, e representa a curva de procura global de licenças ($CmgA_G$), isto é, o total de licenças que, para cada preço, as duas empresas pretendem deter.[56]

Por outro lado, a norma imposta pelas autoridades (N) vai delimitar o montante global de licenças emitidas e colocadas à disposição dos potenciais interessados, definindo assim a curva da **oferta de licenças** em mercado (N_G). Trata-se de uma restrição quantitativa, neste caso completamente rígida, não mostrando qualquer variabilidade das quantidades, face a modificações do preço, ou seja, de elasticidade nula. Atendendo ao pressuposto (III) adotado, esta quantidade global vai ser distribuída pelas duas empresas de modo uniforme, cabendo metade a cada uma (Figura 41b). Ainda sem admitir a possibilidade de transacionar licenças em mercado, à empresa 1, que pretendia poluir W_{1M}, só é permitido emitir um montante de W_1, sendo também a empresa 2 levada a baixar a poluição de W_{2M} para W_2. Neste caso, cada agente enfrenta custos de abatimento aos quais não consegue escapar, dada a fixação da norma e perante a inexistência de um mercado (Figura 41c).

Da interseção da procura ($CmgA_G$) com a oferta (N_G), em mercado, forma-se o preço (p_e) (Figura 42a) que irá determinar as decisões finais de cada empresa, 1 e 2. Em termos globais, temos aquilo que podemos designar por «mercado de poluição». Colocou-se um eixo de abcissas duplo, para tornar clara a relação direta entre W (poluição) que terá as unidades relativas ao poluente em causa (por exemplo, toneladas, litros, etc.) e L, que representará o montante de licenças correspondente (sem unidades).

Atentemos melhor aos fatores capazes de influenciar o preço p_e. Deixando de lado, momentaneamente, a presente simplificação do mercado a duas empresas, e alargando à situação geral de coexistência de múltiplos agentes, as **modificações do preço** irão resultar do posicionamento e comportamento das curvas da procura e da oferta. Para o efeito, reformulou-se a curva da procura, representando agora sumariamente uma reta descendente (Figura 42b), sem as mudanças de declive que teria pela agregação de várias curvas concretas das empresas em mercado (como estava ilustrada na Figura 42a para duas empresas específicas).

A procura será influenciada, desde logo, pelo **número de agentes** que entram no mercado. Se entrarem novos agentes poluidores (por exemplo, no caso que temos ilus-

[56] No Anexo 2 exemplifica-se o raciocínio desta análise, com cálculos concretos. Também se clarifica porque é que o traçado desta função agregada (global) apresenta a forma traçada na Figura 41 e seguintes.

trado até aqui, se entrar uma terceira empresa) a curva agregada da procura de poluição ($CmgA_G$) irá necessariamente deslocar-se para cima e para a direita ($CmgA^*_G$), pelo aumento global nos custos de abatimento, mesmo que as outras empresas não sofram qualquer alteração na sua estrutura de custos, ou seja, *ceteris paribus*[57]. A entrada de uma ou, no cenário mais comum, de várias empresas, vai fazer aumentar a procura de licenças, com repercussões no preço, que aumenta para p^*_e (intersecção com N_G) (Figura 42b). Pelo contrário, a saída de empresas, provoca menor pressão sobre a procura, fazendo baixar o preço. A magnitude destas variações depende manifestamente da dimensão da empresa face ao mercado em que entra ou do qual sai. Por exemplo, se tivermos apenas duas empresas, às quais se junta uma terceira, espera-se um efeito significativo, enquanto num mercado de centenas de agentes uma empresa de pequena dimensão terá possivelmente uma repercussão quase impercetível.

FIGURA 42: **Mercado de licenças:**
(a) Formação do preço; (b) Variações do preço

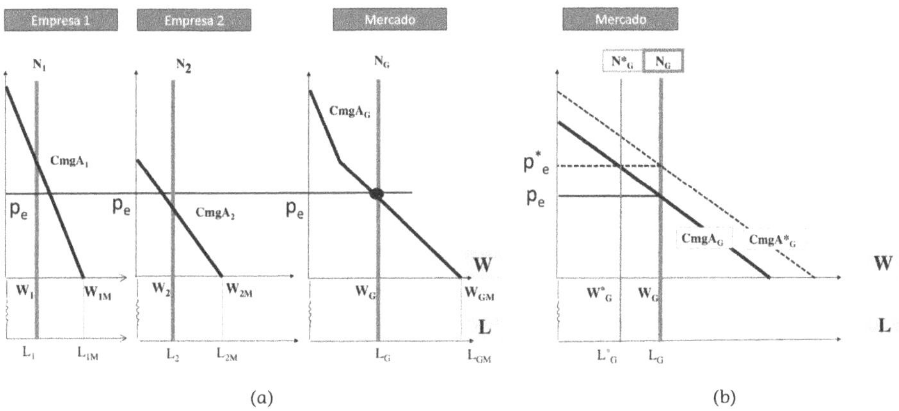

A **inflação** é outro fenómeno que potencialmente influencia a procura, dado que encarece os custos de abatimento, deslocando a curva para cima ($CmgA^*_G$) e aumentando o preço das licenças (Figura 42b), dependendo, novamente, da sua cobertura na área a que as licenças se destinam. Pode ser determinante numa região ou num país, mas surtir efeitos de sinais contrários, se o mercado abranger vários países, com dife-

[57] É com o pressuposto *ceteris paribus* que se estudarão aqui os efeitos no preço de mercado, considerando uma variação de cada vez e isoladamente.

rentes percursos de inflação. Perante a situação de cada empresa, em termos de custos de abatimento e o preço dado pelo mercado, ambas procuram obter a solução mais eficiente, como se verá de seguida.

Ainda no que respeita à procura, as **inovações** podem desempenhar um papel relevante, de novo condicionado ao âmbito geográfico em causa. Ao possibilitarem uma descida dos preços dos processos de abatimento, ocasionam eventualmente uma inversão no interesse das empresas em adquirir licenças, baixando a sua procura e, portanto, o preço.

No que concerne à curva da oferta, até agora considerada fixa, há alguns fatores que propiciam a sua alteração. Em primeiro lugar, as **decisões institucionais** podem ter um papel crucial[58]. Se, por exemplo, as autoridades retirarem licenças que estavam em circulação ou criarem novas, esse procedimento vai respetivamente, restringir a oferta, de N_G para N^*_G (Figura 42b), aumentando o preço (para p^*e)[59] ou expandi-la, diminuindo o mesmo. Um motivo para esta ação não desejável num mercado de livre concorrência pode ser a constatação *a posteriori* que a poluição está num nível demasiado elevado ou que, pelo contrário, se verifica que a atividade dos agentes em mercado está demasiado condicionada e há margem para a desenvolver. Efeito semelhante é obtido se as licenças tiverem um prazo de validade, e a partir do término, deixarem de ser válidas, sendo, portanto, necessária a emissão de novas unidades, em menor ou maior quantidade, regulando assim uma oferta respetivamente menos e mais elevada. Perante a caducidade das licenças, porventura intencional, é possível que as autoridades aproveitem para aumentar os seus níveis de exigência, fazendo a oferta deslocar-se para a esquerda (N^*_G) e cruzar a procura num preço superior (como p^*_e). Neste sentido, pode verificar-se uma redução «programada» da quantidade de licenças, se for essa a política tida como mais adequada. Igualmente deliberado, para melhor controlar o mercado, é o efeito de uma desvalorização programada do valor das licenças (por exemplo x% ao ano), o que leva os compradores a ter de repensar a sua estratégia de compra, frente a licenças que correspondem a um menor nível de poluição do que antes. De novo, aqui, a curva da oferta retrai-se (Figura 42b), contribuindo para um aumento do preço, porque efetivamente o nível de «poluição a comprar» no mercado diminui.

Por fim, além da intervenção explícita das autoridades no mercado, alterando o posicionamento da curva da oferta, é lícita, em vários casos, a **intervenção de tercei-**

---

[58] A este propósito ver o Anexo 1, com exemplos concretos no caso do mercado europeu de licenças.

[59] Na Figura 42b representaram-se, a título de exemplo, e com um intuito simplificativo, apenas as situações em que, seja por aumento da procura seja por diminuição da oferta, o preço sobe.

ros, não diretamente interessados na compra de licenças para o arranque ou expansão da sua atividade produtiva. Esta interferência direta no mercado pode realizar-se a título especulativo, para colocar as licenças à venda mais tarde, ou com o intuito de as retirar de circulação, tornando-as mais escassas e mais caras. Esta última tentativa de diminuição da oferta (Figura 42b) por agentes terceiros, é, por vezes, levada a cabo por certas organizações (geralmente organizações não-governamentais do ambiente) que pretendam salvaguardar a qualidade ambiental de dada região num padrão superior ao que as autoridades determinaram. Esta iniciativa aparenta ter algum efeito se em causa estiver um mercado regional, de dimensão relativamente reduzida, revelando-se muito complexa em mercados maiores. Um entrave a esta intenção é a ocorrência de vários *free riders*, que querem obter a melhor qualidade ambiental conseguida por esta aposta, mas não se prestam a incorrer em custos para atingir esta finalidade, deixando essa função para os restantes agentes.

Vistos alguns fatores determinantes do comportamento do mercado de licenças e das respetivas variações dos preços, convém agora observar, mais de perto, como cada empresa reage, atendendo ao seu CmgA e ao preço. Para isso, regressemos ao pressuposto de apenas duas empresas, 1 e 2, que formam o mercado, analisando a situação de cada uma delas (Figura 43a).

FIGURA 43: **Compra ou venda de licenças no mercado, com atribuição gratuita até à norma: (a) Decisão de cada empresa; (b) Custos e benefícios totais**

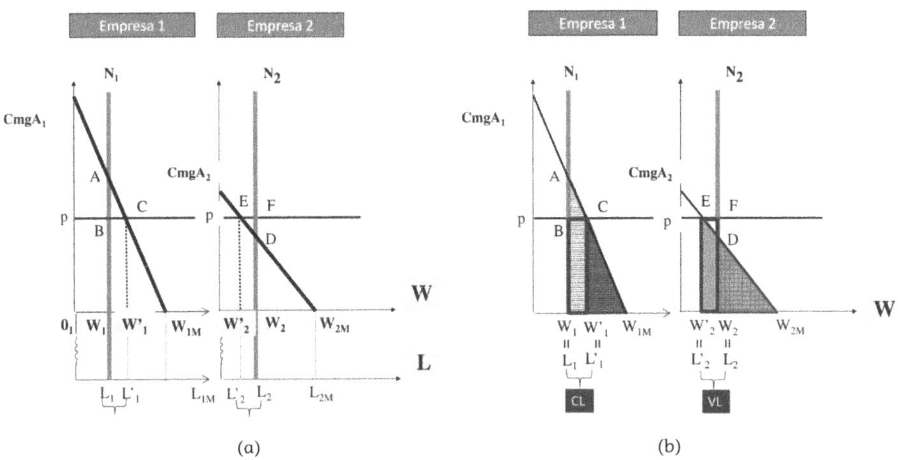

(a) (b)

Já vimos que o agente 1 tem custos mais elevados (traduzidos no traçado de $CmgA_1$), nomeadamente no ponto em que esta função se cruza com a reta vertical representativa da norma N_1. Sabemos também que, dado o pressuposto adicional (IV), a empresa vai receber **gratuitamente** licenças até W_1. No entanto, para atingir este nível de poluição teria que pagar o custo total de abatimento de W_{1M} a W_1 (Figura 43b), ou seja, o equiparável à situação de ausência de mercado, com mera imposição da norma (Figura 41c). Dada a possibilidade de recorrer ao mercado, o agente vai abater menos poluição, parando em W'_1, e comprando o restante (W'_1-W_1), em vez de abater. Aqui, aplica a lógica de maior eficiência, já enunciada atrás, pelo que deve abater até o $CmgA_1$ igualar o preço p. Nessa posição, alcança uma poupança de custos de abatimento que resultará num ganho, representado no gráfico pelo triângulo ABC (consultar explicação detalhada na Tabela 8 e exemplificação numérica no Anexo 2). O montante de licenças transacionadas para atingir esta situação corresponde à diferença entre W'_1, o nível de poluição até ao qual abate, e W_1, o nível de poluição que continua a emitir, com o suporte da compra. Por conseguinte, a empresa abate (W_{1M}-W'_1) em vez de (W_{1M}-W_1), poluindo mais (W'_1-W_1) do que seria expetável perante a norma, uma vez que lhe é dada a possibilidade de comprar licenças (CL) em mercado (Figura 43b).

No caso da empresa 2, a situação inverte-se, uma vez que apresenta custos de abatimento mais baixos. Seguindo o mesmo raciocínio de procura da solução mais eficiente, este agente vai abater mais do que a norma N_2 exigia, para efetuar uma venda de licenças (VL) em mercado, cujo benefício bruto supere o aumento de custos de abatimento, uma vez que o preço se situa acima do $CmgA_2$, no ponto em que esta reta encontra N_2. Por esse motivo, ao alargar o seu abatimento, além das suas necessidades, o agente vai posicionar-se como vendedor, para obter ganhos por essa via (Figura 43 e Tabela 8).

O duplo eixo, permite facilmente analisar a quantidade de licenças transacionadas em mercado (L), que correspondem aos respetivos montantes de poluição (W). Neste caso em particular, com um mercado formado apenas por dois agentes, em que a curva da procura resulta da agregação das duas funções de CmgA individuais, e a oferta se divide apenas entre ambos, a quantidade de licenças compradas por 1 deve ser igual à quantidade vendida por 2, ou seja, $L_1'-L_1 = L_2-L_2'$.[60]

---

[60] O exemplo no Anexo 2 permite compreender melhor esta análise, por meio de uma ilustração numérica.

TABELA 8: **Custos e benefícios com atribuição gratuita de licenças, em relação à situação de ausência de mercado**

Empresa	i) Apenas imposição da norma (sem mercado) CT = CTA	ii) Recurso a mercado Compra: CT'= CTA' + CL Venda: B_l=VL – ΔCTA'	Ganho = ii) - i)	Transação de licenças
Empresa 1	CT i): $CTA_1 = W_{1M}AW_1$	CT' ii): $CTA'_1 + CL =$ $= W_{1M}CW'_1 + W_1BCW'_1$	ABC (poupança de custos por compra)	L_1'-L_1 compradas
Empresa 2	CT i): $CTA_2 = W_{2M}DW_2$	B_l ii): $VL - \Delta CTA_2 =$ $= VL - (CTA'_2 - CTA_2) =$ $= W'_2EFW_2 - (W_{2M}EW'_2 - W_{2M}DW_2) =$ $= W'_2EFW_2 - W'_2EDW_2$	EFD (ganho líquido por venda)	L_2-L_2' vendidas

Legenda: CT: Custo Total; CTA: custo total de abatimento; CL: Compra de licenças; VL: venda de licenças (Benefício total bruto por venda de licenças); B_l: Benefício total líquido de custos por venda de licenças; Δ: variação

Numa segunda fase, retiremos o pressuposto (IV) em que os direitos são atribuídos gratuitamente e de maneira uniforme, coincidindo, no caso que se acabou de retratar, com o nível de cumprimento da norma. Presume-se, agora, que as licenças são **vendidas** a um preço estabelecido ou são sujeitas a leilão. Neste caso, não é necessário assegurar que apenas duas empresas se encontram no mercado, uma vez que o preço (inicial) não provém do cruzamento das curvas de CmgA agregado (das duas empresas) com a oferta correspondente à norma. Na Figura 44a consideremos, de novo, as empresas já focadas, e o mesmo preço, p, agora como estabelecido e não resultante da interseção das curvas no mercado. A diferença em relação à situação anterior é que no caso presente nenhuma das empresas tem lucro com venda de licenças (Tabela 9). Ambas sofrem custos (de abatimento, pela poluição evitada e/ou de compra de licenças, pela remanescente), o que é compreensível, pelo facto de agora não haver qualquer fração da norma concedida gratuitamente.

FIGURA 44: **Compra de licenças no mercado sem atribuição gratuita: (a) Representação dos custos totais; (b) Solução mais eficiente**

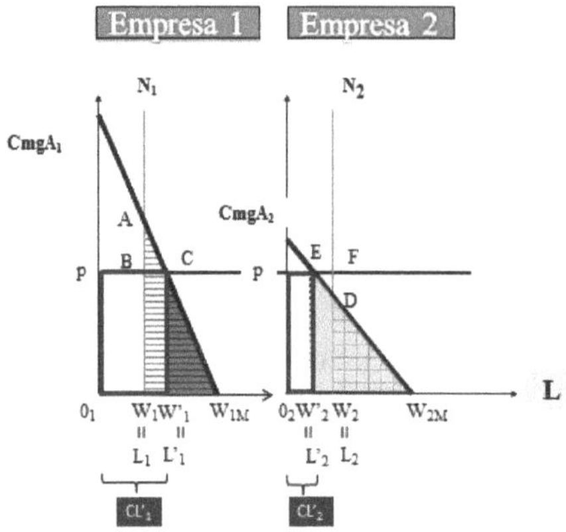

(a)

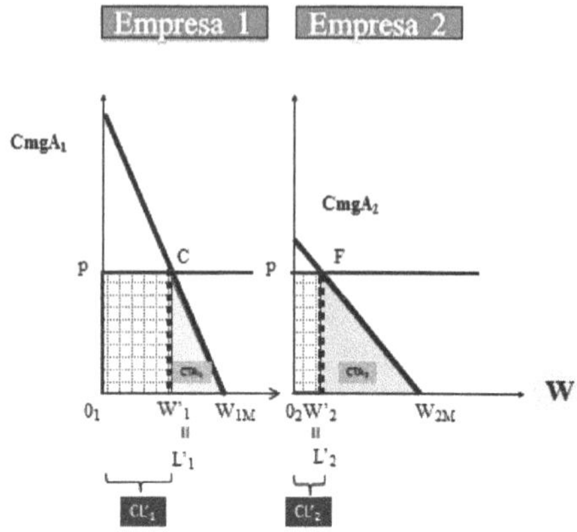

(b)

TABELA 9: **Custos por recurso a mercado, sem gratuitidade**

Empresa	iii) Situação de cumprimento da norma e compra adicional de licenças	iv) Situação mais eficiente, com ajustamento do abatimento e do montante de compra de licenças	Ganho = iv) - iii)	Transação de licenças
Empresa 1	Custo total iii): $CTA_1 + CL_1 = W_{1M}AW_1 + 0_1pBW_1$	Custo total iv): $CTA'_1 + CL'_1 =$ $= W_{1M}CW'_1 + 0_1pCW'_1$	ABC (poupança de custos por compra adicional)	mais $L'_1 - L_1$ licenças (no total compra L'_1)
Empresa 2	Custo total iii): $CTA_2 + CL_2 =$ $= W_{2M}DW_2 + 0_2pFW_2$	Custo total iv): $CTA'_2 + CL'_2 =$ $= W_{2M}EW'_2 + 0_2pEW'_2$	EFD (poupança de custos por abatimento adicional)	menos $L_2 - L'_2$ (no total compra L'_2)

Observando melhor, encontramos, no entanto, várias similitudes com a situação de atribuição gratuita de parte das licenças, que importa ressalvar. Em ambos os casos, na procura da solução mais eficiente, o estabelecimento da norma a cumprir torna-se irrelevante, uma vez que os agentes podem escolher entre abater ou poluir, ou seja, entre custos de abatimento e de compra de licenças, conforme a solução economicamente mais favorável, uma vez que o mercado possibilita essa opção. Ou seja, independentemente do nível de fixação da norma, para a empresa racional, o resultado é determinado pela regra, segundo a qual o CmgA devia intercetar o preço. Assim, num gráfico mais simplificado (Figura 44b) retirou-se a norma, dado que já se verificou que esta não era preponderante para a decisão final do agente, marcando-se as áreas de custos relativas à situação mais eficiente.

Neste contexto sem gratuitidade, o ganho obtido pela empresa 2, na procura da solução mais eficiente, não é vender, mas comprar menos licenças do que as que seriam necessárias para cumprir a norma. Ou seja, opta por abater mais, facto em comum com o cenário anterior, uma vez que, com CmgA mais baixo, tal se revela mais barato do que poluir e pagar as licenças correspondentes. O ganho obtido pela possibilidade de ambas as empresas recorrerem a mercado, para ajustar os seus interesses da forma mais eficiente dá origem exatamente ao mesmo resultado que obtínhamos no primeiro caso. Assim, também aqui, a empresa 1 abate ($W_{1M} - W'_1$) e polui W'_1 enquanto a empresa 2 abate ($W_{2M} - W'_2$) e polui W'_2. Obviamente, devido ao acréscimo de custos, a ausência de gratuitidade não é a situação desejada pelos agentes económicos.

As duas perspetivas que estudámos foram visualizadas em termos estáticos, mas, efetivamente, o mercado é dinâmico, ou seja, no primeiro cenário (parte das licenças gratuitas), uma variação dos custos de um ou dos dois agentes, uma expansão ou restrição da sua atividade ou outros motivos, implicam um novo contexto a nível de mercado e modificações do preço, o que por sua vez vai envolver diferentes decisões de compra e/ou venda.

No segundo cenário (sem licenças gratuitas), qualquer alteração do preço vai condicionar, de novo, as escolhas de cada agente. Embora inicialmente a distribuição seja feita pelas autoridades, por venda, e todos sejam compradores, numa etapa posterior o mercado despoleta e vai evoluindo, estabelecendo-se tanto compradores (os que têm CmgA mais elevado, constituindo a procura), como vendedores (com CmgA mais baixo, dando origem à oferta), e originando um preço de mercado.

Num terceiro cenário, vamos admitir que uma ou as duas empresas (supondo o mesmo traçado das análises anteriores) obtêm licenças gratuitas das autoridades, mas agora não necessariamente em montante igual. Vamos admitir três hipóteses diferentes de concessão de licenças gratuitas (Tabela 10):

(i) a ambas as empresas, correspondentes à situação de máxima eficiência de cada uma;

(ii) só à empresa 1, pela totalidade das suas emissões;

(iii) só à empresa 2, igualmente pela totalidade das suas emissões.

TABELA 10: **Diferentes atribuições de licenças gratuitas a empresas**

	Agente 1	Agente 2
i) Distribuição de licenças gratuitas a cada empresa, no ponto de interseção com o preço (recurso às áreas representadas na figura 44b)	$B_{b1} = 0_1pCW'_1$ $CT=CTA_1 = W'_1CW_{1M}$ $LC_1 = LV_1 = 0$	$B_{b2} = 0_2pFW'_2$ $CT=CTA_2 = W'_2FW_{2M}$ $LC_2 = LV_2 = 0$
ii) Distribuição de licenças gratuitas apenas à empresa 1 (montante máximo) (Figura 45a)	$B_{b1} = 0_1pGW_{1M}$ $CT=CTA_1 = W'_1CW_{1M}$ $LV_1 = W_{1M} - W'_1$	$B_{b2} = 0$ $CT=CTA_2+CL =$ $W'_2FW_{2M}+0_2pFW'_2$ $LC_2 = W'_2$
iii) Distribuição de licenças gratuitas apenas à empresa 2 (montante máximo) (Figura 45b)	$B_{b1} = 0$ $CT=CTA_1+CL =$ $W'_1CW_{1M}+0_1pCW'_1$ $LC_1 = W'_1$	$B_{b2} = 0_2pHW_{2M}$ $CTA_2 = W'_2FW_{2M}$ $LV_2 = W_{2M} - W'_2$
Resultado	Polui (W): W'_1 Abate (A): $W_{1M}-W'_1$	Polui (W): W'_2 Abate (A): $W_{2M}-W'_2$

Legenda: B_b: Benefício bruto por recebimento de licenças gratuitas; CT: Custo Total; CTA: Custo total de abatimento; CL: Compra de licenças; VL: Venda de licenças; LC: Quantidade de licenças compradas; LV: Quantidade de licenças vendidas.

As diferentes formas de distribuição a cada agente vão provocar benefícios e/ou custos diversos, assim como a solução de venda/compra de licenças, conforme as empresas forem mais ou menos apoiadas pela atribuição gratuita. No entanto, em qualquer um dos casos, há um resultado que se mantém sempre igual: o montante que cada agente polui (W) ou abate (A), coincidindo com o que foi igualmente obtido nos cenários anteriores.

FIGURA 45: **Atribuição gratuita correspondente à totalidade de poluição emitida a: (a) empresa 1; (b) empresa 2**

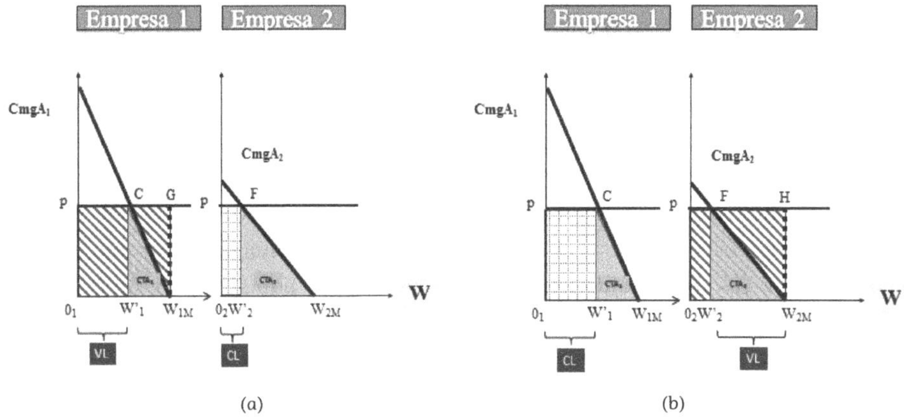

Este resultado designa-se por «**corolário do teorema de Coase**», que postula que, se um mercado funcionar em concorrência, atinge-se um resultado eficiente por meio de um sistema de licenças negociáveis, independentemente da propriedade inicial das mesmas. Sejam as licenças vendidas pelas autoridades ou concedidas gratuitamente, independentemente do(s) agente(s) que as recebe(m) e do respetivo montante, atinge-se sempre a solução mais eficiente, em termos de quanto é melhor abater e/ou poluir.

A propósito das licenças revisitemos alguns dos critérios de desempenho de instrumentos de política ambiental (Figura 27). A **eficiência económica** é precisamente uma das vantagens deste sistema em relação à mera imposição de normas, permitindo flexibilidade da decisão dos agentes e minimização de custos, entre incorrer em abatimento ou comprar licenças, ou mesmo obtendo ganhos por venda. A nível global, o benefício originado resulta, com algumas semelhanças relativamente aos impostos, do facto de se realizar mais abatimento precisamente nas empresas que têm custos menores. Possibilita-se, adicionalmente nesta solução, a venda de licenças, deixando o mercado funcionar livremente e os agentes terem o menor custo ou maior proveito possível.

No campo do **desempenho ecológico**, podemos considerar o presente instrumento, *grosso modo*, como uma ferramenta de eficácia «intermédia» entre o imposto e a norma. Pela sua própria conceção, a norma (que define a oferta máxima de licenças em mercado) delimita a poluição permissível, colocando uma espécie de fronteira que não deve ser ultrapassada e que, por ser quantitativa, não depende das flutuações do preço em mercado. Aliás, o limite ambiental fixado, precisamente por consubstanciar um elemento quantitativo, não fica dependente de variáveis económicas, como estrutura concorrencial, crescimento ou inflação, cuja regulação será empreendida pelo mercado. Assim, pode ser mais confiável quanto a garantir uma maior qualidade ambiental do que os impostos, pelo menos no caso do modelo pigouviano. Na teoria de Baumol e Oates este aspeto já se encontra relativizado, igualmente pela imposição de uma norma, a um nível considerado adequado.

Por outro lado, como não depende da fixação de um ótimo (a não ser que as autoridades pretendessem colocar a norma no nível ótimo de poluição, o que não é geralmente exequível), a questão da assimetria de informação não se coloca, uma vez que cada agente tem informação sobre os seus custos de abatimento e sobre o preço (que é dado pelo mercado). Aqui parece verificar-se também uma ligeira vantagem, mesmo em relação à perspetiva de Baumol e Oates, dado que os agentes não ficarão tão reféns da incerteza quanto ao «custo de poluir» (nesse caso, com um imposto determinado de forma iterativa). Porém, fatores como a delimitação da área de ação, o conhecimento dos processos de difusão e transformação de poluentes no meio, podem ser determinantes de um custo de informação elevado. Especialmente, quando está em causa uma escala internacional, mais própria do sistema de licenças do que dos impostos, a criação de sistemas operacionais, com custos de informação e monitorização comportáveis, revela-se uma tarefa muito complexa.

Deixar de lado o conhecimento de processos de transformação de substâncias no meio, e das suas respetivas cargas poluentes, pode não assegurar o completo cumprimento da norma de qualidade ambiental. Neste aspeto, a norma, em si, aparenta uma maior solidez quando se pretende obstar fenómenos mais gravosos e de urgência mais imediata. Acresce a este facto, que os mercados de que se trata nesta solução são tipicamente regionais (mesmo quando a área geográfica se estende a vários países), com eventual criação de *hotspots*, ou seja, concentrações indesejáveis tanto de âmbito geográfico (por exemplo, numa zona industrial, que pertence a uma área de norma mais abrangente) como temporal (no caso de ocorrerem concentradas num período de tempo mais curto do que o previsto), resultando em possíveis ruturas a nível do respetivo meio ambiental.

Não muito populares, numa ótica de **aceitação política**, as licenças de poluição negociáveis revelam-se controversas tanto entre aqueles que acham a aposta num «direito de poluir» como «antiética», assim como junto dos agentes sujeitos a esta forma de regulação, dados os custos que são obrigados a enfrentar. Excetua-se, deste último grupo, o caso em que as licenças são concedidas gratuitamente e em quantidade suficiente para assegurar que as necessidades das empresas são satisfeitas.

Porém, na situação mais usual, este instrumento tem a virtude de potenciar um efeito de **incentivo à inovação**, tanto maior quanto a forma de atribuição apontar para uma diminuição/eliminação da gratuitidade. Esta perspetiva de ter de pagar pela poluição, e a longo prazo a incerteza de saber como o preço irá flutuar, é um motor de inovação, no sentido de incentivar as empresas a tentarem escapar a estes custos, à semelhança do mecanismo do imposto.

Por sua vez, as flutuações do preço no mercado estão ligadas ao modo como a procura e a oferta se comportam e intersetam, discussão que já foi referida atrás. No entanto, o posicionamento no mercado dos vários agentes é determinante para o seu correto funcionamento e para a sua forma de **concorrência**. Assim, a condução deste mercado de licenças depende, em primeiro lugar, de questões distributivas. Como já foi aflorado, uma distribuição inicial gratuita, geralmente destinada às empresas existentes, cria condições para a emergência de mecanismos de protecionismo destas em relação a empresas novas, mesmo que estas se revelem mais dinâmicas. As licenças, ao serem repartidas pelos agentes existentes, não deixam margem para novas entradas, dado que a norma pode já estar no seu limite, estabelecendo-se, neste caso, um tratamento diferenciado dos agentes em mercado. Mais ainda, se além de gratuita, a distribuição for uniforme, empresas existentes, com custos mais elevados ou menores possibilidades económicas, terão grandes dificuldades em manter as imposições e realizar a compra de licenças, pelo que podem ser obrigadas a sair; pelo contrário, se a distribuição for proporcional às necessidades de poluição atual, são premiados os maiores emitentes em detrimento dos que se revelem mais eficientes. Por seu lado, a venda, parecendo ser mais equitativa, vai favorecer os emitentes (existentes ou novos) que detenham maior poder económico, dependendo da distribuição de rendimentos no momento da compra e especialmente quando os preços são elevados. Essa circunstância favorece uma manipulação da concorrência, por monopolização das empresas mais sólidas e capazes de realizar a compra e provocar entraves à entrada de outros agentes. As empresas que possuem licenças, por concessão ou compra de elevados montantes, podem restringir a restante oferta para as potenciais concorrentes, fazendo subir o preço, o que as torna detentoras de ativos mais elevados e passíveis de valorização futura.

ANEXOS

ANEXO 1: CELE — um exemplo de comércio de licenças

O **Comércio Europeu de Licenças de Emissão (CELE)** tem as suas origens em 1992, quando a Convenção Quadro das Nações Unidas para as Alterações Climáticas (CQNUAC)[61] foi ratificada por mais de uma centena e meia de países, numa tentativa mundial conjunta de limitar o aquecimento global devido aos Gases de Efeito de Estufa (GEE).

O órgão máximo daquela organização, designado por **COP**[62], ou Conferência das Partes, efetua reuniões com um caráter geralmente anual, sobretudo com a missão de tomar novas decisões e rever a sua implementação. Em algumas destas assembleias chegou-se a resoluções decisivas a nível mundial, como no caso da COP 3, em dezembro de 1997, no Japão, e da COP 25 em 2015, em França, tendo ficado conhecidas respetivamente como **Protocolo de Quioto** e **Acordo de Paris**.

Estipulando uma norma quantitativa de diminuição das emissões mundiais de 5%, em média, para o período de 2008-2012, em relação ao ano considerado base (1990), o Protocolo de Quioto consagrou os mecanismos adequados para o cumprimento desse objetivo. Um dos mais relevantes é a possibilidade do comércio de emissões entre as partes do tratado (art. 17). Embora essa transação fosse suplementar a medidas a tomar internamente por cada país, ficou oficialmente constituído o comércio de licenças de emissão como mecanismo de cumprimento do protocolo.

A instabilidade política que se seguiu ditou um grande atraso na implementação deste instrumento de política ambiental, dado que o Protocolo de Quioto só foi ratificado e entrou em vigor em 2005, data em que também se iniciou o **CELE**[63]. As conversações com as partes denominadas de «Anexo I» do CQNUAC (englobando, *grosso modo*, os países mais desenvolvidos e as economias europeias em transição) determinaram os limites a cumprir por cada elemento integrante da Convenção. No caso da **União Europeia**, na altura das negociações formada por 15 países (EU-15), assumiu-se o compromisso, mais ambicioso a nível mundial, de uma diminuição de 8%. Esta meta

[61] UNFCCC (*United Nations Framework Convention on Climate Change*).

[62] Em língua inglesa, *Conference of the Parties.*

[63] Denominado em inglês por EU ETS (*European Union Emissions Trading Scheme*).

seria atingida no âmbito de uma «**política da bolha**»[64], concretamente designada por «**Acordo de Partilha de Responsabilidades**», pelo qual cada um dos países se vinculou, no seio de um acordo comum, a um grau de diminuição ou até de aumento, que permitisse que a UE no seu todo atingisse a diminuição prevista. Por exemplo, a Portugal e à Grécia foi permitida uma subida de emissões até 27% e 25% respetivamente, enquanto países como Alemanha e Dinamarca se obrigavam a uma redução de 21%.

O CELE foi visto como um instrumento basilar para cumprir o pacto acordado. Arquitetado como um mecanismo típico de *cap and trade*, conforme já descrito neste capítulo, seguiu de perto a teoria enunciada atrás. Foi fixado um *cap*, ou seja, uma norma de emissão que, por exemplo para a UE dos 15, e entre 2008 e 2012, corresponderia ao montante de carbono equivalente ao emitido pelo conjunto destes países em 1990, corrigido por uma descida de 8%.[65] Para atingir este objetivo, as empresas podiam transacionar licenças, comprando ou vendendo, o que significaria, como foi visto, uma solução de custo mínimo para os envolvidos.

Para exemplificar o funcionamento de um mercado de licenças e da formação e fatores de oscilação do preço, vamos referir aqui, de forma resumida, como este instrumento funcionou até agora.

O CELE representa o maior mercado internacional de carbono, tendo concluído até agora três fases, cujas caraterísticas principais são sumariadas seguidamente.

1. **Fase piloto: 2005-2007**

   Esta primeira fase foi encarada como um estágio experimental de um mercado que ainda não era conhecido pela maioria dos agentes que nele deveriam operar, o que criou um forte clima de incerteza. Abrangeu cerca de 10 600 instalações de setores industriais intensivos em energia, como refinação de petróleo, fabrico de ferro e aço, cimento, papel e pasta de papel, etc., englobando quase 45% das emissões totais do espaço europeu. As licenças foram quase na totalidade concedidas gratuitamente, de acordo com o histórico de cada instalação, ou seja, numa modalidade de *grandfathering*. Os agentes que não detivessem licenças suficientes para atuar no mercado deviam comprá-las, porque um incumprimento significaria a obrigatoriedade de pagar uma multa de 40 €/ton CO_{2e}[66].

---

[64] Denominada em inglês por *bubble policy*.

[65] Ou seja, se o montante de carbono fosse x em 1990, a UE teria que conseguir ficar aquém de X* (1 – 8%) até ao final do período de 2008 a 2012, o que significava não só retroceder ao nível de emissões de 1990, mas conseguir diminuí-las em 8%.

[66] CO_{2e} representa «CO_2 equivalente», ou seja, não abarcando apenas dióxido de carbono, mas

Perante a instabilidade sentida em mercado e o desconhecimento das reações dos seus pares num mercado imaturo, vários agentes começaram a comprar licenças (pressionando assim a procura), com o preço a atingir um pico de cerca de 30 € em 2006. Após a publicação de relatórios a dar conta do alto nível de cumprimento das metas, por cada instalação, o mercado começou a dar sinais de excesso de concessão de licenças. Conjuntamente com o facto de não ser possível manter licenças válidas para o período seguinte (regime designado por *banking*), os agentes aperceberam-se que tinham licenças a mais e tentaram vendê-las em massa, dando origem a uma queda brusca no preço que atingiu valores perto de zero, no final do período.

2. **Fase de implementação do Protocolo de Quioto: 2008-2012**

   A segunda fase coincide com o período em que os países que tinham ratificado o Protocolo de Quioto deviam fazer honrar as suas obrigações de diminuição das emissões, até ao final de 2012.

   Desde logo, a sanção por incumprimento agravou-se para 100 €/ton, para desmotivar este tipo de comportamento.

   No que respeita à procura, o mercado alargou-se, com a entrada, em 2008, de Islândia, Liechtenstein e Noruega. Além disso, até 10% das licenças passaram a ser leiloadas, em vez de serem atribuídas gratuitamente. Adicionalmente, a proposta da Comissão Europeia de implementar uma política climática e energética pós-2012, levou os agentes a prever que iriam necessitar de mais licenças.

   Do lado da oferta, as licenças disponíveis para transacionar no mercado (*cap*) foram reduzidas em 6,5%, em relação ao limite estabelecido em 2005.

   O consequente aumento da procura no início de 2008, combinado com a redução da oferta, por restrições do *cap*, levou o preço a subir, de novo, atingindo um pico de cerca de 30 € nos primeiros meses de 2008.

   Por outro lado, a entrada de novas licenças em mercado, obtidas pela conversão de créditos pelos outros dois instrumentos de flexibilização preconizados pelo Protocolo de Quioto (Mecanismo de Desenvolvimento Limpo e Implementação Conjunta) dilataram a oferta. Estes mecanismos consistem, basicamente, na obtenção de créditos por diminuição de emissões de carbono gerados por investimentos respetivamente em países denominados «não Anexo I» (nomeadamente países em desenvolvimento) no caso do primeiro instrumento, e em outros países «Anexo I» no caso do segundo. A introdução destes ativos, posteriormente

---

outros gases como o metano, óxido nitroso, etc. cujo potencial de aquecimento é convertido por tabelas de equivalência a uma unidade comum.

convertidos em licenças para serem transacionadas no mercado[67], potenciava diminuições do preço.

Em sentido inverso, atuaram outros motivos. Por exemplo, a entrada, a partir de janeiro de 2012, do setor da aviação, abrangendo os voos de cerca de 500 companhias aéreas dentro das fronteiras dos Estados-membros da UE, ou o verão quente de 2010 impulsionaram *ceteris paribus* o aumento do preço das licenças. Por outro lado, aspetos como a aposta nas energias renováveis favoreceram uma quebra, através da desaceleração da procura por combustíveis fósseis.

Assim, como nos outros períodos, vários fatores contribuíram para subidas ou descidas do preço. A verificação em simultâneo de vários motores de modificação torna difícil, em certas fases, verificar uma tendência clara atribuível a um fenómeno isolado.

No entanto, a crise económica, com todas as suas repercussões marca categoricamente uma redução abruta nos preços, já em meados de 2008. Atingindo valores próximos de 5 €, o preço do carbono manteve uma certa estabilidade, em montantes baixos, até ao fim de 2012.

3. Terceira fase: 2013-2020

A fase 3 foi caraterizada por um excesso de licenças, proveniente de *banking* da segunda fase, pressionando a oferta. Como nas etapas anteriores, os preços baixos não permitiam atingir os objetivos pretendidos. Procurou-se empreender uma série de reformas para que o preço desse um sinal adequado aos agentes, no sentido de tomarem as medidas apropriadas para diminuir a poluição.

Atuou-se desde logo na fixação da norma de cumprimento global (ou seja, o *cap*), que voltou a sofrer novas restrições, para chegar ao fim de 2020 com uma diminuição global, desde 2005, de 21%. Assim, à norma fixada em 2013 de aproximadamente 2084 milhões de toneladas de carbono por ano para as instalações fixas[68], passou a exigir-se uma diminuição anual de 1,74%. Continuando a lógica das fases anteriores, foram adicionados novos agentes ao mercado, como a indústria de produção de alumínio e setores da indústria química, abarcando 11 000 instalações a contribuir com 45% para as emissões europeias.

---

[67] A título de exemplo, Portugal (país Anexo 1) podia investir em Mecanismos de Desenvolvimento Limpo no Brasil, Moçambique ou China (países não Anexo 1), apostando em projetos de eficiência energética ou outros que aí permitissem reduzir as emissões de GEE. Com o mesmo intuito, podia apostar em outros países de Anexo 1, como a Polónia ou a Hungria, para realizar o mesmo tipo de ações, no âmbito da Implementação Conjunta. Por circunstâncias várias, sobretudo de ordem económica e político-social, o primeiro mecanismo teve muito mais adesão do que o segundo.

[68] European Commission. (2020). Report on the functioning of the European carbon market. *Report From The Commission To The European Parliament And The Council*: Brussels, 18-11-2020, COM(2020) 740 final.

O sistema de leilão começa, nesta fase, a ser preponderante (com cerca de 57%), ocupando a quota total da produção de energia, mas deixando ainda vários setores com concessão gratuita, a eliminar gradualmente. Aos setores que não da geração de energia atribuíram-se «valores de referência» (*"benchmarks"*), em que o tipo de produção da instalação ou os seus fatores de produção determinam o número de licenças a conceder gratuitamente. Assim, para cada produto, como cimento ou aço, há um valor de referência, de acordo com o desempenho de 10% das instalações mais eficientes a produzi-lo. Se o agente não conseguir esse nível de desempenho terá provavelmente que complementar a sua atividade com a compra de licenças. Adicionalmente, o receio da «fuga de carbono»[69] levou, em alguns setores, à continuação de atribuição de 100% de licenças gratuitas. Como no caso de segmentos de produção têxtil[70], expectativas de aumento considerável de custos, combinadas com a alta intensidade de comércio com países não pertencentes à UE, e consequente exposição à concorrência externa, ditou que a gratuitidade fosse a regra.

Para tentar minimizar o problema do excesso da oferta e dar um impulso aos preços, instituiu-se um sistema designado por *"backloading"*, que atrasaria os leilões de 900 milhões de toneladas de carbono. Assim, nos anos de 2014, 2015 e 2016 foram retirados de mercado respetivamente 400, 300 e 200 milhões de toneladas. A ideia inicial era reintroduzir estes montantes, novamente, em 2019 e 2020, no entanto, optou-se por os transferir para a «reserva de estabilidade de mercado», entretanto criada. Estes dois mecanismos tinham como objetivo levar a aumentos do preço, através de restrições da oferta.

Estes e outros fatores determinaram que, a partir de 2018 os preços do carbono tivessem vindo a crescer, tendo tendência para um máximo de quase 100 €/ton no inverno de 2021/22. A quarta fase do CELE iniciou-se em 2021.

A verificação de uma diminuição de 35% das emissões de carbono das fontes cobertas pelo CELE, de 2005 até 2019, é um resultado que se atribui à implementação do mercado de licenças[71], portanto, em grande parte, derivado do consequente encarecimento daquela fonte de poluição.

---

[69] Designado em inglês por *carbon leakage*, corresponde a situações em que as empresas optam por deslocar a produção para países com menos imposições em termos de emissões.

[70] Directiva 2003/87/CE, do Parlamento Europeu e do Conselho, de 24 de dezembro, Jornal Oficial da União Europeia, C(2009) 10251.

[71] Comissão Europeia. (n.d.). *EU Emissions Trading System (EU ETS).*

ANEXO 2

Admitamos um exemplo académico simplificado em que o mercado de licenças de poluição transacionáveis é formado exclusivamente por três empresas. Cada uma delas enfrenta uma norma de, por exemplo, 9 toneladas de CO_2, que não pode ultrapassar, a não ser que lhe seja permitido transacionar licenças de poluição. Pressupõe-se que aquele limite represente também uma carteira de licenças gratuitas de qualquer um dos agentes. A estrutura de custos (CmgA) individuais das empresas, em função da quantidade de poluição emitida, encontra-se representada na Tabela 11.

TABELA 11: **Estrutura de custos de cada empresa**

W (ton CO_2)	0	1	2	3	4	5	6	7	8	9	10	11	12	13	14	15	16	17	18	19	20
$CmgA_1$ (€)	40	38	36	34	32	30	28	26	24	22	20	18	16	14	12	10	8	6	4	2	0
$CmgA_2$ (€)	30	28	26	24	22	20	18	16	14	12	10	8	6	4	2	0					
$CmgA_3$ (€)	20	18	16	14	12	10	8	6	4	2	0										

Assinalou-se o custo marginal de abatimento na situação de cada agente atingir a norma, ao emitir 9 toneladas. Nessa situação, a empresa 1 abate 11 ton de poluição (por ser obrigada pela norma a baixar do máximo de 20 até 9 ton), a empresa 2 abate 6 (passando de 15 a 9 ton) e a empresa 3, com custos menores, só necessita de abater 1 ton (reduzindo a poluição de 10 a 9 ton).

Na ausência de mercado, os custos das empresas correspondem ao custo total de abatimento que, nesta situação em que as três funções de CmgA são representadas por retas, é facilmente calculável através das áreas geométricas assinaladas na Figura 46, resultando nos valores da Tabela 12.

TABELA 12: **Cálculo dos custos totais**

Empresa	W = N (poluição = norma) (ton)	A = Wm – W (Abatimento) (ton)	CTA (custo total de abatimento) (€)
1	9	11	121
2	9	6	36
3	9	1	1

Figura 46: **Representação da situação sem mercado para as 3 empresas**

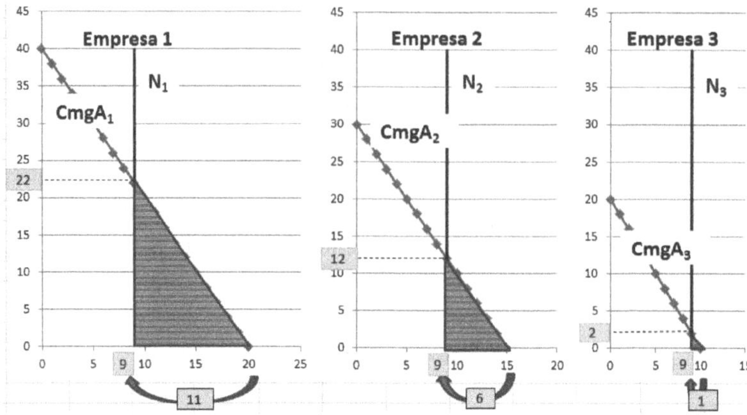

Consideremos, agora, que as empresas conseguem transacionar licenças. Para analisar este novo cenário, é necessário apurar como se chega ao valor da tonelada de CO_2 em mercado, ou seja, ao preço de cada licença.

A oferta é constituída pela norma global imposta, de 27 toneladas, que foi distribuída equitativamente pelos três agentes em mercado, resultando daí, como já visto, que individualmente não podiam emitir mais do que 9 toneladas.

Por sua vez, a procura é obtida pela agregação das curvas de CmgA do total de empresas a laborar no mercado. Concretamente, para cada valor monetário («preço», ou neste caso, «custo unitário») somam-se as quantidades (aqui em toneladas) potencialmente procuradas pela totalidade das empresas.

Há várias formas de efetuar este cálculo. Em termos práticos, um dos procedimentos mais simples é começar pelo valor maior do custo unitário. Neste exemplo, se o custo for de 40 €, a quantidade que se pretendia poluir seria 0, a 38 € a quantidade seria 1 ton, com 36 € seria 2 ton e assim sucessivamente. Estamos neste caso a seguir o traçado da reta de CmgA da empresa 1. A partir de 30 €, temos de somar as quantidades das empresas 1 e 2, ou seja, para 28 €, temos 6 ton da empresa 1 e 1 ton da empresa 2, ou seja, 7 ton no total; para 26 €, as quantidades seriam 7 e 2 ton respetivamente das empresas 1 e 2, perfazendo 9 ton, etc. Assim, o declive da reta agregada (Cmg_G) muda no ponto de abcissa 5.

De forma semelhante, chegados ao preço de 20 € verifica-se nova «quebra» no declive, pela tomada em consideração da terceira empresa. Assim, por exemplo para o custo de 18 €, tem de se contabilizar 11 toneladas da empresa 1, 6 da empresa 2 e 1 da empresa 3, o que totaliza 18 ton. Para seguir este raciocínio mais facilmente, reposicionou-se a informação da Tabela 11, evidenciando os custos marginais e a correspondente quantidade de poluição de cada empresa separadamente (Tabela 13). Alinharam-se as quantidades de W de cada agente, de forma a poderem ser facilmente somadas em coluna, obtendo-se assim o W_{total}, logo, a quantidade procurada para cada preço.

TABELA 13: **Estrutura de custos de cada empresa**

$CmgA_1$ (€)	40	38	36	34	32	30	28	26	24	22	20	18	16	14	12	10	8	6	4	2	0
W_1 (ton)	0	1	2	3	4	5	6	7	8	9	10	11	12	13	14	15	16	17	18	19	20
$CmgA_2$ (€)						30	28	26	24	22	20	18	16	14	12	10	8	6	4	2	0
W_2 (ton)						0	1	2	3	4	5	6	7	8	9	10	11	12	13	14	15
$CmgA_3$ (€)											20	18	16	14	12	10	8	6	4	2	0
W_3 (ton)											0	1	2	3	4	5	6	7	8	9	10
W_{Total} (ton)	0	1	2	3	4	5	7	9	11	13	15	18	21	24	27	30	33	36	39	42	45

Este cálculo permite a representação das funções de oferta e de procura de poluição ou, equivalentemente, de licenças em mercado, assim como do respetivo preço. A primeira é retratada por uma reta vertical e a segunda por uma função decrescente com o nível de poluição, apresentando duas quebras, ou seja, três segmentos lineares com declives diferentes, de acordo com o cálculo efetuado acima. Na interseção entre as duas funções, no ponto de abcissa 27 (ton), encontra-se o preço de mercado de 12 € (Figura 47), informação que poderia igualmente aferir-se da Tabela 13.

Continuando o exemplo, pode agora calcular-se o ganho que cada empresa terá com a possibilidade de transacionar licenças de poluição no mercado.

Assim, a empresa 1 é uma potencial compradora, sendo-lhe conveniente diminuir o abatimento até ao ponto em que o seu CmgA encontra o preço, raciocínio, aliás, comum a todas as participantes no mercado. Através da compra de licenças, tem um proveito pela diminuição dos custos. A empresa 3, pelo contrário, aumenta propositadamente o seu abatimento para conseguir vender licenças a um preço mais alto do que o seu CmgA, obtendo um benefício líquido por venda. Quanto à empresa 2, dado que já se encontra na situação de máxima eficiência, não compra nem vende licenças, não tendo qualquer variação de custos ou benefícios em relação à situação de ausência de mercado (Figura 48 e Tabela 14).

FIGURA 47: **Representação das curvas da oferta e procura em mercado e formação do preço**

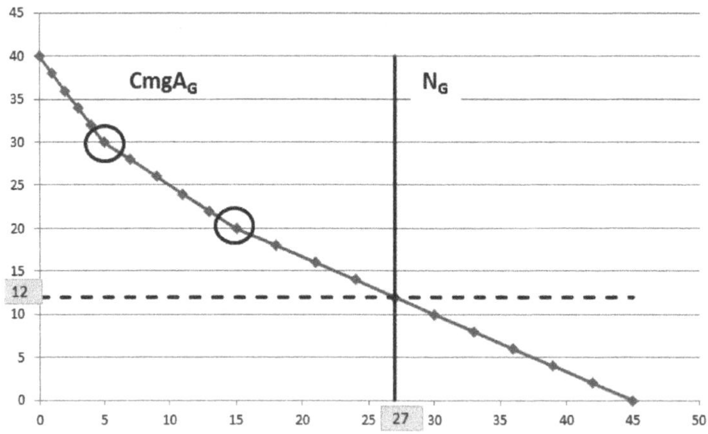

FIGURA 48: **Representação da situação concreta no mercado e em cada uma das empresas**

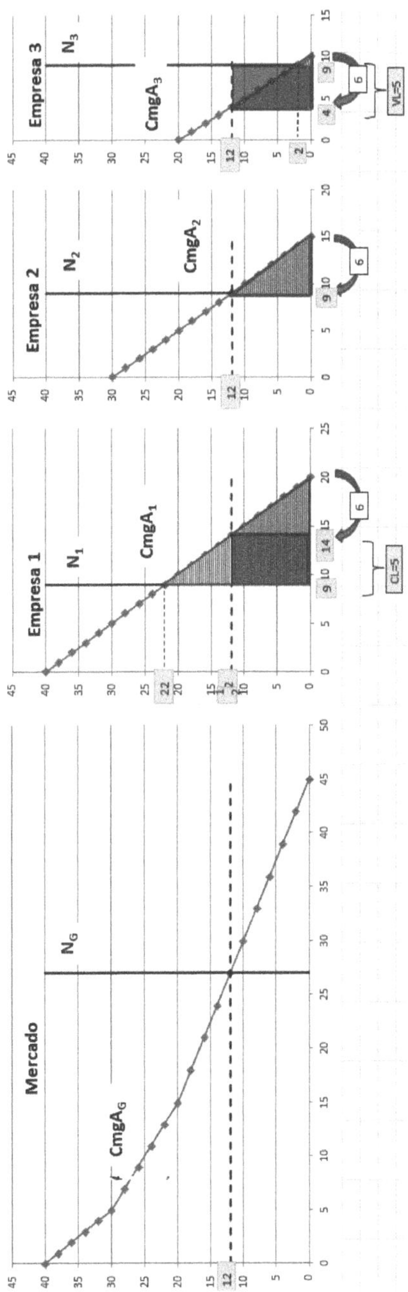

Tabela 14: **Cálculo dos custos totais**

Empresa	W (ton)	A = Wm – W (ton)	Licenças transacionadas (ton)	CTA' (€)	Custos por compra/ proveito por venda de licenças (€)	Custo total (€)	Benefício líquido (em relação à ausência de mercado) (€)[72]
1	14	6	5	36	CL = 60	CTA'+ CL = 96	CTA -CTA' = 121- 96 = 25
2	9	6	0	36	0	CTA' = 36	0
3	4	6	5	36	VL = 60	CTA' = 36	VL -(CTA'-CTA) = 60 – (36 – 1 = 25

Neste exemplo numérico de um mercado em que existem apenas três empresas, em que cada uma procura a solução mais eficiente, verifica-se, como seria expectável, que o número de licenças vendidas é exatamente igual ao número de licenças compradas.

[72] O benefício líquido de cada uma destas empresas podia ser alternativamente calculado pela área dos triângulos que representam ou uma diminuição de custo (no caso da empresa 1, acima da linha do preço e por baixo da curva de $CMgA_1$) ou um proveito líquido (no caso da empresa 3, abaixo do preço e acima do $CMgA_3$).

V. Metodologias de valoração ambiental e análise custo-benefício

Introdução

Este capítulo versa sobre a metodologia de cálculo do valor de bens ambientais e de como este valor pode integrar a avaliação de projetos ou políticas com impactos ambientais.

Inicia-se com a apresentação do conceito de valor económico total e das suas partes constituintes (ponto 1), seguindo-se para a explicação das metodologias económicas de valoração de bens ambientais que têm como objetivo calcular o valor económico total ou uma das suas componentes. Assim, apresentam-se os métodos de valoração (ponto 2), começando pelos indiretos ou de preferências reveladas (ponto 2.1) em que o investigador procura, em diferentes mercados, valores que reflitam as preferências dos indivíduos. Desde logo, o método de valores de mercado determina diretamente o valor de um bem ou recurso ambiental recorrendo, por exemplo, a despesas em que os indivíduos incorrem para enfrentar uma perda ambiental. De igual modo, o método de custo de viagem e o método de preços hedónicos recorrem a valores de mercado para estimar o valor que uma localização com atributos ambientais representa para o indivíduo que incorre em custos para a visitar, ou a parte do preço de mercado de um bem que se deve à caraterística ambiental (como o valor da vista para o mar numa habitação). Estes métodos têm em comum o facto de observarem o comportamento dos agentes económicos e através dele inferirem o valor de bens ou serviços ambientais.

Prossegue-se com a apresentação dos métodos diretos, ou de preferências expressas (ponto 2.2), que têm como objetivo calcular o valor económico total. Trata-se de métodos baseados em questionários nos quais se cria um mercado hipotético, sendo os indivíduos chamados a atribuir um valor monetário a um bem, serviço ou caraterística ambiental na hipótese de a ganhar ou perder. Através destas escolhas, é possível inferir o valor do que está a ser valorado. De notar que subjacente a estes métodos diretos está o conceito económico de *trade-off*, que pressupõe que seja feito um sacrifício monetário para compensar um acréscimo ambiental ou que haja uma compensação monetária para uma perda ambiental. Subjacente à análise económica, estão escolhas em contextos de restrição e como tal, estes métodos analisam preferências sujeitas a limitações nomeadamente orçamentais.

A apresentação destes métodos é acompanhada por vários exemplos, para demonstrar a sua aplicabilidade em diferentes contextos.

Os métodos de valoração servem para estimar o valor económico total ou uma das suas componentes, e essas estimativas são habitualmente usadas para comparar custos e benefícios aquando da tomada de decisões que, de alguma forma, afetem o meio ambiente. Assim, a exposição da metodologia de análise custo-benefício segue-se à apresentação dos métodos de valoração. O ponto 3, dedicado à análise custo-benefício inicia-se com a apresentação das etapas e modelos de desconto, e termina com exemplos de aplicação.

1. Conceitos de valor

O fundamento da economia do bem-estar, com base na teoria neoclássica, é de que o propósito da atividade económica é aumentar o bem-estar individual, sendo o avaliador o próprio indivíduo. O bem-estar individual é influenciado não só pelo consumo de bens privados transacionados, mas também por um conjunto de bens produzidos por entidades públicas ou fornecidos pela natureza e não transacionados em mercado.

Na medida em que as atividades económicas se integram num sistema natural que lhe fornece materiais e recebe os seus subprodutos e resíduos, torna-se necessário incluir também estes elementos no quadro da afetação dos recursos e de decisão de produção e consumo. Para que esta incorporação seja possível é necessário expressar os efeitos numa métrica comum — o *numerário*, sendo usual recorrer ao valor monetário.

A teoria de valoração de bens e serviços ambientais baseia-se nestas premissas, que indicam que esse valor deriva dos efeitos que aqueles têm sobre o bem-estar dos indivíduos. A não existência de uma quantia monetária para expressar esse contributo condiciona a integração do valor destes bens nas decisões dos agentes económicos.

Nessa base, a valoração de bens ou danos ambientais só é possível se forem verificadas duas condições simultaneamente:

(i) Os indivíduos têm preferências bem definidas e estáveis sobre quantidades e qualidades alternativas de bens de consumo transacionados, assim como não transacionados, no mercado, como sejam os bens ambientais. Face a dois conjuntos de escolha compostos por determinadas quantidades de bens, os indivíduos são capazes de os ordenar, por ordem decrescente, do mais para o menos preferido, ou crescente, do menos para o mais preferido, ou ainda considerarem-nos equivalentes. Adicionalmente, esta hierarquização deve ser estável, ou seja, deve manter-se desde que tudo o resto permaneça igual (o rendimento do indivíduo, o nível de qualidade de outros bens não transacionáveis, etc.).

(ii) As preferências têm de gozar da propriedade da substituibilidade. Perante a redução na quantidade de um bem é possível compensar o consumidor através de um aumento na quantidade de outro bem (ou numerário) de forma que a sua utilidade se mantenha. Ilustrando com a diminuição da qualidade da água de um dado troço de um rio, é possível ressarcir as vítimas dessa deterioração através do aumento de outros bens, nomeadamente, um valor monetário.

Antes de avançarmos nas metodologias de valoração ambiental é importante clarificar o objeto da valoração, ou melhor, o que se pretende valorar. Nesse sentido, analisa-se, de seguida, o conceito de valor.

O substituto mais natural para o preço de mercado será o valor que os indivíduos (utilizadores e não utilizadores) derivam do uso dos bens ambientais. De notar que se trata de um valor na perspetiva dos indivíduos, sendo como tal antropocêntrico. Uma desagregação possível do valor económico total encontra-se representada na Figura 49.

FIGURA 49: **Componentes do valor total**

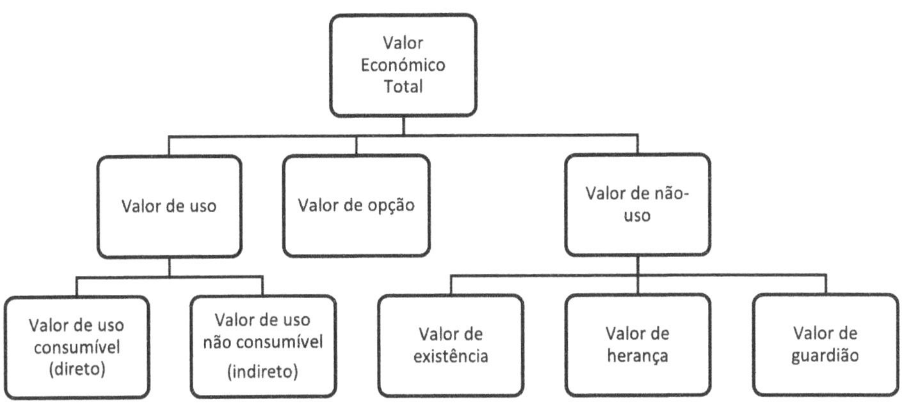

O **valor de uso** de um bem ambiental refere-se ao bem-estar que o uso do mesmo proporciona a um indivíduo. Tendo como exemplo uma área florestal, o valor de uso pode estar associado à recolha de produtos lenhosos, cogumelos ou outros passíveis de serem coletados e usados (valor de uso consumível ou direto), mas pode também referir-se ao bem-estar derivado da capacidade da área florestal reter humidade, diminuindo a temperatura ambiente (valor de uso não consumível ou indireto).

O **valor de opção**, ou seja, o valor atribuído à possibilidade de vir a usar posteriormente o bem/serviço, pode representar uma parte significativa do valor total do bem. No exemplo da área florestal, o valor de opção corresponde ao valor derivado da opção de no futuro usufruir do bem.

Weisbrod (1964)[73] introduz e discute o conceito de valor de opção e a dificuldade de a iniciativa privada oferecer bens cujo valor de opção seja elevado relativamente ao seu valor total e custo de provisão. Assim, o valor de um hospital, tal como de um parque natural, não se pode medir pelo número de utilizadores ou montantes pagos por estes. Muitas pessoas nunca, ou raramente, usam um hospital, contudo valorizam a possibilidade de o vir a usar, caso necessitem, constituindo assim um valor de opção. O mesmo acontece com um parque natural, cujo valor supera o do uso direto do mesmo.

Adicionalmente ao valor derivado do uso e da opção, o valor de um bem ou serviço pode advir de outras motivações, designando-se por **valor de não uso**. A mera **existência** pode conferir ao indivíduo valor, constituindo um exemplo aquele que se reporta à preservação de espécies. Um outro tipo de valor é denominado por **valor de herança** e resulta do valor atribuído ao legado da geração presente para as futuras. Finalmente, pode ainda ser considerado o **valor de guardião**[74] que não é associado ao uso humano do ambiente, mas à manutenção de um ambiente sadio para todos os organismos vivos.

A Caixa 5 exemplifica algumas destas categorias.

---

[73] Weisbrod, B. A. (1964). Collective-consumption services of individual-consumption goods. *The Quarterly Journal of Economics*, *78*(3), 471–477.

[74] *Stewardship value*, na designação em inglês.

Caixa 5: Exemplos de campanhas ambientais de recolha de donativos

Existem inúmeras campanhas de proteção da vida selvagem para as quais os indivíduos estão dispostos a contribuir com uma parte do seu rendimento.

Como exemplo, a WWF (World Wildlife Fund) teve a decorrer, em 2022, em Portugal, a seguinte campanha:

> «O lince ibérico é o carnívoro mais ameaçado na Europa e um dos felinos mais ameaçados no Mundo. Este felino apenas vagueia por zonas da Península Ibérica. Ajuda-nos a proteger esta espécie icónica. Adota um lince e apoia o nosso trabalho!»
>
> O mínimo do valor mensal do donativo é de 10 euros.

Qualquer doação para a campanha acima descrita implica um custo de oportunidade, abdicando de adquirir bens ou serviços ou de realizar poupanças, por contrapartida da proteção da natureza. Nesta campanha, os valores doados visam proteger uma espécie e não «usá-la». Assim, podemos dizer que a motivação para a doação traduz um valor de não uso. A campanha da WWF é uma ilustração clara de valor de não uso e de valor de guardião.

Já a participação numa campanha da Liga para a Proteção da Natureza para a limpeza de praias pode constituir um exemplo em que a motivação poderá ser associada ao não uso, mas também ao uso, como seja o valor atribuído à possibilidade de vir a usufruir de praias limpas no futuro.

Fonte: Associação Natureza Portugal. (n.d.). Adota um lince ibérico.
Liga para a proteção da natureza. (n.d.) Vamos limpar as nossas praias?.

No seguimento do trabalho de Weisbrod e introduzindo os conceitos de valor de existência e de herança, Krutilla (1967)[75] coloca a seguinte questão: se, de facto, os indivíduos procuram áreas naturais por motivos de opção, herança e existência, então porque é que essa procura não fez surgir um mercado? Segundo Krutilla, a resposta a esta pergunta está na natureza de bem público dos recursos naturais e dos serviços prestados por estes. Uma vez que a existência do ambiente natural provê o serviço apreciado pelos potenciais consumidores, estes não têm incentivo em financiá-lo, pois a sua exclusão do uso, condicionada pelo pagamento, não é, na prática, possível.

O interesse em calcular o valor que os indivíduos atribuem aos bens ambientais tem sido desde há alguns anos motivo de intensa investigação. A partir dos trabalhos de Burton Weisbrod e John Krutilla levantaram-se questões sobre a forma como calcular

[75] Krutilla, J. V. (1967). Conservation reconsidered. *The American Economic Review*, *57*(4), 777–786.

o valor total ou as diversas componentes desse valor. Embora não exista um consenso acerca do método a utilizar para este efeito, não considerar qualquer estimativa de valor leva a que bens e serviços ambientais sejam ignorados na tomada de decisão de agentes privados e públicos. Consequentemente, muita atenção tem sido deslocada para o esforço de desenvolver métodos robustos de determinação do valor total.[76]

2. Métodos de valoração ambiental

A literatura de Economia do Ambiente aponta vários métodos de valoração ambiental (Figura 50). Para a valoração de bens e serviços não transacionáveis em mercado, independentemente das suas caraterísticas, sejam ambientais, referentes à saúde, cultura ou outras áreas, são indicados os métodos indiretos e os métodos diretos. A principal diferença entre os dois é a origem dos dados. Os **métodos de preferências reveladas**, também designados por **métodos indiretos**, baseiam-se na observação do comportamento dos agentes em situações de mercado onde as decisões têm consequências de bem-estar imediatas, por implicarem o pagamento de algum valor monetário. Os **métodos de preferências expressas** (**métodos diretos**) assentam nas respostas dos inquiridos a perguntas de valoração no contexto de um inquérito.

Como ilustração, suponhamos que se está a estudar a possibilidade de explorar uma pedreira e se pretende calcular o dano causado na paisagem. Se a alteração da paisagem tem valor no mercado de imobiliário, os valores das habitações (seja na compra ou no arrendamento) irão refletir essa perda, pelo que uma primeira possibilidade seria analisar a alteração no valor das habitações com vista para essa paisagem ou próximas. Alternativamente, poderia calcular-se o valor do prejuízo através da comparação do valor gasto por visitantes dessa área, com e sem projeto de pedreira. Ou simplesmente, poderia questionar-se os indivíduos sobre o valor que atribuem à alteração da paisagem, ou às suas caraterísticas ou atributos. As abordagens enunciadas correspondem ao método de preços hedónicos aplicado ao mercado de habitação, na primeira alternativa, ao método do custo de viagem, na segunda e ao método de valoração contingente e de escolhas discretas, na última. Outra possibilidade seria avaliar-se o valor da perda ambiental através do seu reflexo nos salários dos trabalhadores da área afetada, designando-se esta formulação de método de salários hedónicos. Final-

[76] Para mais informação consultar Anexo 3.

mente poderíamos considerar o valor que os habitantes afetados tivessem despendido em esforços no sentido de impedir a alteração, por exemplo, com despesas em processos jurídicos.

FIGURA 50: **Métodos de valoração ambiental**

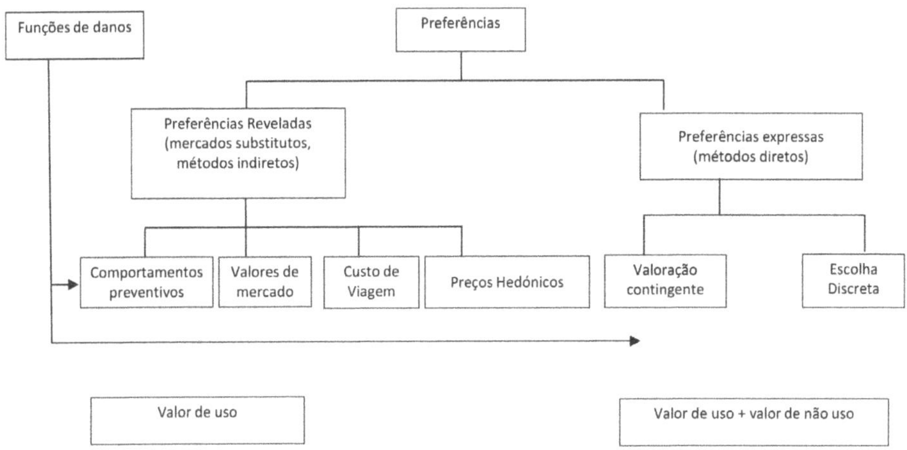

Fonte: adaptado de Garrod e Willis (1999).[77]

Contudo, tal como representado no esquema da Figura 50, de forma paralela e transversal à aplicação de qualquer método de valoração está a determinação dos efeitos sobre o ambiente, através das funções de dano que não são mais do que funções que traduzem a consequência da alteração (no exemplo anterior, a pedreira) no ambiente (que poderia ser a modificação estética, o ruído da exploração da pedreira ou do trânsito por ela gerado, a poluição das águas, do ar, etc.).

Identificados os impactos, se as preferências estiverem bem definidas poder-se-á proceder à valoração dos mesmos em termos monetários.

[77] Garrod, G., e Willis, K. (1999). *Economic Valuation of the Environment*. Edward Elgar Publishing.

2.1. Métodos indiretos

2.1.1. Valores de mercado

Nesta seção analisamos algumas alternativas de valoração ambiental através do uso de mercados substitutos, em particular de informação referente a preços e custos em mercados que possam de alguma forma considerar-se ligados ao fenómeno em análise, para o qual inicialmente não há expressão monetária. Os métodos que recorrem a valores de mercado podem ser divididos em três abordagens: preços, custos e função de produção.

1. **Métodos de mercado baseados no preço**: usam como valor do bem ou serviço ambiental (ou de serviço do ecossistema) o preço de um bem substituto transacionado num mercado. Presume-se que se os mercados funcionam de forma perfeita o preço pelo qual os bens são transacionados reflete o seu valor e custo. O valor do serviço de provisão do bem pode ser dado pelo preço de um produto agrícola, por exemplo, um fruto apanhado numa área florestal pode encontrar expressão monetária num produto similar que seja transacionado em mercado.
2. **Métodos baseados no custo**: presumem que o valor de um bem/serviço ambiental é dado pelo valor dos custos em que se teria incorrido se o serviço/bem tivesse de ser produzido de forma artificial (ou não «natural»)[78] podendo ser divididos em três categorias:

   b.1 **Custo evitado**: o valor de um bem ou serviço é dado pelo custo incorrido na ausência do bem ou serviço ambiental. Por exemplo, o valor da existência de coberto vegetal numa dada área que impede a erosão, serviço que é naturalmente prestado pelos ecossistemas, seria determinado através da estimativa do custo de restauração dos solos.

   b.2 **Custo de substituição**: o valor do serviço ou bem fornecido pela natureza corresponde ao custo de produzir artificialmente esse bem através de procedimentos tecnológicos. Como ilustração pode apontar-se o serviço das dunas na proteção de uma praia, valorado através do custo da construção de um paredão marítimo com o objetivo de travar a erosão costeira.

---

[78] Segue-se aqui a perspetiva de Garrod, G., e Willis, K. (1999). *Economic Valuation of the Environment*. Edward Elgar Publishing.

b.3 **Custo de mitigação ou restauração**: corresponde ao custo incorrido para mitigar (diminuir ou atenuar) os efeitos da perda do serviço/bem ambiental ou para o refazer. Assim, os recursos naturais presentes num determinado oceano podem ser avaliados pelo que custa repô-los quando um acidente, como um derrame de petróleo, ocorre, ou alternativamente, pelo valor do custo de minorar os efeitos dessa ocorrência.

3. **Métodos baseados na função de produção**: presumem que o valor pode ser derivado do contributo do recurso ambiental para a produção de um bem ou serviço transacionado num mercado. À vista disso, o valor corresponde ao contributo do bem ou serviço para o excedente do agente. Este método é desenvolvido em duas etapas, segundo Barbier (1994):[79] primeiro é determinada a relação causal entre a variação física do recurso ambiental e a produção do bem comercializável; numa segunda fase, o valor do efeito é calculado através de preços de mercado. Por exemplo, o aumento da qualidade da água ou da fertilidade do solo levam a uma melhoria na produção agrícola, incrementando o rendimento do produtor.

2.1.2. Método de custo de viagem

O método do custo de viagem (MCVG) consiste em apurar o valor do recurso/bem ambiental relativo a um local de recreação ou lazer, para um dado indivíduo, através do custo que este suporta para aí se deslocar. Assim, assume-se que os custos que um indivíduo incorre para visitar um parque natural são uma estimativa do valor que atribui ao uso desse parque.

O objetivo do método é determinar o valor de áreas de recreação através do cálculo de uma medida de bem-estar. Em particular, visa estimar o excedente do consumidor[80] gerado pelo bem/serviço para os seus utilizadores através de uma função de procura de viagens.

---

[79] Barbier, E. B. (1994). Valuing Environmental Functions: Tropical Wetlands. *Land Economics*, 70(2), 155-173.

[80] O excedente do consumidor é uma medida de bem-estar que consiste na diferença entre o valor que no máximo um indivíduo estaria disposto a pagar por um dado serviço e o valor que efetivamente paga. Por exemplo, o excedente do consumidor gerado pela compra de uma bicicleta, é calculado subtraindo ao máximo valor que a pessoa estaria disposta a pagar pela bicicleta o que paga por ela.

Para aplicar o MCVG é necessário realizar as seguintes fases:

1) Identificação da área/equipamento de interesse;
2) Identificação de áreas/equipamentos substitutos e/ou complementares;
3) Elaboração de um questionário para recolher informação sobre as variáveis que compõem a função de procura de viagens;
4) Definição da amostra;
5) Especificação da função procura de viagens;
6) Estimação da função procura e derivação do excedente do consumidor.

A fase 1 traduz-se na seleção da área e na recolha das suas caraterísticas, como sejam a dimensão, os serviços que oferece, nomeadamente as atividades que podem ser desenvolvidas, o tipo de visitantes que tem, como é que as visitas se distribuem ao longo do ano/semana/dia, entre outros.

Na fase 2, é necessário selecionar as áreas ou equipamentos substitutos do objeto de estudo. Esta etapa pode ser particularmente complexa se não existir um trabalho prévio das opções consideradas na escolha dos indivíduos. Em teoria, devem ser incluídas na análise todas as alternativas relevantes para os visitantes da área/equipamento. Na ausência de informação prévia pode ser aplicado um critério de proximidade geográfica (por exemplo, equipamentos semelhantes num raio de um determinado número de quilómetros, ou de horas). A inclusão e correta identificação de áreas substitutas são tidas como um fator importante da procura de visitas à área de interesse. O que se espera é que a existência, a qualidade e as caraterísticas de zonas substitutas influenciem negativamente a procura de visitas à área em avaliação.

Adicionalmente à consideração de substitutos é necessário atentar à existência de visitas multidestino ou multiobjectivo. Por vezes, as deslocações a locais ou equipamentos de recreação englobam um conjunto de destinos que se complementam. Por exemplo, uma visita a uma catedral numa qualquer cidade tem, em muitas das situações, também o objetivo de conhecer um museu da cidade. Assim, o custo de deslocação deverá ser repartido pelas várias finalidades da visita e não imputado na sua totalidade à catedral. Para responder a esta limitação é necessário que o questionário contenha questões que identifiquem esta possibilidade e permitam a sua inclusão no tratamento dos dados na fase 5.

A fase 3 consiste no desenvolvimento do questionário, instrumento de recolha de dados sobre as dimensões/variáveis de interesse. Dele fazem parte perguntas de caraterização do indivíduo, das suas preferências no que diz respeito ao tipo de área ou equipamento objeto de análise, questões relativas à avaliação dos atributos da área/equipamento e das áreas ou equipamentos substitutos, e ainda questões referentes ao custo de viagem.

Relativamente ao cálculo do custo de viagem, existe uma vasta literatura sobre como este deve ser efetuado. O questionário incluir uma pergunta direta a esse respeito, embora pareça ser uma solução óbvia, pode não se revelar a mais adequada, pela dificuldade de resposta. Por exemplo, se o indivíduo se deslocou num transporte coletivo, saberá com alguma exatidão quanto pagou, contudo se usou veículo próprio será mais difícil ter um valor exato para responder à questão. Neste último caso o valor poderá refletir, ou não, deslocações laterais realizadas, os custos de manutenção do veículo, seguro, combustível, entre muitas outras possibilidades. A solução mais comum para evitar discrepâncias no cálculo feito por cada indivíduo é a recolha de informação objetiva, como seja o seu local de origem e o meio de deslocação, estando a cargo dos investigadores a identificação do valor a atribuir.

Uma outra componente por vezes considerada é a do custo de oportunidade do tempo usado na deslocação, que pode ser não nulo. Alguns estudos optam pela inclusão do custo de oportunidade, medindo-o através do rendimento por hora auferido pelo indivíduo, na totalidade ou parcialmente. Outros autores admitem que o tempo de deslocação corresponde a tempo de lazer e, desta forma, tem custo de oportunidade nulo. Por exemplo, será mais provável uma visita durante o período de férias ou de fim de semana ter um custo de oportunidade de tempo nulo ou reduzido, do que uma visita durante dias de trabalho. A decisão sobre a inclusão e forma de inclusão do custo do tempo dependerá da investigação conduzida em concreto.

A recolha de informação na fase 4 é talvez a etapa que mais fortemente determina a validade do estudo, sendo aqui preponderante para lhe garantir qualidade e exatidão. Por outro lado, a representatividade da amostra e, portanto, a capacidade do estudo em produzir resultados generalizáveis depende da composição da mesma. Em particular, o período em que os dados são recolhidos deve ser definido, por forma a incluir o maior espectro possível de tipos de visitantes.

A fase 5 do MCVG consiste na especificação da função procura de viagens, que em tudo se assemelha à função de procura de um qualquer bem.[81] A variável dependente

[81] Uma função de procura de um bem define-se por três fatores: a variável dependente (ou explicada), as variáveis independentes (ou explicativas) e a forma funcional (a forma matemática como as variáveis se relacionam). Por exemplo, na função procura de *maçãs golden*, a variável dependente é a quantidade de maçãs *golden* procuradas (Q_G), as variáveis independentes são, por exemplo, o preço das maçãs *golden*

ou explicada, neste caso, consiste no número de visitas que um dado indivíduo i faz à área de recreação ou equipamento num dado período do tempo (V_i); as variáveis independentes incluem: o custo da viagem realizada pelo indivíduo i (P_i), um vetor de caraterísticas do indivíduo ($\mathbf{C}_i$), caraterísticas de áreas ou equipamentos substitutos ($\mathbf{C}_S$), entre outros fatores que a aplicação, em particular, exija. Consiste ainda na especificação de uma forma funcional (f) para a relação entre as variáveis:

$$V_i = f(P_i, \mathbf{C}_i, \mathbf{C}_S) \quad (1)$$

Espera-se, à semelhança de qualquer outra função de procura por bens normais, uma relação negativa entre a quantidade de viagens (V_i) e o custo da viagem (P_i).

No que concerne à forma funcional da relação entre a variável dependente e as variáveis independentes, existem diversas questões que devem ser analisadas, mas geralmente a escolha será empírica, guiada pelos dados recolhidos e não pela teoria. Não iremos apresentar aqui as formas funcionais possíveis, pela complexidade estatística que as mesmas encerram, introduzindo, porém, alguns elementos mais frequentemente discutidos.[82] Pode dizer-se que a função mais comum e simples entre a variável dependente (número de visitas, V_i) e o custo (P_i), é a linear. No entanto, algumas aplicações empíricas têm revelado que a influência do preço sobre o número de viagens não é linear, mas sim quadrática, decrescendo o número de visitas com o seu custo, de forma crescente, isto é, diminuindo cada vez mais à medida que o custo aumenta.

A última fase (6) do MCVG respeita à estimação do excedente do consumidor, que consiste na estimação da função de procura de viagens e subsequente cálculo do integral da curva (dado pelo valor da área abaixo da função procura) para o correspondente número de visitantes e custos de deslocação.

(P_G), um vetor de caraterísticas das maçãs *golden* ($\mathbf{C}_G$) (tamanho, cor, grau de doçura/acidez, estado de conservação, entre outras), um vetor de caraterísticas do individuo ($\mathbf{C}_i$) (rendimento, idade, etc.) e um vetor de caraterísticas de outras variedades de maçãs ($\mathbf{C}_S$) (preço, entre outras). A forma funcional escolhida pode ser, por exemplo, a linear: $Q_G=\alpha+\beta P_G+\gamma\mathbf{C}_G+\phi\mathbf{C}_i+\delta\mathbf{C}_S+u$, em que α, β, γ, ϕ, δ são constantes desconhecidas e u é um termo de resíduo (letras a negrito representam vetores).

[82] Uma análise mais aprofundada sobre o tema da forma funcional pode ser encontrada em Garrod, G., e Willis, K. (1999). *Economic Valuation of the Environment*. Edward Elgar Publishing.

Caixa 6: Exemplo de aplicação do MCVG

Reconhecendo que as áreas florestais urbanas fornecem múltiplos serviços que são ameaçados pela crescente urbanização e densidade populacional das cidades de uma maneira geral, surge a necessidade de desenvolver indicadores do valor desses serviços, para que este possa ser comparado ao de usos alternativos (por exemplo, a construção imobiliária). Num estudo publicado em 2017 avalia-se o valor dos serviços prestados por uma área florestal urbana em Berlim, Alemanha, aos seus visitantes, usando o método de custo de viagem.

Fase 1 — Caraterização: Berlim tem três grandes áreas florestais que constituem áreas de recreação importantes para a população. A floresta avaliada neste artigo, Grunewald cobre uma área de 30 km^2 e localiza-se a sudoeste de Berlim. A floresta de Grunewald — como outras florestas urbanas — serve diversos propósitos nem sempre compatíveis entre si, como seja proporcionar *habitat* para espécies, produzir madeira, albergar atividades de educação ambiental, e acima de tudo, dar aos cidadãos de Berlim uma área de recreação para uma grande diversidade de fins.

Fase 2 — Identificaram-se dois locais alternativos: floresta Müggelsee e floresta de Spandau, com caraterísticas similares.

Fase 3 — Desenvolveu-se um questionário para recolha de informação sobre as variáveis consideradas na fase 5.

Fase 4 — Recolha de dados: numa tentativa de cobrir qualquer perfil de visitantes, o período definido para recolha presencial de dados consubstanciou-se num intervalo de 20 dias no mês de agosto de 2014, para captar diferenças durante os dias da semana, horas do dia e dias do mês, tendo sido definidos três períodos horários distintos e nove locais diferentes na floresta de Grunewald. Adicionalmente, recolheram-se dados *online* durante um ano.

Fase 5 — Selecionou-se como variável dependente o número de visitas anuais e como variáveis independentes as seguintes:

- custo de transporte (calculado através da distância e meio de deslocação);
- distância da residência do indivíduo i à floresta Müggelsee;
- distância do indivíduo i à floresta de Spandau;
- idade do indivíduo i;
- dimensão do agregado familiar;
- nível de educação;
- forma do questionário (*online* ou presencial);
- preferência ou não por Grunewald.

Fase 6 — Os resultados permitiram concluir que o número de viagens é afetado de forma significativa e positiva pela idade dos visitantes, especialmente pelos visitantes com mais de 65 anos, e pelos que preferem este local a outras áreas de recreação. Como esperado, o custo de deslocação tem um efeito negativo sobre o número de visitas.

Usando os resultados obtidos, os autores calculam que, em média, uma visita a Grunewald corresponde a um valor, por pesssoa, de 8,93 € para a amostra obtida através da Internet e 23,09 € para a amostra presencial.

Fonte: Bertram, C., e Larondelle, N. (2017). Going to the woods is going home: Recreational benefits of a larger urban forest site — A travel cost analysis for Berlin, Germany. *Ecological Economics, 132*, 255-263.

O MCVG pode ser aplicado ao nível do indivíduo, MCVG individual, ou de uma região, MCVG zonal, sendo as suas etapas semelhantes. A grande diferença entre o MCVG individual e zonal é a unidade de observação, uma vez que na primeira variante a unidade de análise é o indivíduo, enquanto na segunda é a zona de origem dos visitantes da área/equipamento. Neste último caso, a informação não será recolhida através de questionários, mas sim da consulta de bases de dados onde a mesma esteja reunida, e as variáveis de caraterização do indivíduo são substituídas por variáveis de caraterização da área de origem.

Por vezes, associada à aplicação do MCVG encontra-se a referência ao modelo hedónico de custo de viagem. Na prática, esta variante coincide com a apresentada anteriormente, exceto que o foco da análise está nas qualidades da área/equipamento de recreação. Da estimação é possível derivar o valor marginal de cada caraterística, isto é, o valor que implicitamente os visitantes atribuem à sua provisão. Esta informação pode posteriormente ser usada, por exemplo, para fins de planeamento para oferta dos aspetos mais valorados.

Limitações

O MCVG tem, desde logo, a limitação decorrente do âmbito de aplicação, uma área de recreação ou uma infraestrutura, tratando-se de um método usado *ex-post*, ou seja, em momento posterior à decisão de visitar esse local.

Além da aplicação limitada do método, levantam-se alguns problemas na sua especificação, alguns dos quais já referidos anteriormente, mas que aqui sintetizamos. Um dos problemas diz respeito à definição do custo do tempo e do custo da viagem: devem os custos de manutenção do automóvel, desgaste, seguro e outros ser considerados? E o custo do tempo gasto na deslocação, como deve ser valorado? Apesar deste tema ser alvo de intenso debate no âmbito da economia do trabalho, não existe consenso em como medi-lo. No caso de utilizações do método de custo de viagem, o custo do tempo tem sido equiparado a:

- zero, por se argumentar que o tempo despendido é de lazer e, por conseguinte, tem custo de oportunidade nulo;
- custo de oportunidade do trabalho, ou seja, o valor do tempo dedicado ao lazer é o valor marginal do salário;

— uma fração do salário marginal, por exemplo o salário correspondente ao tempo gasto nas deslocações diárias para o trabalho.

Qualquer uma destas alternativas é sujeita a crítica uma vez que o valor do tempo varia entre indivíduos, entre dias úteis e fim de semana, eventualmente até entre meses do ano. Por outro lado, a ocupação do indivíduo e o propósito da visita também influenciam esse valor. Não havendo uma forma unânime de o fazer, existe evidência da importância de incluir o custo de tempo e da sua influência no valor de bem-estar calculado através do MCVG. É igualmente importante explicitar os pressupostos que foram usados quanto à opção escolhida quando se conduz um estudo de MCVG.

No que concerne ao custo da viagem, este pode ser calculado de diversas formas. Poderia questionar-se cada visitante sobre o meio de transporte utilizado e estimar o custo a partir dessa informação, caso o mesmo não tenha sido um transporte público, em que o cálculo é trivial. Alternativamente, a forma mais simples consiste em, baseada na origem de cada visitante, chegar ao valor gasto usando um dado modelo de automóvel e assumindo uma certa velocidade. O valor calculado deste modo estará obviamente errado para determinados visitantes, se não para todos. Ainda assim, fica ausente o custo de desgaste/manutenção do automóvel, bem como os prémios de seguro, entre outros.

Outro problema na estimativa do valor dos locais de recreação tem que ver com a definição de áreas/equipamentos substitutos e complementares, que se revela complexa. O desejável seria a existência de registos de visitantes e das suas caraterísticas, que permitisse a identificação destas áreas. Contudo, raramente essa informação está disponível, podendo a identificação ser feita através de critérios de proximidade geográfica (em distância ou tempo de viagem), do conhecimento da zona por parte dos investigadores ou peritos no local, ou da aplicação de questionários mais longos que recolham a informação necessária para a definição desses sítios.

Uma outra limitação do método advém da possível localização estratégica dos indivíduos em função das suas preferências pelo bem. É de esperar que os indivíduos que valorizam mais a presença de zonas de recreação/equipamentos escolham residir mais perto (pagando um prémio pela sua habitação decorrente da proximidade à zona em avaliação), pelo que o custo de deslocação para visita será mais baixo para estes agentes do que para os que se localizam mais longe. Assim, o valor que cada um dos grupos atribui ao recurso ambiental apresenta exatamente a ordem inversa à distância que os separa do bem.

Uma restrição referida com alguma frequência é a existência de visitas multidestino, com o sítio/equipamento de interesse a fazer parte de um plano de percurso que inclui outras áreas, pelo que o custo de viagem não deve ser todo imputado apenas a uma delas, sob pena de o seu valor ser sobreavaliado. A identificação das visitas multidestino pode ser realizada através do próprio questionário, mas a afetação do custo ao destino de interesse tem ainda de ser decidida. Uma solução passa por, novamente, solicitar a informação ao visitante, perguntando, por exemplo, que fração do custo imputaria à visita à área de interesse. De modo alternativo, e possivelmente mais correto, seria recorrer à estimação das funções de procura de cada destino através de um sistema de equações simultâneas.

A estimação da curva de procura de viagens por si só permite a derivação do excedente do consumidor apenas se a oferta for ilimitada, o que corresponde a assumir que não existe congestionamento na área/equipamento. Se este existir, as estimativas do excedente do consumidor não estarão corretas.

Geralmente ainda se assume que as variáveis explicativas têm um efeito independente umas das outras, isto é, o contributo marginal de cada uma, para explicar a variação do número de visitas, é independente do contributo das restantes. Na prática, tal pode não se verificar e, por exemplo, a influência da distância a uma área substituta sobre o número de visitas é provavelmente dependente das caraterísticas quer da área de interesse, quer da substituta. Logo, a assunção não seria válida, assim como os respetivos resultados.

Por fim, mas não de somenos importância, é a escolha da forma funcional da relação entre o número de visitas e as variáveis explicativas e de controlo.[83]

Estudos empíricos têm mostrado que a escolha da forma funcional influencia fortemente o resultado da valoração, pelo que deve ser sempre seguida de uma análise de sensibilidade das consequências em termos de resultados finais.

---

[83] Algumas alternativas são as especificações linear, log-linear, exponencial negativa, log-log, hiperbólica, entre outras. A escolha entre as diversas funções pode ser feita de muitas maneiras. Em várias situações, é realizada através da análise de um indicador da qualidade do ajustamento, ou através da comparação entre o número previsto de viagens e o número real, entre outros procedimentos. Por outro lado, a análise da concordância entre as significâncias estatísticas da relação, os sinais dos coeficientes estimados e a teoria económica podem guiar a decisão. Deve também ser contemplado na opção tomada o significado da forma funcional para a relação entre as variáveis.

Caixa 7: Exemplo de aplicação do MCVG hedónico

O MCVG pode também ser utilizado para prever as taxas de visita a áreas de recreação em função das caraterísticas das mesmas e dos custos envolvidos na produção de alternativas. Esta variante designa-se de MCVG hedónico.

Em 2000, Antoni Font aplicou-a na ilha de Maiorca em Espanha. A ilha é um destino de turismo em massa. Argumenta-se, no artigo, que os visitantes, tendo viajado distâncias longas para chegar à ilha, são tipicamente visitantes com multiobjetivos. Assim, o autor propõe um modelo bietápico de decisão. Numa primeira fase o turista escolhe o seu destino em função de variáveis como tempo disponível, orçamento, caraterísticas das áreas de recreação no país e no estrangeiro, comparando os custos e benefícios das atividades que pode desenvolver nos vários locais. Optando por Maiorca como hipótese, numa segunda fase, decide que atividades realizar. Nesta opção as variáveis de interesse são o custo da deslocação a essas atividades e de usufruir delas, assim como o tempo de percurso para cada uma das áreas possíveis. Supondo que são turistas racionais a escolha será feita maximizando a sua utilidade (satisfação) dadas as restrições orçamentais. As variáveis relevantes são, desta forma, os preços e caraterísticas de todas as oportunidades de recreação e o orçamento disponível. No estudo pressupõe-se que as duas decisões são independentes e apenas a segunda é analisada. A possibilidade de substituição entre alternativas, pode ser feita de forma simultânea. Em particular, face às alternativas possíveis, o indivíduo contempla para cada uma delas a utilidade que a mesma lhe proporciona em função dos atributos que a área oferece, do custo de deslocação a essa área e das suas caraterísticas pessoais. Após o cálculo da utilidade de cada uma, o indivíduo opta por aquela que lhe dá maior utilidade. Na prática, o que se pode observar não é a utilidade que cada indivíduo atribui a cada área, mas sim a sua escolha efetiva. Assim, o modelo versa a probabilidade de decisão por cada área e ainda a probabilidade de não optar por nenhuma. O artigo debruça-se sobre 16 zonas naturais na ilha de Maiorca, consideradas como as principais.

O questionário foi administrado aos visitantes no aeroporto de Maiorca aquando da partida. A informação recolhida consiste, para cada indivíduo, na identificação das áreas visitadas (das 16 consideradas) e do número de vezes que as visitaram, o custo e a forma de deslocação a cada uma delas, os seus atributos e as caraterísticas individuais. Os custos dos percursos foram conferidos em função do meio de transporte e distância percorrida. Foi contemplado o custo de oportunidade do tempo despendido, imputando 1/3 do salário horário do indivíduo. As variáveis explicativas das visitas a cada área incluem os seus atributos calculados de acordo com informação recolhida de fontes estatísticas e os custos de deslocação incluindo o tempo. As variáveis explicativas da probabilidade de não escolher áreas substitutas são os aspetos sociodemográficos.

Através da estimação do modelo, o autor consegue prever a probabilidade de participação nas atividades de recreação oferecidas por cada área e ainda a distribuição de visitas por áreas. Adicionalmente, é possível analisar como a probabilidade de visita se altera se se modificarem as caraterísticas de uma área de recreação, assim como o efeito que a desativação de uma área de recreação, por incêndio florestal, por exemplo, pode ter sobre as visitas esperadas a outras áreas.

Fonte: Font, A. R. (2000). Mass tourism and the demand for protected natural areas: A travel cost approach. *Journal of Environmental Economics and Management*, *39*(1), 97-116.

2.1.3. Método de preços hedónicos

A base teórica do método de preços hedónicos (MPH) é a do modelo de utilidade aleatória e as preferências lexicográficas de Lancaster (1966)[84]. O MPH assume que as preferências dos indivíduos se definem sobre a combinação das caraterísticas que compõem os bens/serviços e não sobre os bens e serviços *per se*. Assim, a utilidade derivada dos bens/serviços assume-se separável nos atributos que a compõem e, consequentemente, o valor do bem/serviço depende da combinação desses atributos. Adicionalmente, assume-se que é possível recolher informação rigorosa sobre a variável preço e sobre as variáveis que representam as caraterísticas, e que existe uma função matemática, também contínua, através da qual é possível determinar a influência de cada uma no preço do bem.

Quando aplicado ao mercado imobiliário, o MPH consiste em reunir, numa mesma base de dados, preços (de venda ou arrendamento) e caraterísticas de habitações num dado espaço e período de tempo e daí inferir o efeito marginal da caraterística ambiental sobre o preço. Assume-se que existe no mercado um conjunto de habitações definidas por:

- atributos estruturais: dimensão (em m^2), tipologia (apartamento ou moradia), número de quartos, garagem, material de construção, condições de isolamento de som e temperatura, etc.;
- elementos socioeconómicos do local: nível de rendimento *per capita* na área, qualidade das escolas, disponibilidade ou distância a certos serviços (como comércio, escolas e jardins de infância, bancos, unidades de saúde, farmácias), etc.;
- existência de amenidades (por exemplo, existência de um parque natural), ou outras caraterísticas ambientais de interesse (como níveis de poluição sonora e do ar, etc.).

O mesmo método pode ser aplicado a riscos de saúde ou vida, comparando-se, neste caso, o valor da habitação em zonas com níveis de risco de saúde ou de vida diferentes, por exemplo, confrontando o valor de habitações em zonas onde a prevalência de uma dada patologia de saúde associada a fatores ambientais é superior, com o valor de habitações em zonas onde essa prevalência é menor. De forma semelhante, é possível aferir

[84] Lancaster, K. J. (1966). A new approach to consumer theory. *Journal of Political Economy, 74*(2), 132-157.

o diferencial de salário entre duas cidades com perfis ambientais diferentes, deduzindo--se o valor atribuído à qualidade ambiental.

O MPH desenvolve-se em várias fases:

1. Identificação da caraterística ambiental de interesse;
2. Definição da área e período de estudo para construção da base de dados;
3. Recolha de informação sobre preços de transação (ou arrendamento) da habitação e dos seus atributos estruturais, ambientais, entre outros;
4. Especificação e estimação do modelo econométrico;
5. Derivação do efeito marginal da caraterística ambiental de interesse no preço da habitação;
6. Agregação do bem-estar individual numa função de bem-estar social.

No caso de a aplicação ser no mercado de trabalho e não no de imobiliário, as variáveis que constituem a base de dados serão o salário e os determinantes do mesmo, incluindo caraterísticas do trabalhador e da função que exerce, bem como dos aspetos ambientais do local de trabalho específico e/ou da sua localização.

A validade e aplicabilidade do MPH depende de algumas condições. Desde logo, a sua utilização está limitada a bens/serviços ambientais que afetem o valor de bens e serviços transacionados num mercado. Assume-se que esse mercado está em equilíbrio[85] e que não existem obstáculos à mudança de habitação, isto é, face a alterações da qualidade ambiental, os consumidores reequacionam a suas escolhas iniciais e conseguem encontrar uma alternativa. Por exemplo, se numa dada área a qualidade ambiental se deteriora, os residentes procuram mudar para outro local com melhor qualidade, diminuindo a procura de habitações na zona mais poluída o que consequentemente irá fazer diminuir o preço. Por outro lado, assume-se que os residentes em determinada localização não escolhem incorrer em despesas de minimização das consequências da degradação ambiental. A existirem estes comportamentos, as estimativas do efeito da menor qualidade ambiental no preço da habitação estarão enviesadas. Adicionalmente, o valor da habitação reflete não apenas o estado atual, mas também a expectativa sobre as condições futuras, pelo que a estimativa de valor calculada reflete o valor global e não apenas o presente.

[85] Um mercado de habitação diz-se em equilíbrio quando a oferta de habitação (número, tipologia e caraterísticas) corresponde à procura (número, tipologia, caraterísticas). Num mercado em equilíbrio o preço é tal que não existe nem excesso nem falta de habitações para a procura existente.

De notar que na medida em que o MPH permite estimar o valor marginal de uma caraterística ambiental no preço da habitação, pelo seu emprego é possível apenas obter o valor de uso de uma qualidade ambiental existente. Trata-se, assim, de um método de valoração aplicável apenas de forma *ex-post* com o objetivo de calcular um valor de uso.

O MPH tem sido adotado numa grande variedade de situações que se encontram ilustradas nas caixas 8, 9 e 10.

Caixa 8: Exemplo 1 de aplicação do MPH

Num estudo analisando o efeito da presença de aeroportos no valor das habitações no sul da Califórnia, foram considerados 23 aeroportos de grande, média e pequena dimensão, bem como o valor de 50 0000 transações de habitações unifamiliares isoladas e respetivas caraterísticas. Os 23 aeroportos selecionados estão localizados em áreas com caraterísticas diferentes, o que permite isolar o efeito da distância de cada habitação ao aeroporto e trajetos de voo do efeito de outras caraterísticas sobre o preço.

Os autores consideraram que os consumidores têm uma função de utilidade

$U = U(S, N, Q)$

em que,

S é um vetor que representa as caraterísticas da habitação,

N é um vetor que reúne as especificidades da área,

Q é um vetor que contém atributos ambientais.

Supondo que o consumidor maximiza a sua utilidade e que o mercado de habitação está em equilíbrio, é possível derivar uma função de procura inversa:

$P_h=a+b_1s_1+b_2s_2+\ldots+b_is_i+c_1n_1+c_2n_2+\ldots+c_kn_k+d_1q_1+d_2q_2+\ldots d_gq_g+\ldots+d_mq_m$

Em que,

P_h é preço da habitação

a representa o parâmetro do termo independente

$b_1, \ldots, b_i$ parâmetros associados às caraterísticas da habitação, com $S=(s_1,s_2,s_3,\ldots s_i)$

$c_1, \ldots, c_k$ parâmetros associados às caraterísticas da área, com $N=(n_1,n_2,n_3,\ldots n_k)$

$d_1, \ldots, d_m$ parâmetros associados às caraterísticas ambientais, com $Q=(q_1,q_2,q_3,\ldots q_g\ldots q_m)$;

A variável dependente considerada foi o preço de venda da habitação; as variáveis independentes compreendem aspetos estruturais (dimensão da área da habitação em m^2; dimensão da habitação propriamente dita; número de casas de banho; se tem piscina; se tem lareira; se tem aquecimento central; se tem vista; se é uma habitação autónoma), caraterísticas da comunidade (como por exemplo, percentagem da população na vizinhança com educação superior; percentagem de população com mais de 65 anos; tempo médio das deslocações de trabalho), e ambientais (distância à praia; se está localizada a menos de cinco milhas da praia (aproximadamente oito quilómetros); média do valor das partículas em suspensão; nível médio de ozono nos piores quatro dias do ano; distância ao aeroporto mais próximo; distância ao trajeto de voo mais próximo).

Caixa 8: (cont.)

Destacam-se os seguintes resultados:

— Existe uma relação positiva, mas não linear, entre o valor da habitação e a distância ao aeroporto.

— A correlação positiva entre a distância à praia e ao aeroporto de Los Angeles, e, assim, a inclusão simultânea das duas variáveis causa dificuldades de interpretação, pois os efeitos não são independentes: estar mais longe do aeroporto pode significar estar também mais longe da praia e, se a primeira tem um efeito positivo sobre o valor da habitação, a segunda tem um efeito negativo.

— A hipótese de que as pessoas devem ser mais avessas a localizar-se sob o trajeto de voo do que perto do aeroporto é rejeitada. Os residentes parecem não distinguir entre estar ou não sob a linha de trajeto de voo, contudo para grandes aeroportos a diferença é significativa.

— Um metro de distância a um pequeno aeroporto vale cerca do dobro de um metro de distância a um grande aeroporto, validando a hipótese do efeito negativo da presença de um aeroporto e a diferença que a dimensão do aeroporto tem no valor das habitações.

Fonte: Rahmatian, M., e Cockerill, L. (2004). Airport noise and residential housing valuation in southern California: A hedonic pricing approach. *International Journal of Environmental Science & Technology*, 1(1), 17-25.

Caixa 9: Exemplo 2 de aplicação do MPH

Num segundo caso de estudo, que ilustra as potencialidades do MPH, o objetivo era analisar o valor da água através do efeito desta no valor de terrenos agrícolas no Malheur County no estado de Oregon nos EUA. Usou-se o MPH para calcular o preço implicitamente pago pela água de irrigação aos terrenos através do preço de venda de áreas irrigadas.

A procura de água tem aumentado com o desenvolvimento económico dos países tanto em quantidade como em diversidade. Os aglomerados urbanos, o desenvolvimento das atividades de recreação, a cada vez maior exigência na preservação e restauro de ecossistemas, ao que acresce a procura crescente por parte do setor agrícola, colocam desafios expressivos à gestão da água nomeadamente à sua afetação para fins alternativos. A oferta para satisfazer estes serviços não é, contudo, ilimitada e vastas regiões do mundo têm grandes problemas na disponibilidade de água. Em particular, em alguns países ou zonas do globo a água está a ser desviada de usos menos lucrativos, nomeadamente a agricultura, para usos onde a disposição a pagar é maior, como sejam as cidades, uma vez que, quando um bem é escasso, a sua afetação pelo preço implica que o mesmo vai ser usado por quem está disposto a pagar mais por ele. Assim, a alocação de direitos de uso de água via preço poderá gerar situações de iniquidade.

No estado de Oregon, esta alocação de direitos de acesso à água através do mercado está limitada por lei, pelo que conhecer o valor da água pode ser muito útil para auxiliar as autoridades públicas na sua gestão.

Caixa 9: (cont.)

Por forma a identificar o contributo marginal da presença de água para irrigação no valor do terreno, os autores do estudo mencionado introduziram no modelo as restantes caraterísticas do mesmo que contribuem também para o seu preço. Só a correta identificação, medição e inclusão de todos os determinantes do valor do terreno permitem a estimação correta do valor implícito da água. Assim, inseriram uma classificação da produtividade de acordo com caraterizações realizadas pelo Natural Resource Conservation Service que dividem os tipos de solo em classes mediante a sua capacidade de produção agrícola, distinguindo aqueles que requerem irrigação dos outros. Acrescentaram também a distância à cidade, o mês da transação, número de residentes e o valor das edificações no terreno. Todas as variáveis foram relativizadas pela dimensão da parcela. A presença de fontes de irrigação foi integrada no modelo em interação com a tipologia do solo.

Os resultados indicam que contrariamente ao esperado a fonte de irrigação não tem influência no valor da parcela de terreno agrícola. A explicação dada é de que o efeito pode estar condicionado pela rotação de produções agrícolas. Contudo, a existência de edificações na propriedade, a distância ao centro urbano e o mês da aquisição mostraram ser fatores explicativos do preço. Comparando o valor dos terrenos por tipologia de solo, o valor implícito da água é significativamente diferente, sendo aproximadamente cinco vezes maior entre os dois extremos.

Em suma, este caso mostra, em primeiro lugar, como o MPH pode ser usado para determinar o valor implícito de um recurso natural, assim como as dificuldades e desafios na recolha da informação necessária para a sua aplicação. De realçar que também nesta aplicação o valor da água calculado é o valor do uso da água para um fim específico, no caso, agrícola. De notar que este artigo realça e dá evidência empírica robusta de que o valor apurado depende do uso, na medida em que conclui que, de acordo com o tipo de solo, o valor estimado da água varia de forma significativa em termos económicos e estatísticos.

Fonte: Faux, J., e Perry, G. M. (1999). Estimating irrigation water value using hedonic price analysis: a case study in Malheur County, Oregon. *Land Economics*, 440–452.

Caixa 10: Exemplo 3 de aplicação do MPH

O MPH é comumente aplicado ao cálculo do valor dos espaços verdes em cidades. A questão que muitas vezes se coloca na gestão de zonas urbanas é a escolha entre usos alternativos de espaços tipicamente exíguos, existindo em muitas circunstâncias uma grande pressão para a construção de edificado em detrimento de áreas verdes de fruição pública. Contudo, as exigências de melhor qualidade de vida dos cidadãos, assim como a necessidade de conceber cidades mais resilientes aos efeitos das alterações climáticas, têm aumentado a procura por zonas verdes no interior das cidades. Em particular, o valor dos serviços ecossistémicos fornecidos por estes espaços é um tópico com importância crescente no debate científico e político.

Caixa 10: (cont.)

Num estudo publicado analisa-se como parques, florestas e outras áreas verdes impactam no valor das habitações em Helsínquia, Finlândia.

O artigo tem três objetivos em particular:

— distinguir o valor de zonas verdes por tipologia (considerando aqui três tipos de espaços: floresta, parque e campo verde), uma vez que os serviços ecossistémicos aí produzidos são diversos;

— separar o efeito por áreas na cidade (o centro e a periferia), entendendo que a importância relativa dos espaços verdes pode depender da oferta de outras valias com distribuição diferente no espaço;

— analisar a interdependência entre a oferta de uma dada área verde num ponto da cidade e os serviços noutras áreas da cidade.

Os dados usados no artigo dizem respeito à transação de 44 300 apartamentos no período 2000–2011. As variáveis escolhidas para integrar o modelo foram: preço por m^2, dívida (valor correspondente ao encargo suportado para fazer grandes obras de reparação, semelhante ao valor de um fundo de reserva nos condomínios em Portugal), custos de manutenção mensais, área útil do apartamento, número de quartos, andar em que o apartamento se localiza, idade do apartamento, nível de conservação (mau, médio, bom), dimensão do lote, distância ao centro da cidade, distância à linha de comboio, distância à linha de metro de superfície, distância a estradas principais, distância à costa, distância à floresta mais próxima, distância ao parque mais próximo, distância ao campo verde mais próximo.

Evidenciam-se os seguintes resultados:

— o aumento da distância a um parque diminui o preço do apartamento no centro da cidade, contudo o efeito da distância a um campo verde é inverso;

— o efeito direto das áreas verdes no preço é maior para os campos verdes em áreas suburbanas, já o efeito indireto é maior para as florestas e parques no centro da cidade. O efeito total (direto e indireto) é maior para as florestas e parques no centro da cidade (em média o preço por m^2 de um apartamento é 2% a 3,5% mais elevado), seguido do efeito do campo em áreas mais afastadas do centro (1% a 2% mais elevado por m^2).

O autor conclui ainda que o efeito dos três tipos de áreas verdes não é independente, mas pode ser complementar ou substituto dependendo da distância que os separa.

Fonte: Votsis, A. (2017). Planning for green infrastructure: The spatial effects of parks, forests, and fields on Helsinki's apartment prices. *Ecological Economics*, *132*, 279–289.

Limitações

Uma das principais limitações da aplicação do MPH ao mercado imobiliário é a assunção de que o preço da habitação reflete de forma rigorosa as condições do mercado, mas tal pode não acontecer. Se o mercado não for constituído maioritariamente por habitação própria, o valor a considerar deverá ser o do arrendamento. Contudo, a grande dificuldade deste método é supor que se identificam todos os atributos relevantes do bem/serviço e que esses são observáveis e mensuráveis. Só uma completa caraterização do bem permite identificar o valor da caraterística ambiental, no valor total da habitação. Adicionalmente, também a forma funcional assumida para a relação entre o preço do bem/serviço e o de cada um dos seus determinantes tem um impacto significativo sobre a estimativa do valor marginal do efeito das variáveis independentes sobre a variável dependente. Mais recentemente, com o reconhecimento da correlação espacial entre as observações, as estimativas de valor obtidas pelo método de preços hedónicos tornaram-se mais fiáveis.

2.2. Métodos diretos

Os métodos de preferências expressas, ou métodos diretos, compreendem o Método de Valoração Contingente e o Método de Escolhas Discretas[86]. São baseados em questionários e pretendem aferir o valor que os indivíduos estão dispostos a trocar por variações na qualidade ou quantidade do bem/serviço ambiental. Os métodos diretos são aplicáveis *ex-ante* ou *ex-post* e, ao contrário dos métodos anteriormente explicados, permitem calcular o valor total do recurso (incluindo o valor de não uso).

2.2.1. Método de valoração contingente

2.2.1.1. Enquadramento e etapas

A designação de método de valoração contingente (MVC) advém do facto de a valoração solicitada ao indivíduo ser contingente da realização de uma determinada situação hipotética. Por exemplo, um indivíduo pode ser questionado sobre o valor que estaria disposto a pagar para entrar num dado parque público, se existisse essa possibilidade, ou quanto estaria disposto a receber como compensação para deixar de ter acesso livre a esse parque ou para que o parque deixe de existir. Ou seja, é criado um

[86] Em inglês: *choice experiments* ou *conjoint analysis*.

mercado hipotético no contexto do qual se questiona os indivíduos quanto ao valor associado a uma alteração na provisão do bem ou serviço. A grande vantagem do MVC relativamente aos métodos de custo de viagem e de preços hedónicos é a possibilidade de valorar qualquer alteração, *ex-ante* ou *ex-post*, e de calcular o valor económico total do bem ou serviço, desde que estejam satisfeitas as condições estabelecidas para fazer qualquer exercício de valoração.

Os primeiros estudos empíricos baseados no MVC datam da década de 1940. Bowen (1943)[87] e Ciriacy-Wantrup (1947)[88] reconhecendo que o valor de um bem ambiental não se resume ao seu valor de uso, veem na construção de mercados hipotéticos a alternativa para que valores como o de existência e de herança sejam contemplados na determinação do valor total.

Essencial na aplicação do MVC é a atribuição dos direitos de propriedade. À semelhança dos bens privados em que existe procura e oferta, no caso de bens ambientais, os indivíduos serão considerados como compradores ou vendedores do bem dependendo, respetivamente, de não terem ou de terem o direito de propriedade. No caso de o direito de propriedade estar do lado do inquirido, a pergunta a formular incide sobre o mínimo valor que estaria disposto a receber como compensação por abdicar do bem (**disponibilidade a receber ou DaR**); no caso de o direito não lhe pertencer, a questão centra-se na sua máxima disposição a pagar para poder usufruir do bem (**disponibilidade a pagar ou DaP**).

O MVC consiste na construção de um mercado hipotético para o bem ou serviço ambiental, que inclui a descrição da situação atual do recurso, da mudança prevista ou ocorrida, da situação após a alteração e ainda da situação se a modificação não ocorresse.

Por exemplo, imagine um projeto de transformação de uma área abandonada num parque verde. O mercado hipotético versaria a forma como a área se encontra no momento atual, o projeto que seria implementado (por exemplo, as árvores a plantar, as infraestruturas a construir, os equipamentos necessários), a descrição do processo de transformação e de gestão futura do espaço, a representação do novo parque e ainda de como ficaria a área, caso o projeto não fosse implementado. Adicionalmente seria

---

[87] Bowen, H. R. (1943). The interpretation of voting in the allocation of economic resources. *The Quarterly Journal of Economics, 58*(1), 27–48.

[88] Ciriacy-Wantrup, S. V. (1947). Capital returns from soil-conservation practices. *Journal of Farm Economics, 29*(4), 1181–1196.

especificado como o mercado se desenvolveria, isto é, as formas de pagamento e de provisão do bem ou serviço ambiental.

Um estudo de valoração contingente pode ser estruturado nas seguintes fases:

1 — identificação do cenário de valoração contingente ou do mercado hipotético;
2 — obtenção dos montantes de DaR ou DaP, por questionário;
3 — estimação do valor da média ou mediana;
4 — agregação dos valores estimados;
5 — avaliação da validade do exercício de valoração contingente.

2.2.1.2. Questionário de valoração

O questionário de valoração tem, por norma, seis partes distintas. Uma primeira parte identifica o propósito do questionário em geral e o seu enquadramento institucional. A segunda secção é constituída por perguntas que visam averiguar o conhecimento do indivíduo relativamente ao bem e as suas atitudes perante ele. Segue-se um ponto em que se apresenta o cenário a valorar, nomeadamente o objetivo do projeto, a sua forma de financiamento e implementação e a caraterização da situação após a sua execução. A quarta parte integra a questão de valoração propriamente dita, que pergunta qual o valor que o indivíduo estaria disposto a pagar para «adquirir» o bem ou serviço ambiental, ou o valor que estaria disposto a receber para «vender», ou prescindir, do mesmo. Um conjunto de questões de despistagem integra a parte seguinte do questionário, terminando com um levantamento sobre informação demográfica, na última secção.

A elaboração de um questionário é determinante na validade do exercício de valoração. De seguida analisam-se os aspetos mais relevantes na medida em que a evidência empírica mostra o efeito da sua escolha nas estimativas finais do valor.

Em primeiro lugar há que atentar ao **formato das questões** de valoração, que compõem um questionário. Estas podem ser em formato aberto ou fechado (questão dicotómica simples ou múltipla).

A principal razão para a escolha de perguntas em formato fechado é a simplicidade de resposta, contudo, a sua elaboração requer a especificação das alternativas de resposta que devem ser exaustivas e mutuamente exclusivas. Por seu lado, as questões em formato aberto têm a grande vantagem de não possuir aquela exigência, mas representam geralmente maior complexidade na resposta e no tratamento estatístico subsequente.

A escolha do formato da questão de valoração é fundamental uma vez que dela dependerá a resposta do inquirido. Descrevem-se abaixo as opções mais comuns para a formulação da questão de valoração:

— questões dicotómicas simples, de afirmação *sim/não* a um dado valor;
— jogo de licitação (*bidding game*): o indivíduo responde *sim/não* a determinado valor. Se a resposta é afirmativa, são-lhe apresentados valores mais elevados em sucessão até que o indivíduo diga *não*; se a resposta é negativa o valor vai decrescendo até que o indivíduo diga *sim*;
— questões dicotómicas duplamente limitadas (*double-bound*) — semelhante ao jogo de licitação, mas apenas com uma segunda questão.

Na Caixa 11 encontram-se exemplos ilustrativos do tipo de questões utilizados numa aplicação de valoração dos efeitos de parques eólicos.

Caixa 11: Exemplos de diferentes formatos de perguntas no MVC

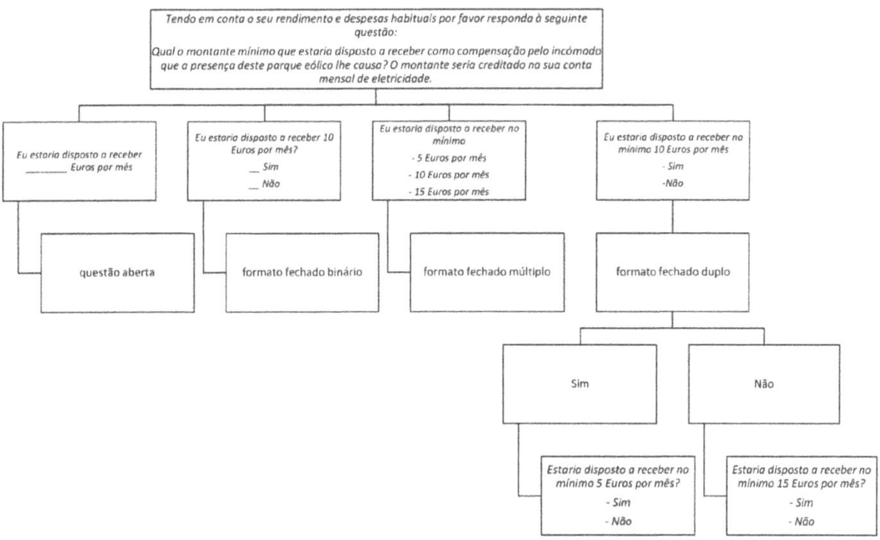

Além do formato das questões de valoração, há outros elementos relevantes na elaboração do inquérito. Assim, uma segunda decisão importante é a **escolha da informação** a prestar ao inquirido. Ao indivíduo deve ser dada informação suficiente sobre o cenário a ser valorado, mas demasiada informação pode ser contraproducente (exemplificado na Caixa 12).

Caixa 12: Exemplo de texto de enquadramento de pergunta de valoração

Num estudo sobre os efeitos dos parques eólicos, a pergunta de valoração foi antecedida do seguinte texto

> *A produção de eletricidade através do aproveitamento da energia eólica (do vento) realiza-se em parques eólicos. O uso desta fonte de energia pode provocar alguns efeitos ambientais que podem por sua vez causar-lhe algum incómodo. Os impactos podem depender da sua localização refletindo-se na paisagem, em alterações na fauna/flora ou na produção de um ruído que pode ser incomodativo. Estes impactos podem ser reduzidos alterando algumas caraterísticas da produção ou da localização, mas tal acarreta um custo adicional.*

Fonte: Sousa, S. (2016). *Economic Valuation of Environmental Impacts Generated by Electricity Production Through Renewable Energies in Portugal.* Tese de doutoramento em economia. Universidade do Minho.

Em terceiro lugar, o **veículo de pagamento** escolhido além de ser credível deve também ser coercivo, isto é, obrigatório. No exemplo da Caixa 11, o veículo de pagamento usado foi um crédito na conta mensal de eletricidade, uma vez que se trata da DaR (no caso da pergunta se referir à DaP por um serviço ambiental, o veículo de pagamento pode ser igualmente a conta mensal de eletricidade, mas neste caso seria um acréscimo à fatura). Outras formas possíveis são um imposto, uma taxa, ou uma quota numa organização. Normalmente estas formas de pagamento são obrigatórias. O pagamento voluntário tem como grande desvantagem gerar desconfiança sobre a sua realização efetiva. A forma mais comum que este último assume é a contribuição voluntária para uma instituição ou programa.

Em quarto lugar e dada a relevância da questão de valoração e das escolhas que a mesma encerra, é igualmente crucial a inclusão de **questões de «despistagem»** com o objetivo de perceber a aceitação dos cenários, do veículo de pagamento e a confiança dos inquiridos relativamente às suas respostas. As questões de despistagem são formuladas após a de valoração e aplicadas apenas aos indivíduos que revelaram uma DaP nula. Têm em regra formato de escolha múltipla e são aplicadas diferenciadamente, dependendo da resposta dada pelo inquirido à questão de valoração.

Em quinto lugar, o questionário de valoração contingente integra ainda um conjunto de perguntas relativas à **caraterização do inquirido**. O objetivo deste grupo de questões, adicionalmente à possível comparação com as caraterísticas da população alvo para julgar a representatividade da amostra, consiste na deteção de regularidades empíricas. Diz-se que estamos perante uma regularidade empírica quando a forma da relação entre uma caraterística sociodemográfica e o valor da DaP é comum em várias aplicações práticas. Por exemplo, de uma forma generalizada, o valor da disposição a pagar dos indivíduos varia positivamente com o seu nível de rendimento (ou outra medida que o possa traduzir, como seja o nível de conforto financeiro); da mesma forma, indivíduos mais novos têm tendência a ter maior disponibilidade para participar em projetos ambientais do que os menos jovens. A verificação de regularidades empíricas é um indicador da validade externa da aplicação do método de valoração contingente.

Finalmente, impõem-se algumas considerações sobre os incentivos individuais a uma revelação verdadeira do valor.[89]

Assim, antes de ser colocada a questão de valoração é importante que o indivíduo tenha a certeza de que a sua resposta é relevante para a tomada de decisão e de que não há respostas certas ou erradas. Desta forma, o exercício de resposta será tomado de forma mais ponderada.

É também fundamental que o questionário contenha nas suas perguntas incentivos para que o indivíduo revele a sua verdadeira valoração e não adote comportamentos estratégicos. O **comportamento estratégico** mais comum é o de *free-riding*, que consiste em um indivíduo não revelar a sua verdadeira DaP, mas um valor inferior ou mesmo nulo, confiando que outros indivíduos pagarão para que o projeto proposto na questão de valoração se realize. Alternativamente, um indivíduo pode declarar uma DaP mais elevada do que a sua verdadeira valoração para influenciar o resultado final no sentido da realização do projeto, tentando com a sua valoração manipular a decisão final. É importante notar aqui a relação dos comportamentos estratégicos com o meio de pagamento, que sendo coercivo, como discutido anteriormente, diminui a ocorrência destes comportamentos.

Por último, os preços propostos para níveis de programa alternativos devem ser credíveis. A avaliação da credibilidade dos montantes apresentados na questão de valora-

[89] Estas considerações designam-se na literatura por *incentive compatible*.

ção, quando se trata de uma pergunta fechada, pode ser efetuada através de questionários piloto. Para este efeito, são elaboradas versões do inquérito evidenciando quantias alternativas na questão de valoração, ou mesmo usando questões em formato aberto. A análise estatística da distribuição das respostas obtidas nas diversas versões, ou dos resultados gerados pela questão em formato aberto permite averiguar a razoabilidade dos valores apresentados para os inquiridos. Por esta via é possível caraterizar a distribuição das respostas e daí extrair os valores das questões fechadas.

2.2.1.3. Disposição a pagar e disposição a receber

A questão da equivalência entre **DaP** e a **DaR** foi levantada por Willig (1976)[90] que comprovou num estudo teórico que as duas se igualariam.

A DaP e a DaR correspondem, na teoria do bem-estar, à variação equivalente ou à variação compensatória de rendimento de Hicks. Por variação compensatória entende-se a variação do rendimento necessária para o agente económico repor o nível de bem-estar que tinha, anterior a uma alteração (de qualidade, de quantidade ou de preço). A variação equivalente refere-se à variação do rendimento que o agente precisaria de obter, antes da alteração, para o seu bem-estar ficar a um nível equivalente ao da situação posterior à alteração.

O resultado de Willig demonstrou que se a alteração adviesse de modificações no preço do bem, representando a despesa com esse bem uma pequena percentagem do orçamento do indivíduo, e se a elasticidade rendimento desse bem fosse reduzida, as duas medidas de bem-estar (variação compensatória e equivalente) se igualariam.

Contudo, vários estudos têm demonstrado que as aplicações do MVC não se enquadram na situação acima, pelo que uma divergência entre DaR e DaP é expectável e tem sido documentada na literatura.[91] Várias razões podem, adicionalmente, justificar a diferença. Os inquiridos podem opor-se à estrutura de direitos de propriedade implícita na questão da DaR, pois a mesma implica retirar-lhes o direito a uma dada amenidade ambiental. Por exemplo, a pergunta «Qual o valor mínimo de compensação que está disposto a receber como compensação pela construção de um parque eólico na área da

---

[90] Willig, R. D. (1976). Consumer's surplus without apology. *The American Economic Review, 66*(4), 589-597.

[91] Brookshire, D. S., Randall, A., e Stoll, J. R. (1980). Valuing increments and decrements in natural resource service flows. *American Journal of Agricultural Economics, 62*(3), 478-488.

sua residência?» é capaz de desencadear no indivíduo uma reação de rejeição por este entender que tem um direito ao usufruto da área de residência na sua condição atual. Por outro lado, a disparidade pode ser esclarecida recorrendo à teoria de aversão a perdas de Kahneman e Tversky (1991)[92] de acordo com a qual os indivíduos atribuem valores distintos a perdas e ganhos da mesma dimensão, o que explicaria um valor maior da DaR relativamente à DaP. A possibilidade de comportamentos estratégicos na resposta ao questionário por parte dos inquiridos também pode fundamentar a desigualdade. Por exemplo, os indivíduos, não querendo prescindir de uma amenidade ambiental, exageram o valor de DaR como compensação; por outro lado quando auscultados sobre a correspondente DaP, indicam valores baixos na expectativa de outros inquiridos indicarem uma DaP maior.

Num artigo de 2002 de revisão de estudos sobre a discrepância entre a disposição a pagar e a receber, os autores[93] concluem que de uma forma geral o valor DaR é mais elevado do que o DaP. Concluem ainda que quanto menos familiar é o bem ou o exercício de valoração, maior será a diferença.

Uma das questões analisadas no artigo é se a divergência entre DaP e DaR se mantém quando o método usado para apurar os valores tem propriedades estratégicas reveladoras da verdade.

2.2.1.4 Estímulo a estratégias de resposta verdadeiras

A opção pela elaboração de inquéritos é justificada pela inexistência de dados sobre as variáveis de interesse. Em muitas situações, a não existência de um valor monetário de um atributo ou bem/serviço ambiental implicaria que aquele fosse considerado como zero. A investigação em Economia do Ambiente desde cedo, reconheceu as limitações presentes nas análises que dependem deste tipo de dados e tem desenvolvido aperfeiçoamentos dos métodos de recolha de informação com base em estudos experimentais.

Adicionalmente, a necessidade de integração das consequências ambientais nas análises custo-benefício requer um julgamento entre usar estimativas assentes em valores hipotéticos ou simplesmente ignorar estes elementos. Sendo certo que se des-

[92] Tversky, A., e Kahneman, D. (1991). Loss aversion in riskless choice: A reference-dependent model. *The Quarterly Journal of Economics*, *106*(4), 1039–1061.

[93] Horowitz, J. K., e McConnell, K. E. (2002). A review of WTA/WTP studies. *Journal of Environmental Economics and Management*, *44*(3), 426–447.

conhecem as verdadeiras preferências dos indivíduos e consequentemente a valoração de bens e atributos, é possível avaliar a razoabilidade dos valores aferidos pelo MVC comparando-os com os obtidos pelos métodos indiretos. [94]

Diz-se que um método tem propriedades reveladoras da verdade se face a uma qualquer pergunta ou situação, o participante tem incentivos para revelar a verdade e não adotar comportamentos estratégicos. Nesta dimensão, vários estudos concluíram que as respostas a questões com formatos distintos chegavam a resultados estatisticamente diferentes. Em consequência, levantaram-se várias dúvidas sobre: estabilidade das preferências, familiaridade do inquirido com o bem ou com o meio de pagamento, ordem em que as perguntas de valoração são apresentadas, informação a fornecer, etc. Os resultados de Hoehn e Randall (1987)[95] apontam para que os comportamentos estratégicos estejam relacionados com o formato da questão de valoração. Assim, se os incentivos presentes nos formatos alternativos das questões são diferentes, é de esperar também respostas discrepantes (ver Caixa 13).

Caixa 13: Formatos de perguntas alternativos

Vossler e McKee (2006) testaram as seguintes alternativas de formulação das perguntas em termos de propriedades estratégicas reveladoras da verdade:

As seguintes situações de voto são hipotéticas e não vai ser requerido ou oferecido qualquer pagamento. Contudo, solicitamos que responda como se se tratasse de uma situação real, na qual o seu voto é maioritário.

Versão dicotómica simples: *qual é o seu voto na proposta sabendo que o custo da mesma para si é de x dólares? Sim/Não*

Questão de certeza: *dado que a sua resposta foi sim, indique por favor o grau de certeza da sua resposta (numa escala de 1 a 10, em que 1 é totalmente incerto e 10 é totalmente certo).*

Versão dicotómica múltipla 1: *qual o montante máximo que estaria disposto a pagar e a votar favoravelmente a proposta?*

---

[94] Alguns estudos na década de setenta mostraram existir alguma equivalência entre os valores obtidos pelos diferentes métodos. São disso exemplo, Hanemann (1978) numa aplicação sobre qualidade da água na área de Boston e Hanemann (1984) a nível teórico.

Hanemann, W. M. (1978). *A Methodological and Empirical Study of The Recreation Benefits from Water Quality Improvement.* Department of Agricultural and Resource Economics, University of California.

Hanemann, W. M. (1984). Welfare evaluations in contingent valuation experiments with discrete responses. *American Journal of Agricultural Economics, 66*(3), 332–341.

[95] Hoehn, J. P., e Randall, A. (1987). A satisfactory benefit cost indicator from contingent valuation. *Journal of Environmental Economics and Management, 14*(3), 226–247.

Caixa 13: (cont.)

Valor x_1
Valor x_2
...
Valor x_T

(onde x_1, ... x_T, *representam valores alternativos)*

Versão dicotómica múltipla 2: *qual seria o seu voto na proposta sabendo que esta teria os seguintes custos para si? (para cada valor indique se concordaria ou não).*

Valor x_1 Sim/Não
Valor x_2 Sim/Não
...
Valor x_T Sim/Não

Versão dicotómica múltipla com escala de certeza: *qual seria o seu voto na proposta sabendo que esta teria os seguintes custos para si? (para cada valor indique quão provável seria o seu voto)*

	De certeza não	*Provavelmente não*	*Não sei*	*Provavelmente sim*	*De certeza sim*
Valor x_1					
Valor x_1					
...					
Valor x_T					

Versão dicotómica múltipla com escala de certeza e percentagem: *qual seria o seu voto na proposta sabendo que esta teria os seguintes custos para si? (para cada valor indique quão provável seria o seu voto)*

	De certeza não (probabilidade de dizer sim = 0%)	*Provavelmente não (probabilidade de dizer sim = 25%)*	*Não sei (probabilidade de dizer sim = 50%)*	*Provavelmente sim (probabilidade de dizer sim = 75%)*	*De certeza sim (probabilidade de dizer sim = 100%)*
Valor x_1					
Valor x_1					
...					
Valor x_T					

Os autores concluíram que a versão dicotómica simples era a que induzia respostas mais verdadeiras por parte dos participantes e que a escala de certeza poderia dar informação interessante para controlar a incerteza dos indivíduos relativamente à sua disposição a pagar.

Fonte: Vossler, C. A., e McKee, M. (2006). Induced-value tests of contingent valuation elicitation mechanisms. *Environmental and Resource Economics, 35*(2), 137–168.

Carson e Groves (2007)[96] propõem dividir as questões de valoração em dois tipos, as consequentes e as não consequentes. Para que os inquiridos vejam a questão como consequente é necessário que acreditem que a escolha deles tem repercussões em termos de decisão pública. É também necessário assegurar a credibilidade dos níveis propostos pelo projeto ou programa, bem como dos custos associados. Se as questões são não consequentes, então qualquer que seja a resposta do indivíduo, não podemos tirar qualquer conclusão válida sobre as suas preferências e, portanto, em nada vai influenciar a decisão política. Se as questões são consequentes devemos esperar relevância nas respostas obtidas.

Para que uma **questão** seja ***reveladora da verdade*** é necessário que: (1) o formato da questão seja apresentado no contexto de *sim/não* sem que qualquer das opções afete o bem-estar do indivíduo em qualquer outra dimensão que não a da própria resposta; (2) o mecanismo de pagamento deve ser coercivo e, portanto, se a opção coletiva for a favor da implementação do projeto, o indivíduo terá de pagar, mesmo que a sua resposta tenha sido *não*; pelo que se conclui que o formato de referendo vinculativo (auscultação à população, cujo resultado será implementado) seja o indicado.

Para que um **questionário de valoração** seja ***revelador da verdade***, além de a questão de valoração o ser, é necessário satisfazer adicionalmente três condições.

Em primeiro lugar, os inquiridos devem entender o questionário como consequente. O mecanismo de pagamento proposto deve mostrar-se adequado, caso o projeto seja indubitavelmente executado (recorde-se que o formato de contribuição voluntária não é adequado para chegar a um compromisso).

Por vezes, a definição incorreta do mecanismo de pagamento gera valores de DaP julgados pouco credíveis, o que, por seu turno, pode ser confundido com o fenómeno por vezes designado em alguma literatura como de *"yea-saying"* (respondentes têm tendência a concordar com respostas que considerem ser as esperadas por terceiros ou pelo investigador), ou *"warm-glow"* (sensação de bem-estar derivada de transmitir uma imagem de pessoa generosa). De uma forma geral, pode dizer-se que este fenómeno consiste numa proporção significativa de respostas condizentes com valores elevados, se a questão de valoração foi formulada como questão fechada; ou valores de *DaP* elevados em questões de resposta aberta. No entanto, este comportamento pode ser o resultado de uma definição incorreta do meio de pagamento, e é mais comum em questões de valoração dicotómicas duplas ou em questões com preços desadequados ao nível de serviço proposto pelo projeto.

---

[96] Carson, R. T., e Groves, T. (2007). Incentive and informational properties of preference questions. *Environmental and Resource Economics*, *37*(1), 181–210.

Por outro lado, se o questionário não for consequente, ou interpretado dessa forma pelos inquiridos, a observação de preços elevados ou de uma frequência elevada de respostas afirmativas a preços elevados pode ser resultado de comportamentos estratégicos. Em particular, uma percentagem elevada de indivíduos pode concordar com preços elevados no sentido de influenciar a escolha pública na provisão do bem, acreditando que se, efetivamente, a decisão for no sentido desejado por eles, o bem é fornecido, mas o pagamento pelo próprio não ocorrerá.

2.2.1.5. Validade do Método de valoração contingente

A validade do MVC foi desde sempre muito discutida. Contudo, a sua passagem da área académica para o domínio político e jurídico tornou o debate ainda mais aceso. Um elemento fundamental é apurar se as estimativas do valor dos bens ambientais obtidas através da valoração ambiental são ou não enviesadas. A questão da validade e do enviesamento das estimativas passa pela comparação destas com as verdadeiras valorações dos indivíduos analisando assim o **enviesamento hipotético**.

Por enviesamento hipotético entende-se o viés que as respostas dos indivíduos à questão da disponibilidade a pagar ou a receber podem exibir pela natureza hipotética do pagamento ou do cenário de valoração.

Muitos estudos têm usado o método da economia experimental[97] para comparar as valorações entre contexto de pagamento hipotético e contexto real. A maior parte dos estudos, mas não todos, concluíram que a valoração hipotética era significativamente mais elevada do que a valoração real. Em sequência desenvolveram-se múltiplas vias de investigação com o objetivo de corrigir o enviesamento, aperfeiçoando o MVC. Uma delas investigou a possibilidade de calibrar as respostas hipotéticas pelo enviesamento das mesmas relativamente à valoração em contexto real. Blackburn et al. (1999)[98] chegaram a esta conclusão através da previsibilidade do enviesamento em função das caraterísticas dos indivíduos; Botelho e Pinto (2002)[99], seguindo a mesma linha, obtiveram resultados semelhantes em questões de formato aberto usando um

---

[97] A economia experimental assenta na metodologia experimental para estudar decisões de agentes económicos de forma simplificada em laboratório, sob condições controladas e perante incentivos económicos.

[98] Blackburn, M., Harrison, G. W., e Rutström, E. E. (1994). Statistical bias functions and informative hypothetical surveys. *American Journal of Agricultural Economics*, *76*(5), 1084–1088.

[99] Botelho, A., e Pinto, L. C. (2002). Hypothetical, real, and predicted real willingness to pay in open-ended surveys: experimental results. *Applied Economics Letters*, *9*(15), 993–996.

bem com caraterísticas de bem público. De um ponto de vista prático, a opção por calibrar as valorações hipotéticas só será solução se a função de enviesamento for generalizável a várias aplicações.

Cummings e Taylor (1999)[100], usando o formato de referendo e um conjunto de três bens públicos, propõem uma alternativa diferente que passa pela elaboração do questionário em moldes ligeiramente alterados (adicionando um texto explicativo, mas não consequente, designado em inglês por *cheap talk*). Em particular sugerem a inserção de um parágrafo na introdução da questão de valoração que explique ao sujeito o que é o enviesamento hipotético, por que razão pode surgir e qual a sua extensão usual em inquéritos de valoração contingente. Os resultados são encorajadores uma vez que a valoração em questionário hipotético modificado se revelou estatisticamente distinta da hipotética, mas não da valoração real.

Rondeau et al. (1999)[101] introduziram alterações na especificação da questão de valoração e no meio de pagamento. Ao formato convencional de referendo acrescentaram um mecanismo de *limite mínimo de provisão*[102] o qual consiste em definir o mínimo de contribuições totais que permite a produção do bem proposto. Acrescentaram também *garantia de retorno*[103], que consiste em devolver ao participante o montante com que contribuiu se o *limite mínimo de provisão* não for alcançado. Finalmente incluíram uma regra de devolução das contribuições individuais se o total destas exceder o *limite mínimo*. Os resultados da aplicação deste mecanismo revelam uma diminuição da média das valorações relativamente ao formato convencional de eliciação do valor hipotético; contudo, não se pode concluir pela validade deste formato alternativo, uma vez que as respostas não são comparadas com as valorações em contexto real.

Murphy et al. (2005)[104] analisaram o efeito de *cheap talk* sobre o enviesamento hipotético de um questionário de valoração contingente com limite mínimo de provisão para diferentes montantes. Concluíram que as valorações eliciadas em formato hipotético eram estatisticamente diferentes das obtidas em contexto real e que estas

---

[100] Cummings, R. G., e Taylor, L. O. (1999). Unbiased value estimates for environmental goods: a cheap talk design for the contingent valuation method. *American Economic Review, 89*(3), 649–665.

[101] Rondeau, D., Schulze, W. D., e Poe, G. L. (1999). Voluntary revelation of the demand for public goods using a provision point mechanism. *Journal of Public Economics, 72*(3), 455–470.

[102] Designado por *provision point mechanism*, na literatura em língua inglesa.

[103] Designado por *money back guarantee* na literatura em língua inglesa.

[104] Murphy, J. J., Stevens, T., e Weatherhead, D. (2005). Is cheap talk effective at eliminating hypothetical bias in a provision point mechanism?. *Environmental and Resource Economics, 30*(3), 327–343.

divergiam das realizadas em formato hipotético com *cheap talk*. Contudo, comparando as valorações reais com as hipotéticas com *cheap talk*, apenas para preços mais altos, a discrepância desaparece, sugerindo que o segundo é eficaz na eliminação do enviesamento hipotético para valores elevados.

Em suma, sendo certo que subsistem algumas questões quanto à robustez do MVC face a variações na conceção, aplicação e análise dos dados, os desenvolvimentos que se têm registado, nomeadamente através do contributo da economia experimental, permitem ter confiança nos valores extraídos através deste método quando nas suas várias fases são seguidos os procedimentos que se tem demonstrado conduzirem a bons resultados.

2.2.1.6. Técnicas de testagem da robustez do questionário

Como referido, a validade do exercício de valoração pelo MVC depende da robustez do questionário, a qual advém de uma série de escolhas relativas à forma e conteúdo das questões, à informação dada, ao meio de pagamento, entre outras. A análise da robustez do questionário pode ser feita através de grupos de foco, técnica de *think-aloud*, testes piloto, entre outras metodologias.

A **técnica de grupos de foco** é uma técnica de investigação qualitativa e consiste na reunião de cinco a dez elementos e um moderador que tem como função lançar e orientar o desenrolar da atividade. Os participantes devem possuir caraterísticas relativamente homogéneas para que não haja grandes entraves à expressão de opinião individual. Durante 60 a 120 minutos os participantes dialogam sobre o bem/serviço ambiental, o seu estado ou condição, o valor do mesmo, que instituição (coletiva, individual, pública, privada, etc.) deve ser a responsável, quem deve pagar, como deve pagar, entre outros, devendo a informação ser transcrita e posteriormente analisada. A informação recolhida em contexto de grupos de foco pode ser valiosa na escolha de opções de estrutura do questionário, contudo não é comparável com a obtida por este, nomeadamente porque o contexto é o grupo de foco, coletivo e não individual e também porque o tempo para pensar sobre o assunto é muito menor no inquérito.[105]

---

[105] A técnica de grupos de foco é utilizada também no Método de Escolhas Discretas, que é igualmente um método direto de valoração ambiental e será apresentado posteriormente.

A **técnica de *think-aloud***, aplicada numa versão completa do questionário de valoração contingente, permite validar algumas das opções de estrutura. Consiste em solicitar a um conjunto de pessoas que individualmente preencham o questionário de valoração replicando oralmente o processo de elaboração das respostas. Esta técnica permite aferir se a pergunta está a ser clara e corretamente entendida pelo inquirido e, se necessário, que alteração poderia melhorar o seu entendimento. Permite assim ao investigador detetar falhas na formulação, ordenação, formato ou outras. Conjuntamente com a aplicação da técnica de *think-aloud*, é comum a realização de algumas questões de compreensão no final do questionário.

A utilização destas duas práticas pode ser conjugada com a realização de **testes piloto**. Estes consistem na aplicação do questionário na sua forma final a uma subamostra do universo pretendido no estudo. A análise dos dados recolhidos permite testar o questionário e se necessário introduzir melhorias.

2.2.1.7. Divulgação do questionário e recolha da amostra

A definição da amostra e método de amostragem são determinantes da validade da aplicação de valoração contingente. No que concerne ao método de amostragem pretende-se a escolha de um método que assegure uma amostra representativa da população alvo, o que implica uma determinada dimensão e composição e a assunção de uma dada margem de erro e coeficiente de variação (desvio-padrão/média).

A **disseminação do questionário** de valoração contingente pode ser feita de várias formas (as quais condicionam também o seu desenho): por entrevista pessoal marcada, por entrevista pessoal ocasional, por correio, por telefone e *online* (seja através de plataformas dedicadas, redes sociais, *e-mail*, entre outros). A forma de obtenção de informação com mais qualidade e simultaneamente a que permite maior flexibilidade no desenvolvimento do questionário, é a entrevista pessoal com pré-agendamento. A entrevista pessoal ocasional requer questionários curtos e de resposta rápida, permitindo a apresentação de informação visual, como sejam fotografias, mas num tempo muito limitado. A administração por telefone, tal como a ocasional, requer questionários muito curtos, mas pelo contrário não permite a visualização de imagens. O correio convencional presta-se à aplicação de questionários mais longos, com a possibilidade de utilização de informação visual; tem como maior desvantagem a autosseleção dos inquiridos uma vez que estes podem percorrer o questionário todo e depois decidir se pretendem participar ou não. Adicionalmente, a distribuição por correio não permite controlar a ordem pela qual as perguntas são respondidas. Cada vez mais comum, o uso dos meios digitais possibilita a recolha rápida de informação, controlando a ordem em que as respostas são dadas e permitindo o recurso a imagens.

2.2.1.8. Estimação da função de valoração

A fase seguinte à recolha dos questionários envolve o cálculo dos valores da DaP ou da DaR com o objetivo de posteriormente os agregar e produzir uma estimativa do valor do bem/serviço ambiental. Uma forma simples de proceder a esse cálculo é efetuar a média dos valores observados na amostra. Em alternativa pode determinar-se a mediana, a moda, estimativas simples, estimativas truncadas ou censuradas. Podem ainda obter-se medidas de dispersão, como sejam o desvio padrão. A escolha entre as medidas estatísticas depende do objetivo do exercício de valoração. Se o valor médio (ou uma sua estimativa) é a medida de tendência central indicada para cálculo do valor total de um bem/serviço, a mediana (ou uma sua estimativa) será a adequada se a finalidade é tomar uma decisão de acordo com pelo menos 50% da população de interesse. Adicionalmente, a possível assimetria da distribuição estatística dos valores pode recomendar o uso da mediana por ser menos sensível a valores extremos. Em alternativa à mediana, os estimadores censurados ou truncados (que excluam valores observados extremos) podem constituir uma opção a assumir se o intuito é aferir o valor total do recurso.

Adicionalmente às questões já levantadas, o formato da questão de valoração (se se trata de uma questão aberta, dicotómica simples, dicotómica múltipla, lista de preços, etc.) deverá igualmente condicionar a análise estatística e econométrica.

2.2.1.9. Enviesamentos

Resultado das questões de validade analisadas, as estimativas de valor calculadas através do MVC podem ser enviesadas. Exploram-se de seguida alguns desses enviesamentos, os quais podem resultar de comportamentos estratégicos por parte dos inquiridos ou da análise estatística de dados.

Iniciando a análise pelos **enviesamentos estratégicos**, desde logo há dois que se destacam. Sendo o exercício de valoração sobre um bem/serviço público, é possível que os inquiridos exibam comportamentos de *free-riding* declarando um valor a pagar inferior à sua verdadeira DaP. Por outro lado, o inquirido pode manifestar uma DaP superior à verdadeira no sentido de influenciar a decisão pública em seu proveito, aproveitando a natureza hipotética do pagamento.

Além de não haver evidência inequívoca da existência ou extensão dos enviesamentos estratégicos, a sua identificação e correção é complexa. De facto, não conhecendo a verdadeira DaP numa situação comum, não é possível saber-se se o valor declarado pelo indivíduo é ou não o verdadeiro. Assim, o foco é sobre a deteção da possível existência de enviesamento. A existir enviesamento é de esperar uma distribuição bimodal, com elevada frequência de valores baixos de DaP e também de valores elevados.

Com vista a diminuir a possibilidade de enviesamentos estratégico e de o identificar, no questionário de valoração devem ser incluídas: (i) questões sobre o porquê do valor da DaP expressa, seja ela nula ou positiva (Caixa 14) e (ii) frases que potencialmente possam colocar o inquirido num contexto de resposta mais propício à revelação da verdadeira DaP (Caixa 15).

Caixa 14: Perguntas de despistagem

Exemplo de questões a colocar para quem, em relação à DaP, escolheu «zero» ou «não estou disposto a pagar»:

a) O pagamento não é da minha responsabilidade individual;
b) Não tenho interesse no serviço/bem;
c) Não tenho rendimento suficiente;
d) Não concordo com o meio de pagamento;
e) Deveria ser o governo local (central) a pagar;
f) Não tenho informação suficiente para responder;
Neste exemplo, as alternativas que levantam suspeitas de enviesamento seriam as alíneas a), d) e e).

Exemplo de questões para quem respondeu um valor positivo:

a) É o valor mais alto que estou disposto a pagar;
b) É um assunto importante e respondendo um valor elevado posso forçar a que alguma iniciativa seja tomada;
c) Este assunto é absolutamente fundamental para mim;
d) Quero mostrar o meu apoio a esta causa;
e) Este assunto é muito importante e estou disponível para fazer o pagamento que indiquei;
f) O assunto é absolutamente fundamental e apesar de não ter a certeza de poder pagar o valor que disse, gostava de o poder fazer;

Neste caso, as alternativas que indiciam enviesamento são as alíneas b), d) e f).

Caixa 15: Contextualização da questão de valoração

Exemplos de contextualização da questão de valoração.

- A anteceder a questão de valoração, colocar expressamente a frase: «tendo em conta o seu rendimento e as suas despesas habituais, qual o valor máximo que estaria disposto a pagar?»;
- frisar que o bem/serviço só será fornecido se o valor das respostas for suficiente para a sua provisão, e de que se o programa for aprovado todos terão de pagar (com o intuito de evitar o *free-riding*);
- realçar que a provisão do bem depende do valor da resposta;
- formular, sempre que possível, a questão em formato fechado, em que os inquiridos apenas respondem *sim/não* a um dado valor, evitando o uso de questões em formato aberto;
- formular a questão em formato referendo, em que os inquiridos apenas respondem a favor ou contra a implementação do cenário de valoração com um dado custo para o agregado familiar ou para o indivíduo.

O uso de questões dicotómicas, em alternativa ao formato aberto, tem vantagens, na simplicidade da resposta e na menor suscetibilidade a enviesamento hipotético, mas pode dar origem a um outro fenómeno, denominado **efeito de âncora**.[106] Este enviesamento será tanto mais significativo quanto menor a informação do investigador sobre a DaP verdadeira. Consiste em condicionar as respostas dos inquiridos aos valores apresentados, não podendo o inquirido revelar valores que não estejam contemplados nas possibilidades de resposta definidas.

Um outro efeito comum é o **enviesamento de enquadramento**[107], que deriva do modo como a informação sobre os cenários de valoração é apresentada ao inquirido, nomeadamente se os resultados são descritos na forma de ganhos ou perdas.

A escolha do **veículo de pagamento** também pode originar enviesamentos, devendo recair sobre o que fosse mais adequado para implementar em cenário real. Por exemplo, se o exercício de valoração incide sobre uma questão de qualidade da água em meio urbano, o veículo de pagamento mais próximo será a conta da água. Adicionalmente deverá ser dada preferência a meios de pagamento coercivos, relativamente a voluntários, diminuindo assim a possibilidade de *free-riding*.

[106] O efeito de âncora ou efeito do ponto de partida corresponde às designações em inglês de *anchoring effect* ou *starting point bias*.

[107] Correspondendo à designação em inglês de *framing effect*.

O contexto da valoração do bem/serviço pode também afetar o montante revelado pelos inquiridos. Por exemplo, a recuperação florestal de 100 hectares pode ser percebida e valorada, de forma diferente se é realizada após uma época de incêndios, e se estes forem de grande ou de pequena escala. O **efeito escala e de âmbito**[108] advém de situações em que o inquirido não distingue na sua valoração a dimensão do bem/serviço, mensurando, por exemplo, a recuperação de uma só área florestal da mesma maneira como a de três áreas florestais semelhantes. Existem várias razões que podem justificar este enviesamento, uma delas é a existência de um nível de saciedade, a partir do qual mais bem ambiental, no exemplo, mais florestas, não contribuem para maior utilidade de modo significativo.

A **seleção da informação** a apresentar no questionário e a forma como a mesma é incluída (qual, quanto, como) é uma questão empírica, dependendo da aplicação em particular. Existem, contudo, princípios que devem ser obedecidos. A informação deve ser isenta, clara e suficiente para que os inquiridos avaliem rigorosamente os cenários colocados. Adicionalmente, a escolha final deverá ser validada através de grupos de foco, *think-aloud* ou estudos piloto.

O **efeito de substituição e incorporação** acontece quando o valor de um bem/serviço é diferente se o mesmo faz parte de um conjunto ou se é valorado isoladamente. Por outras palavras, a soma da valoração atribuída a várias alterações ambientais pode ser diferente da valoração dessas alterações no seu conjunto[109]. O problema foi levantado na década de oitenta do século XX, no contexto da valoração de uma redução da poluição de lagos nos EUA, tendo sido examinado por diversos autores. Parece ser claro que podendo decorrer de falhas no desenho do questionário, o mesmo pode ser explicado pela teoria económica. Em particular, a assunção de utilidades marginais decrescentes conjuntamente com a existência de um limite no rendimento do indivíduo explicam a existência deste efeito (Randall e Hoehn, 1996)[110].

---

[108] Correspondendo à designação em inglês de *scale* e *scope effect*.

[109] Correspondendo à designação em inglês de *substitution* e *embedding*.

[110] Randall, A., e Hoehn, J. P. (1996). Embedding in market demand systems. *Journal of Environmental Economics and Management, 30*(3), 369–380.

2.2.1.10. Aplicações

O MVC, além de aplicações na área da Economia do Ambiente, tem sido também utilizado na determinação de prémios de risco de saúde e doença.

O reconhecimento político da legitimidade do MVC aconteceu em 1984 nos EUA, quando foi adotado pela agência ambiental EPA, e em 1989 pela OCDE. Adicionalmente, foi incorporado por várias instituições internacionais para valoração de projetos com consequências ambientais em países em desenvolvimento, como sejam projetos de abastecimento de água, esgotos, etc. É o caso do Banco Mundial, do Interamerican Development Bank e do USAID[111].

A primeira grande aplicação do MVC, pelo seu âmbito e valor, ocorreu no contexto do derrame de petróleo de Exxon Valdez ocorrido em 1989 na costa do estado do Alaska. O MVC foi usado para determinar os danos causados pelo acidente, contemplando os valores de uso passivo ou não uso.

Uma das questões analisadas na conceção do estudo de valoração do Exxon Valdez foi a escolha entre DaP e DaR. Se o objetivo era calcular o montante dos danos que haviam ocorrido com o derrame, a métrica mais óbvia seria o valor de compensação pelos danos sofridos. Contudo, o estudo científico que precedeu a valoração realizada alegou que o valor da DaR poderia ser pouco fiável por ser difícil avaliar a sua razoabilidade, ou por outras palavras, a sua veracidade. Assim, foi recomendado que a pergunta de valoração utilizada fosse a da DaP máxima para precaver derrames de petróleo. O argumento é de que o valor da DaP está condicionado pela capacidade para pagar (isto é, a capacidade financeira), enquanto a DaR não tem esse limite teórico, sendo, por isso, mais difícil detetar comportamentos estratégicos, podendo a primeira ser calculada de forma mais rigorosa.

Na prática, a pergunta de valoração incidiu sobre um plano de longo prazo no qual os cidadãos pagavam uma parte e as empresas de transporte de petróleo custeavam a adaptação dos seus petroleiros.

---

[111] World Bank. (1987). Willingness to pay for water in rural areas. *Wash Field Report No. 213*. Research Proposal Water and Urban Development Department, World Bank.

Ducci, J. (1988). *Metodologia de Cuantificacion de Benefícios: Uruguay, Sanemiento ambiental de Montevideo.* Unpublished Background Paper. Technical Annex, Inter-American Development Bank.

Whittington, D. (1988). *Guidelines for conducting willingness to pay studies for improved water services in developing countries.* USAID Water and Sanitation for Health Project. Washington Field Report No. 306. U.S. Agency for International Development.

A este propósito num artigo publicado em 2011[112], a autora compara dois estudos de valoração relativos a derrames de petróleo, o Exxon Valdez e o de Amoco-Cadiz. O objetivo é analisar como o contexto social e ideológico em que o estudo é realizado pode influenciar de forma significativa o cálculo do valor do dano. No caso do derrame de Amoco-Cadiz, julgado em tribunais franceses, a questão passou por ser inadmissível, ou pouco consensual, colocar um valor monetário na natureza. Assim, quando o valor da perda foi calculado, a parte destinada à restauração do ambiente natural foi diminuta, sendo a maior parte do montante dedicado a construir novos edifícios municipais, escolas, infraestruturas portuárias e estradas.

No caso Exxon Valdez, foi explicitamente considerada a existência de valores de não uso ou de uso passivo, e consequentemente foram afetados valores significativos à proteção ecológica, prevenção e monitorização.

No sentido de ilustrar a aplicação do MVC recorremos a um estudo de valoração dos impactos ambientais realizado em Portugal (Caixa 16).

Caixa 16: Exemplo de aplicação do MCV

O objetivo do projeto consistiu em determinar o impacto da localização de explorações de energia renovável (eólica, hídrica, solar e biomassa florestal) nos residentes das áreas circundantes. Em termos metodológicos foi necessário fazer várias escolhas.

1) Escolha entre DaP ou DaR: A opção recaiu sobre a DaR, ou seja, a compensação pelo incómodo causado pela presença da instalação de produção de eletricidade. A principal razão desta decisão deve-se ao facto de a população aí residente ser vítima dos efeitos que as instalações provocam, que são, na maioria dos casos, negativos. Por outro lado, é corrente em Portugal as freguesias em que as instalações estão localizadas receberem algum benefício financeiro, ou seja, receberem compensação, pelo que a possibilidade de tal poder ocorrer a nível individual não seria muito estranha aos inquiridos.

Contudo, e para avaliar a adequação da escolha feita, foram introduzidas várias perguntas no questionário com o objetivo de aferir a compreensão dos inquiridos relativamente à questão e valoração e também à consistência interna das respostas obtidas. Por exemplo, os inquiridos foram questionados sobre os impactos que sentiam e a severidade dos mesmos; foram incluídas também perguntas de despistagem, entre outras.

[112] Fourcade, M. (2011). Cents and sensibility: Economic valuation and the nature of "nature". *American Journal of Sociology, 116*(6), 1721–77.

Caixa 16: (cont.)

2) Escolha dos locais de produção: procurou-se que tivessem representatividade geográfica e estivessem implantados em territórios com caraterísticas diferentes, como seja o relevo.
3) Escolha da informação: optou-se por dar uma informação muito sumária dos efeitos das instalações de produção de eletricidade através de fontes renováveis.
4) Formato da questão de valoração: Preferiu-se a questão aberta uma vez que *a priori* não existia um valor de referência para guiar a escolha das alternativas se a pergunta fosse em formato fechado. Já o meio de pagamento incidiu sobre a fatura mensal da eletricidade.
5) Inclusão de uma questão sobre o grau de certeza relativamente ao valor expresso ser maior do que zero: "Numa escala de 0 a 10, onde 0 corresponde a «muito pouca certeza» e 10 a «certeza absoluta«, diga com que grau de certeza estaria disposto a receber o montante que indicou".
6) Para as respostas iguais a zero foi incluída uma questão de despistagem em formato de escolha múltipla. As questões tinham pequenas diferenças entre as quatro versões do questionário. Reporta-se aqui apenas a referente ao questionário da energia hídrica. As alternativas incluídas foram:

– Não considero relevantes os impactos causados pela barragem (não me afetam);
– Não acho que os impactos causados pela barragem possam de alguma forma ser compensados pelo pagamento de uma quantia monetária;
– A barragem traz vantagens;
– Não acredito que alguém esteja disposto a fazer esse desconto para compensar as perdas dos residentes locais.

Resultados: os residentes nas proximidades das instalações de produção de eletricidade através de fontes renováveis percecionam impactos negativos.
Por outro lado, o grau de envolvimento pessoal com a fonte de energia, por trabalhar lá, ou ter conhecidos ou familiares que trabalhem, diminui a perceção de incómodo e o valor de compensação exigido.
O estudo mostra a aplicabilidade e fiabilidade dos resultados obtidos através da aplicação do MVC. Evidencia também que os valores médios de compensação variam entre fontes de energia e entre localizações, pelo que a generalização dos valores a outras localizações não pode ser direta. Elementos como as caraterísticas do local, o tipo de energia, a dimensão da instalação, a idade da instalação, entre outros são fatores importantes a ter em conta.

Fonte: Sousa, S. (2016). *Economic Valuation of Environmental Impacts Generated by Electricity Production Through Renewable Energies in Portugal*. Tese de doutoramento em economia. Universidade do Minho.

2.2.2. Método de escolhas discretas

O método de escolhas discretas (MED)[113], sendo um método de valoração direto ou de preferências expressas, baseia-se na administração de questionários nos quais se solicita aos inquiridos a escolha entre especificações alternativas do bem/serviço ambiental que se pretende valorar. A determinação das alternativas apoia-se na identificação das caraterísticas ou atributos que definem o bem, e nos níveis em que estas podem estar presentes. Assim, o método de escolhas discretas permite a auscultação das preferências e a valoração dos atributos individualmente. A tarefa que se apresenta aos inquiridos é mais exigente do que a envolvida num questionário de valoração contingente, mas permite extrair informação mais detalhada sobre as suas preferências. Adicionalmente, uma vez que considera níveis de atributos, permite apurar o valor de vários cenários, através da combinação desses níveis em diferentes configurações. O objetivo principal é estimar os *trade-off* entre caraterísticas, ou seja, de que forma os respondentes substituem caraterísticas ou atributos entre si.

A teoria económica subjacente ao MED, tal como ao MPH, é a de Lancaster (1966)[114], assumindo uma função de utilidade sobre o espaço dos atributos dos bens e não sobre os bens em si mesmos. A aplicação do método pode dividir-se em nove fases:

1 — identificar o bem ou serviço a ser investigado;
2 — identificar os atributos principais e os níveis em que vão ser apresentados;
3 — desenvolver um desenho experimental que combina atributos e níveis em conjuntos de escolha;
4 — desenhar um questionário, incorporando os conjuntos de escolha definidos no passo anterior;
5 — desenvolver testes piloto ou outras técnicas de validação do questionário;
6 — aplicar o questionário;
7 — analisar as escolhas realizadas através da estimação dos *trade-off* em modelos de escolha discreta;
8 — calcular as medidas de bem-estar;
9 — agregar as medidas de bem-estar pela população de referência.

[113] Designado em inglês por *discrete choice experiments*.

[114] Lancaster, K. J. (1966). A new approach to consumer theory. *Journal of Political Economy*, *74*(2), 132-157.

2.2.2.1. Identificação dos atributos

A tarefa de identificação de atributos baseia-se, numa primeira fase, em revisão de literatura sobre o tema. Paralelamente, para assuntos menos estudados, é comum o recurso a entrevistas a especialistas. Adicionalmente, grupos de foco podem ser utilizados para validar os atributos identificados em entrevistas e/ou na revisão de literatura e para estabelecer os níveis em que tais atributos devem estar presentes.

2.2.2.2. Desenho experimental

A etapa de desenho experimental consiste em agrupar pares de atributos/níveis em conjuntos de escolha. Teoricamente o desejável é realizar todas as combinações possíveis, contudo esse número é na maioria das aplicações demasiado elevado. Por exemplo, se forem selecionados 5 atributos, 2 atributos com 2 níveis, 2 com 3 níveis, e 1 com 4 níveis, teremos $2^2 x 3^2 x 4^1 = 144$ formas diferentes de combinar. Dada a impossibilidade de elaborar um tão grande número de questões, foram desenvolvidos algoritmos para maximizar a eficiência do desenho experimental. Uma possibilidade é executar um desenho apenas com os efeitos principais. Contudo, este esquema apenas permite a estimação dos efeitos isolados de cada atributo, o que pode ser uma limitação em termos de valoração, existindo estudos que mostram que os efeitos de segunda e terceira ordem podem ser importantes. Encontram-se, já, vários *softwares* que permitem calcular desenhos estatisticamente eficientes (como SAS, NGENE, Stata, etc.).

2.2.2.3. Análise de dados e estimação das medidas de bem-estar

A análise de dados produzidos por questionários de escolha discreta é realizada através de modelos econométricos de dados qualitativos, como sejam o modelo *probit* ou *logit* para dados em painel, modelos multinomiais, modelos hierárquicos, entre outros.

A teoria económica subjacente a estes modelos é o modelo de utilidade aleatória, que presume que a função utilidade é composta por duas partes, uma determinística que depende das caraterísticas dos indivíduos e das escolhas, e uma parte aleatória. Caso se suponha que há duas opções possíveis, o indivíduo decide-se por aquela que lhe proporciona maior utilidade esperada.

Assim, a função utilidade pode ser definida como:

$$U_{ni} = V_{ni} + \varepsilon_{ni}$$

Onde,

U_{ni} é a utilidade que o consumidor n deriva da alternativa i $\in C$, sendo C o conjunto de alternativas possíveis

V_{ni} é a componente sistemática da utilidade

ε_{ni} é o elemento estocástico traduzindo a componente não observável

Um indivíduo escolherá uma alternativa i relativamente a uma alternativa j se:

$$(V_{ni} - V_{nj}) > (\varepsilon_{nj} - \varepsilon_{ni})], \forall j \in C, j \neq i$$

Dada a componente aleatória, a escolha entre i e j pode ser definida como uma probabilidade,

$$P_{ni} = P[(V_{ni} + \varepsilon_{ni}) > (V_{nj} + \varepsilon_{nj})], \forall j \in C, j \neq i$$

$$P_{ni} = P[(V_{ni} - V_{nj}) > (\varepsilon_{nj} - \varepsilon_{ni})], \forall j \in C, j \neq i$$

A assunção de diferentes funções de probabilidade determinará o modelo a ser estimado.

Nas caixas 17 e 18 apresentam-se algumas aplicações do MED.

Caixa 17: Exemplo 1 de aplicação do MED

Num estudo de valoração dos impactos de energias renováveis em Portugal foi aplicado o MED por fonte de energia e um outro de comparação entre fontes de energia. Considerando o estudo dedicado à comparação das fontes de energia, a escolha era precedida por uma breve explicação, como ilustrado abaixo (manteve-se o sublinhado do questionário original):

> A produção de electricidade a partir de fontes de energia renovável, tal como a energia eólica (vento), a energia hídrica (barragens) e a energia fotovoltaica (solar), pode provocar alguns efeitos ambientais que podem causar-lhe algum incómodo. Os impactos podem depender da sua localização, refletindo-se na paisagem, em alterações na fauna/flora, na produção de ruído que pode ser incomodativo e afetar a população da zona envolvente e na destruição de património (nomeadamente habitações, capelas e construções dos nossos antepassados). Todos os impactos referidos podem ser reduzidos alterando algumas características da produção ou da localização, mas tal acarreta um custo adicional.
>
> Seguidamente, apresentamos 9 situações de escolha de entre duas formas alternativas de produção de electricidade (Forma A e Forma B). As alternativas variam no tipo de fonte de energia utilizada, nos seus impactos ambientais e no acréscimo de preço relativamente à sua conta de electricidade actual. Em cada decisão deverá escolher a sua alternativa preferida, tal como o faria numa situação real. É importante que escolha com base unicamente nas alternativas apresentadas. No momento de escolha considere o seu rendimento mensal médio e as despesas do seu agregado familiar.

Caixa 17: (cont.)

Tendo em conta o seu rendimento mensal médio e as despesas do seu agregado familiar, faça agora as suas escolhas assinalando com um X a sua opção.

Escolha 1 - Considere a escolha entre a forma A e a forma B de produção de electricidade. Assinale a sua opção preferida:

	Forma A	Forma B
Impacto significativo sobre a paisagem	Sim	Não
Impacto significativo sobre a Fauna/Flora	Não	Sim
Destrói património	Não	Não
Produz ruído que afecta a população	Não	Não
Fonte de energia	Eólica	Fotovoltaica
Acréscimo no valor da factura mensal €	4	8
A sua escolha	☐	☐

No final de cada conjunto de escolha o respondente indicava ainda o grau de certeza da sua decisão relativamente ao montante.

Os atributos escolhidos para cada fonte traduzem os impactos considerados mais relevantes pela análise dos grupos de foco e das sessões de *think-aloud.*

Após a validação dos questionários, estes foram aplicados a uma amostra representativa da população portuguesa em termos de distrito, idade, género e educação.

Os resultados obtidos revelam que a população em geral tem perceção dos impactos causados pela produção de eletricidade através de fontes renováveis e está disposta a pagar valores significativos para compensar a população local por esses efeitos negativos. Adicionalmente, é clara a existência de preferências distintas para cada fonte de energia renovável, mesmo quando se controlam os seus efeitos indesejáveis.

Fonte: Botelho, A., Lourenço-Gomes, L., Pinto, L. M. C., Sousa, S., e Valente, M. (2018). Discrete-choice experiments valuing local environmental impacts of renewables: Two approaches to a case study in Portugal. *Environment, Development and Sustainability*, *20*(1), 145–162.

Caixa 18: Exemplo 2 de aplicação do MED

O MED pode também ser aplicado na valoração de paisagens. O exemplo que aqui resumimos refere-se à valoração da paisagem do Alto Douro Vinhateiro, designado património mundial da Humanidade pela UNESCO. Num artigo publicado em 2014, os autores analisaram o valor atribuído às caraterísticas da paisagem que estiveram na base da classificação de património mundial: preservação dos aglomerados tradicionais, paisagem em mosaico e plantação das vinhas em socalcos. Foi ainda incluído o atributo monetário (aumento no IRS-imposto sobre o rendimento individual). Todos os atributos eram binários (presença/ausência), exceto o IRS que tinha 4 níveis diferentes. Aqui reproduz-se um exemplo de um conjunto de escolha. Neste exemplo, o indivíduo é chamado a escolher entre um programa A onde apenas os atributos

Caixa 18: (cont.)

paisagem em mosaico e aglomerados tradicionais são preservados estando associado um pagamento via IRS de 20 euros, ou o programa B, em que apenas a vinha em socalcos seria preservada e teria um aumento do IRS de 60 euros. O indivíduo poderia também não escolher A nem B, selecionando a opção «none».

Program	A	B	None
	MOS + AGGLO	VIN	
	€20	€60	€0
Your choice	☐	☐	☐

Através da escolha em várias situações, como a ilustrada na tabela, em que os níveis dos atributos são variados, é possível extrair o valor marginal de cada atributo. Assim, usando os dados recolhidos através de entrevista direta a 189 respondentes foi possível concluir que:

- existe uma clara hierarquia de atributos: a disponibilidade a pagar estimada é superior para o atributo mosaico, seguida da disponibilidade a pagar para preservar os aglomerados, e por fim a disponibilidade a pagar para preservar a plantação da vinha em socalcos.
- a introdução das variáveis sociodemográficas em iteração com os atributos revelou a presença de heterogeneidade das preferências, isto é, a valoração dos atributos é diferente entre grupos da amostra definidos pelas caraterísticas sociodemográficas.

Fonte: Lourenço-Gomes, L., Pinto, L. M. C., e Rebelo, J. F. (2014). Visitors' preferences for preserving the attributes of a world heritage site. *Journal of Cultural Heritage, 15*(1), 64-67.

2.2.2.4. Limitações

As limitações do MED são comuns às já expostas no contexto do MVC, assim como o são as respostas metodológicas mencionadas. Adicionalmente, as aplicações do MED devem considerar com particular atenção a possibilidade de os inquiridos empregarem regras simplificadoras da decisão, comummente designadas por heurísticas. Tipicamente o número de conjuntos de escolha apresentados neste tipo de questionário é superior a 6, podendo incluir com alguma frequência até 10 ou 12, sendo que cada conjunto é constituído por, no mínimo, duas alternativas. Adicionalmente, cada alternativa é descrita por três ou mais atributos. Trata-se, assim, de um processo de escolha complexo.

Esta complexidade está muitas vezes associada ao uso das referidas regras simplificadoras. Uma das mais comuns é considerar apenas alguns dos atributos usados para caraterizar as alternativas.[115]

A resposta a estas limitações passa pela utilização de métodos de análise de dados mais complexos e pela inclusão de novas perguntas no questionário, por forma a recolher informação que sustente a aplicação desses métodos.Desenvolvimentos mais recentes nesta área não serão aqui explicados dada a sua complexidade.

3. Análise custo — benefício

3.1. Conceito

3.1.1. Definição e princípios de aplicação

Na esfera privada, as decisões de investimento são guiadas pela comparação entre custos e benefícios esperados, sendo implementados os projetos que geram benefícios líquidos (de custos) positivos e, de entre estes, os que maximizam a diferença entre benefícios e custos. Genericamente, não há razão para não se seguir o mesmo critério de decisão para os projetos de investimento sociais, uma vez que regulamentações e políticas em geral têm efeitos positivos e negativos sobre o bem-estar da sociedade.

A **análise custo-benefício (ACB)** ou benefício-custo é uma técnica económica de avaliação de projetos numa perspetiva social. Consiste na identificação de todas as componentes dos benefícios sociais de uma determinada ação ou investimento, bem como de todos os custos sociais associados, incluindo custos de oportunidade. Do ponto de vista teórico, a análise custo-benefício tem origem na área da economia do bem-estar e pretende responder a questões sobre a comparação de benefícios e custos de ações alternativas. Assume-se que os benefícios aumentam, enquanto os custos reduzem a utilidade da sociedade (que podemos entender como a soma dos indivíduos que a constituem). A ciência económica assenta na análise das escolhas em contexto de recursos escassos, o que obriga a compromissos. Nesse sentido, o balanceamento entre benefícios e custos permite realizar decisões eficientes, no sentido de, em média, a sociedade

[115] Em inglês designa-se por *attribute non-attendance*.

melhorar com uma determinada medida ou investimento. Por outro lado, a ACB possibilita verificar se uma nova regulação traz à sociedade mais benefícios do que custos.

Decorre da definição de ACB que, ao contrário de outros estudos como a "análise de impacte ambiental", sejam considerados os efeitos (em termos de custos e benefícios) numa métrica comum, a unidade monetária, o que verdadeiramente propicia a comparação desses valores. Adicionalmente, a ACB considera todos os custos e benefícios para a sociedade, incluindo os custos de oportunidade. No caso da decisão de conservação de uma área florestal para recreação e lazer, na medida em que temos de nos abster de explorar a madeira ou construir um centro comercial nessa área, teremos de considerar como custo de oportunidade a melhor alternativa entre o valor de mercado da madeira ou o benefício de explorar o espaço para outros fins. Finalmente, a ACB considera as preferências da sociedade, na medida em que é feita uma identificação de todos os indivíduos de algum modo afetados e das suas preferências. Essas preferências traduzem-se em disponibilidade a pagar ou disponibilidade a receber, conforme discutido no ponto anterior, e estão subjacentes ao valor (económico) de certos custos ou benefícios.

Historicamente, as primeiras utilizações do método remontam a França no século XIX, altura em que aquele se usou para avaliar investimentos em infraestruturas. Nos EUA, na década de trinta do século XX tornou-se obrigatório comparar custos e benefícios para projetos em infraestruturas de água, respondendo a uma necessidade de tornar os investimentos públicos mais eficientes.

A ACB pode ser usada para decidir *ex-ante* se se deve introduzir ou alterar uma medida de política, como, por exemplo, adotar um novo imposto sobre a energia consumida ou subsidiar a instalação de painéis solares residenciais, ou para deliberar se se avança com um projeto de investimento, como construir um parque eólico. Também pode servir para eleger a inação como a melhor opção do ponto de vista social. Por vezes, também é realizada uma análise *ex-post* para verificar se um determinado projeto ou medida regulatória acarretou mais benefícios do que custos em termos sociais.

Nem sempre os custos e benefícios privados coincidem com os sociais. Nestes casos, a regra geral é a de que quando os agentes não suportam a totalidade dos custos e/ou benefícios das suas ações dificilmente a solução de mercado será a socialmente desejável. Em particular, no caso de projetos no domínio do ambiente é clara a necessidade de contemplar benefícios e custos não derivados de mercados perfeitamente organizados.

A análise efetuada no ponto anterior deste manual evidenciou as condições necessárias para conduzir um processo de valoração de bens e/ou serviços não transacionados no mercado. É claro que a sua não verificação coloca problemas sérios à execução de uma ACB.

Situações em que se espera dificuldades na realização desta análise são aquelas em que o recurso é não substituível, como é o caso das espécies em vias de extinção. Adicionalmente, quando os efeitos da ação humana sobre o recurso ou as consequências da alteração no mundo natural sobre o bem-estar humano são muito incertos, nem sempre a ACB é possível. Em situações de elevada incerteza, em particular quando, embora com uma pequena probabilidade, acontececem catástrofes, pode justificar-se a decisão e ação dos governos sem realizar previamente uma ACB.

Um artigo de relevo publicado em 1996 na revista *Science* definiu um conjunto de princípios para uma utilização adequada da análise custo-benefício (Arrow *et al.*, 1996)[116]. Estes princípios são de seguida elencados de forma resumida:

— A análise custo-benefício revela-se um método útil na comparação entre os efeitos desejáveis e indesejáveis de políticas. Trata-se de uma ferramenta importante para auxiliar na decisão política identificando e, sempre que possível, valorando os efeitos de políticas, ainda que estes sejam incertos;

— Os decisores públicos devem, por um lado, ser autorizados a comparar custos e benefícios na definição de políticas, e por outro, a ACB deveria constituir um requisito nas principais iniciativas de regulação, isto é, naquelas que envolvem recursos financeiros significativos e nas quais se espera que a análise custo-benefício aporte informação adicional significativa. Desta forma se garante que o critério de decisão é claro;

— A deliberação política não coincide necessariamente com a decisão ditada pela aplicação do critério de maximização de benefícios líquidos. No entanto, mesmo nestas situações, importa que a ACB seja realizada e as razões que sustentam a deliberação devem ser transparentes. Princípios como os de equidade podem ditar escolhas contrárias às guiadas por um critério de eficiência medida pela ACB. Assim, além de uma comparação entre valores agregados, convém que esta análise contenha informação sobre a distribuição dos efeitos da regulação pelos grupos afetados;

— A valoração de custos e benefícios deve ser efetuada em todas as situações, mesmo quando a incerteza é elevada, caso em que as limitações da análise devem ser explícitas. Há vários níveis de incerteza na análise custo-benefício: desde logo, o

---

[116] Arrow, K. J., Cropper, M. L., Eads, G. C., Hahn, R. W., Lave, L. B., Noll, R. G., ... e Stavins, R. N. (1996). Is there a role for benefit-cost analysis in environmental, health, and safety regulation?. *Science*, 272(5259), 221-222.

efeito da regulação sobre o meio físico, assim como a consequência das suas alterações sobre os membros da sociedade e, finalmente, a valoração desses efeitos. Arrow *et al.* (1996) recomendam que os impactos da regulação sejam quantificados e valorados sempre que possível, mas isto não significa que os aspetos quantitativos dominem considerações qualitativas importantes. É fundamental que face à existência deste tipo de considerações, a análise da regulação seja explícita sobre elas e não as «esconda» detrás de um estudo quantitativo. Note-se, no entanto, que qualitativo não é sinónimo de arbitrário. A componente qualitativa deve ser o mais possível baseada nos compromissos que os indivíduos, que sofrem ou usufruem dos efeitos da regulação, fazem e não refletir os interesses de quem conduz o estudo;

- A validação externa e periódica da ACB é importante para a aceitação e aperfeiçoamento do método, sendo também relevante a comparação entre aplicações de análise custo-benefício em contextos semelhantes ou diversos. A comparação e validação externa só são possíveis se existir um protocolo comum de análise, que passa pela utilização de conceitos económicos base e valores de referência (para que, por exemplo, diferentes departamentos do mesmo ministério tomem decisões de forma semelhante), como sejam o de taxa de desconto social, valoração de reduções de riscos de saúde ou vida, valoração de outros efeitos sobre a saúde etc.

3.2. Etapas da ACB e tomada de decisão

A análise custo-benefício (de um projeto, programa, uma nova legislação ou da inação) é composta por várias etapas[117]:

a) Definição do projeto ou política: quem são as pessoas afetadas pelo projeto e qual o horizonte temporal

Esta primeira etapa é essencial para prosseguir para as seguintes, mas não é de todo linear. A dificuldade em definir quem é prejudicado pelo projeto e durante quanto tempo, pode ser ilustrada pela construção de uma barragem para produção de eletricidade. Em termos de população afetada pelo projeto temos de considerar a população

[117] Para apresentação das etapas, segue-se aqui Hanley, N., e Barbier, E. (2009). *Pricing Nature: Cost-Benefit Analysis and Environmental Policy*. Edward Elgar Publishing.

local que suportará os custos de construção e operação da barragem, sendo possivelmente forçada a deslocar-se, caso esta obrigue a submergir um aglomerado populacional. Por outro lado, a central hidroelétrica gera eletricidade para ser distribuída pelo país, pelo que a população nacional será indiretamente beneficiada. Em termos de horizonte temporal, poderá ser considerada a duração projetada da barragem ou, caso se antecipem danos no local, o tempo em que os mesmos se farão sentir.

No caso da barragem que estava planeada para o rio Côa em Portugal na década de 90 do século XX, foram descobertas gravuras paleolíticas que acabariam submersas se a barragem tivesse sido contruída (o projeto foi abandonado em 1996, tendo o parque arqueológico de Foz Côa sido classificado como Património Mundial pela Unesco em 1998). Neste caso, dada a importância internacional do achado, seria necessário alargar a população afetada para lá da local e nacional, uma vez que na componente dos benefícios seria necessário calcular o valor gerado para a Humanidade.

b) Identificar os impactos do projeto, medidos em unidades físicas

É necessário identificar (em unidades) as implicações do projeto. Como exemplo pode apontar-se o número de horas de trabalho necessárias para construir uma central de produção de eletricidade através da biomassa, as emissões de gases poluentes durante a operação da central, a capacidade de produção de energia da central, entre outros. Esta informação constará no que se designa, em Portugal, por «Avaliação de Impacte Ambiental».

c) Valorar os impactos em valores monetários

Nesta etapa, os impactos do projeto (ou de uma nova legislação) identificados na etapa anterior são convertidos em valores monetários. Deste modo todos os efeitos relevantes em termos de custos e benefícios para a sociedade são expressos numa unidade de medida comum e podem ser comparados. Como sabemos do ponto V.2, há várias abordagens para atribuir valores monetários aos impactos, nomeadamente recorrer a valores de mercado ou, na ausência destes, a métodos de valoração alternativos.

Os montantes a incluir englobam custos diretos do projeto, custos de oportunidade e custos externos. Ilustrando com o caso de uma central de biomassa florestal para produção de energia elétrica, os custos diretos referem-se ao custo de aquisição do terreno, licenciamento do projeto, construção e custos de operação (como mão de obra, eletricidade, matéria-prima). Os custos de oportunidade reportam-se a alternativas de utilização do terreno, por exemplo, para silvicultura e/ou fonte de biomassa florestal ou como área de recreação. Em termos de custos externos, podem mencionar-se custos não internalizados no projeto, como poluição do ar gerada pela atividade ou o facto da localização do projeto pôr em causa *habitats* de animais selvagens.

d) Desconto dos fluxos de benefícios e custos

Quando os custos ou benefícios ocorrem em diferentes momentos de tempo é necessário reportar os valores a um mesmo momento.

Caixa 19: Exemplos de fluxos de benefícios e custos

É comum que fluxos financeiros ocorram em diferentes momentos do tempo, quer em investimentos privados quer públicos, bem como em alterações legislativas, como nos seguintes exemplos:

- Uma empresa compara custos de desenvolvimento de um novo produto com os benefícios futuros que retirará caso o coloque no mercado;
- Uma empresa analisa, no presente, apostas em eficiência energética nas suas fábricas que trarão poupanças a longo prazo;
- Uma câmara municipal pondera investimento em novos jardins municipais que serão utilizados durante várias décadas;
- O Ministério da Educação estuda a hipótese de aplicar verbas para a educação em sustentabilidade no ensino do 1º ciclo;
- As autoridades nacionais apreciam a introdução de medidas de redução de emissões nos automóveis com motor de combustão a gasóleo, o que obriga a despesas em substituição de equipamento no atual parque automóvel e maiores custos de produção dos novos veículos, mas tem benefícios de redução de poluição e de saúde ao longo de vários anos;
- Uma entidade avalia o investimento numa central nuclear que implica custos de construção a curto prazo e de manutenção e operação no decurso da sua vida útil. Neste caso há que ponderar também custos relacionados com os resíduos nucleares que continuarão a existir depois da central fechar.

Na prática, um indivíduo que tenha a opção de escolher entre receber 100 € agora ou exatamente a mesma quantia daqui a 10 anos, prioriza a primeira situação. Isto porque o «valor» do dinheiro não será o mesmo nas duas ocasiões, não sendo possível adquirir com ele um cabaz de bens equivalente nos dois momentos. Devido a motivos de cariz económico, precisará de uma importância maior no futuro para comprar as mesmas coisas que obtinha hoje com os 100 €. A questão temporal é, portanto, crucial numa análise de investimentos. Além disto, é frequente existir uma dissonância entre custos e benefícios, sendo os primeiros frequentemente imediatos na esfera de decisão do agente (o custo do investimento em si), enquanto os segundos geralmente são desfasados no tempo, só se refletindo no médio/longo prazo, aliás, como os exemplos da Caixa 19 indicam.

Neste contexto aplica-se o «**desconto**», uma operação matemática que permite comparar valores monetários em momentos diferentes.

Comecemos por analisar o modelo de desconto mais simples, o exponencial, que considera uma taxa de desconto constante. Consideremos uma taxa de desconto anual, *r*, que reflete o crescimento do valor do dinheiro ao longo do tempo (as razões subjacentes a este processo serão analisadas em seguida). Se presumirmos que r = 2%, 100 € hoje são equivalentes a 102 € dentro de um ano, técnica que em matemática financeira se chama «**capitalização**». De forma análoga, 102 € dentro de um ano, valem hoje o correspondente a 100 €, ou seja, 102 € são «descontados» ou «atualizados» para o presente, operação denominada de «**atualização**». Esta equivalência está ilustrada na Figura 51:

FIGURA 51: **Ilustração do processo de capitalização e desconto**

a) Capitalização

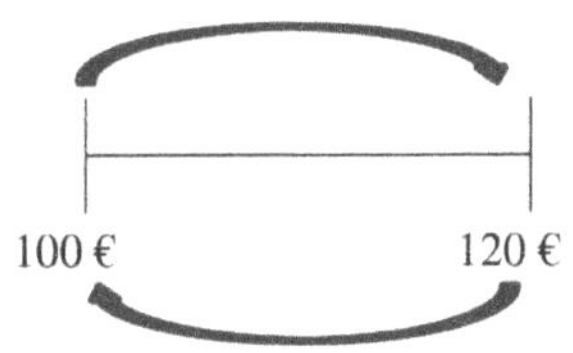

$$102 = 100 + 2\%\,100 = 100(1 + 2\%)$$

b) Desconto ou atualização

$$100 = \frac{102}{1 + 2\%} = 102[(1 + 2\%)^{-1}] = 102 \times 0.9804$$

Este exemplo simples já permite ver que custos e benefícios vão ser descontados caso ocorram no futuro e, como tal, ter menos peso na decisão. Há projetos cujos benefícios são sobretudo experienciados num horizonte temporal mais longo, sendo que o desconto desses valores leva a que no momento de deliberação sobre o projeto, acabem por ter um peso menor (relativamente à situação de ausência de desconto).

Genericamente, consideremos um benefício B ou custo C, uma taxa de desconto r, e o número (t) de períodos que decorrem no projeto face ao momento em que o estamos a avaliar (momento 0), o desconto do valor para o presente é dado por:

$$\frac{B}{(1+r)^t} = B[(1+r)^{-t}]$$
$$\frac{C}{(1+r)^t} = C[(1+r)^{-t}] \qquad (1)$$

Consideremos um exemplo de um projeto com fluxos de custos e benefícios durante 5 anos (Figura 52):

Figura 52: **Ilustração do processo de atualização de custos e benefícios**

Ano	0	1	2	3	4	5
Custo	100	20	10	0	0	0
Benefício	0	0	0	40	100	200

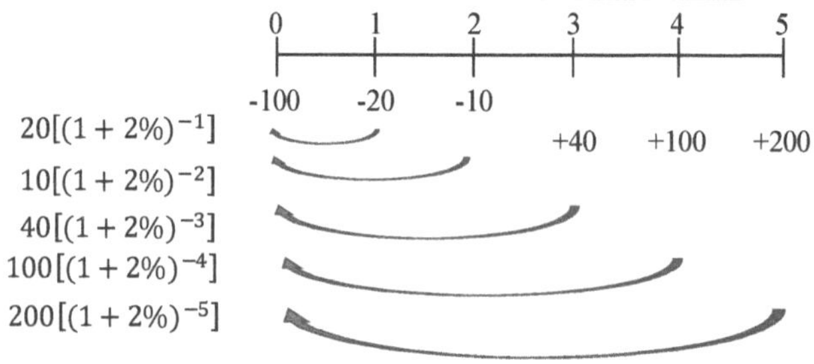

e) Aplicar o critério do valor atualizado líquido

A comparação entre benefícios e custos pode fazer-se, desde logo, pelo chamado **valor atualizado líquido (VAL)** que consiste na diferença entre a soma atualizada (descontada) de benefícios e a soma (também atualizada) dos custos (incluindo o investimento inicial). O projeto gera um acréscimo líquido de benefícios se VAL>0.

A expressão genérica para t períodos é a representada em (2):

$$VAL = \sum_t \frac{B_t - C_t}{(1+r)^t} = \sum_t (B_t - C_t)\frac{1}{(1+r)^t} = \sum_t (B_t - C_t)(1+r)^{-t} = \\ = \sum_t \frac{B_t}{(1+r)^t} - \sum_t \frac{C_t}{(1+r)^t} \quad (2)$$

No exemplo numérico aqui proposto, (Figura 52) supondo uma taxa de desconto de 2%, o VAL do projeto será cerca de 182 € (311,22 — 129,22), relativos respetivamente à soma dos benefícios e dos custos atualizados ao momento zero), correspondente, portanto, a um VAL positivo.

Uma forma alternativa de apresentar essa comparação entre benefícios e custos é calcular o rácio benefícios/custos (em valores atualizados), ou seja,

$$\frac{\sum_t \frac{B_t}{(1+r)^t}}{\sum_t \frac{C_t}{(1+r)^t}} \quad (3)$$

Quando o quociente assume valores acima de 1, os benefícios cobrem mais do que os custos, valores abaixo de 1 mostram o oposto. A vantagem desta forma de apresentação é revelar em que medida os benefícios superam os custos, abstraindo da escala do projeto; ou de forma alternativa perceber o que significa um dado VAL.

No caso do exemplo da Figura 52, o rácio agora proposto resultaria num valor de 2,4, ou seja, os benefícios correspondem a 240% dos custos (são superiores em 140% aos custos), o que dá uma noção mais precisa da dimensão dos primeiros relativamente aos segundos.

Ilustrando para outro caso, num projeto de investimento em que obtemos um VAL de 20 000 €, deduzimos que é gerador de benefícios em termos líquidos, uma vez que o montante é positivo. No entanto, consideremos duas magnitudes do projeto:

- num primeiro caso, por exemplo, os benefícios atualizados são 10 020 000 € e os custos atualizados 10 000 000 €, pelo que o rácio entre benefícios atualizados e custos atualizados é 1,002, ou seja, os benefícios são apenas 0,2% superiores aos custos;

- o mesmo VAL de 20 000 € pode, também, ser gerado por um projeto com benefícios atualizados de 30 000 € e custos atualizados de 10 000 €, pelo que o rácio entre benefícios atualizados e custos atualizados é 3, ou seja, os benefícios representam o triplo dos custos (ou seja, são 200% superiores a estes), situação diferente da anterior.

Outro fator a notar é que à medida que a taxa de desconto aumenta, o VAL do projeto vai diminuindo, sempre que os custos são suportados logo no início do projeto e os benefícios gerados mais tarde. Regressando ao exemplo da Figura 52, o VAL do projeto será cerca de 182 €, assumindo uma taxa de desconto de 2%. Mas se a taxa de desconto for 5%, o VAL seria 145,41 €, e se for 0,5% o VAL seria 202,70 €, ou seja, o valor varia em sentido inverso ao montante da taxa de desconto. No limite, o VAL com uma taxa de desconto nula, atingiria o máximo de 210 €, o que corresponderia a simplesmente somar benefícios e subtrair-lhe o total de custos, como se não houvesse influência do tempo.

Complementarmente, tal como numa análise de projetos de investimentos, pode-se calcular a taxa interna de rentabilidade (TIR), que indica a taxa de desconto para a qual o VAL muda de sinal. No exemplo supramencionado, à taxa superior que admitimos, 5%, atingíamos um VAL ainda positivo, embora menor do que nos casos anteriores, pelo que há uma taxa de desconto (superior) para a qual os benefícios igualam os custos.[118] Após feitos os cálculos, a TIR apresenta um valor de cerca de 26,1%, taxa a partir da qual o VAL será negativo.

f) Aplicar análise de sensibilidade

A ACB resulta da assunção de alguns pressupostos em relação a certos valores que compõem o cálculo do VAL. Em particular, em matéria de impactos sociais e no meio ambiente existe elevada incerteza. Vimos já que, cingindo-nos apenas à componente matemática do cálculo, a taxa de desconto tem grande influência no resultado final. Como veremos no próximo ponto, não é de todo simples determinar qual a taxa que deveremos usar, uma vez que descontar o futuro em matéria ambiental e social significa que custos e benefícios suportados pelas gerações futuras valem «menos» no presente, ou seja, têm menos peso nos cálculos. Por outro lado, em matéria ambiental os

[118] Esse valor pode ser obtido usando calculadoras com funções financeiras, ou recorrendo a funções apropriadas em programas como Microsoft Excel.

projetos ou legislação têm efeitos que não têm expressão de mercado e devem ser estimados, recorrendo a métodos de valoração, pelo que serão aproximações monetárias de impactos por vezes incertos.

Assim, é habitual completar o estudo com uma análise de sensibilidade em que se calcula o VAL para valores alternativos de parâmetros sobre os quais existe incerteza, nomeadamente a taxa de desconto, certos valores de custos ou benefícios, quantidade e qualidade de fatores produtivos, e produção, bem como o horizonte temporal do projeto.

3.3. Preferências intertemporais e modelos de desconto

O modelo de desconto e a taxa de desconto usadas na ACB privada derivam do mercado financeiro, isto é, do custo de acesso a capital financeiro, dadas as condições específicas do projeto e da entidade responsável pelo mesmo. Assim, tipicamente, a taxa de desconto r representará o custo do capital, sendo o **modelo de desconto** o que foi aplicado no início do capítulo, **denominado exponencial**. Contudo, num contexto de ACB social, o modelo de desconto e a respetiva taxa deverão refletir as preferências intertemporais do setor ou país em causa.

Numa qualquer decisão intertemporal, como sejam as opções sobre políticas de educação, trabalho, saúde, nutrição, poupança, entre outras, as preferências intertemporais são uma determinante da escolha, retratando, em essência, a forma como os indivíduos estão dispostos a transferir no tempo benefícios ou custos. Assim, quando uma pessoa decide iniciar uma prática desportiva regular, está a abdicar de algum tempo no presente como contrapartida de obter no futuro uma melhor condição física; ou ainda, quando decide dedicar um fim de semana por mês a limpar uma zona florestal, está a prescindir das vantagens que poderia ter (aplicando esse tempo, por exemplo, a ler) para desfrutar dos benefícios de uma floresta mais rica e resistente ao fogo. De forma semelhante, quando um governo decide optar por um plano de literacia em saúde, por exemplo, está a renunciar investir esses recursos em outros projetos e os respetivos benefícios que essas alternativas poderiam alcançar, em troca das vantagens futuras de aumentar a literacia.

Naturalmente os indivíduos não têm todos as mesmas preferências intertemporais, sendo que uns são mais pacientes, enquanto outros têm maior urgência na recolha de benefícios, e dentro desses grupos, diferem nos seus níveis de rendimento, por exemplo.

Para corresponder a esta diversidade existem diversos modelos de desconto e, dentro destes, taxas de desconto distintas.

O modelo de desconto exponencial, já exemplificado, assume que a taxa de desconto é constante, isto é, o *trade-off* temporal é independente do horizonte temporal. Por outras palavras, a taxa de desconto por unidade de tempo que um indivíduo requer para esperar um ano para recolher benefícios é igual quer se trate de esperar do ano 1 para o 2, ou do ano 10 para o 11.

Já o **modelo hiperbólico** generalizado, assume que a taxa de desconto é decrescente com o horizonte temporal. Prosseguindo com o exemplo anterior, o indivíduo usa uma taxa de desconto maior (por unidade de tempo) a curto prazo (por exemplo, comparando um valor no momento atual em relação ao ano 1), enquanto usa uma taxa de desconto menor a longo prazo (por exemplo, comparando um valor no ano 10 em relação ao ano 11).

Existem diversos fatores que afetam o modelo e a taxa de desconto.

1. Se um país tem taxas de crescimento económico positivas e significativas isso significa que uma unidade monetária hoje tem mais valor que no futuro, admitindo utilidades marginais decrescentes. O processo de desconto garante que uma unidade vale mais presentemente do que uma unidade do futuro. Por outro lado, na medida em que o futuro seja incerto, adiar significa criar valor de opção, desta forma o efeito precaução requer taxas de desconto inferiores e decrescentes no tempo. Por vezes, o argumento da incerteza é usado para justificar o adiamento da decisão do projeto, reduzindo o seu valor atual;
2. Quanto mais alargado for o horizonte temporal e mais desigual for a distribuição dos custos e benefícios ao longo do tempo, maior é o efeito da taxa e modelo de desconto no cálculo do valor atual. Settle e Shogren (2004)[119] e Rowse (2006)[120] apresentam evidência empírica favorável à hipótese de que a aplicação de um modelo de desconto incorreto gera uma afetação de recursos não ótima para os casos da gestão de espécies nativas/exóticas e para a extração de petróleo, respetivamente;

---

[119] Settle, C., e Shogren, J. F. (2004). Hyperbolic discounting and time inconsistency in a native-exotic species conflict. *Resource and Energy Economics*, *26*(2), 255-274.

[120] Rowse, J. (2006). On hyperbolic time discounting in exhaustible resource models: An application to world oil resources. *Natural Resource Modeling*, *19*(2), 243-277.

3. Sob condições de informação e mercado perfeitos, os elementos modelo e taxa de desconto individual e social coincidem. No primeiro caso estamos perante a preferência intertemporal de agentes económicos individuais, já o modelo e taxa de desconto social é o aplicado na avaliação dos projetos sociais. Contudo, a existência de distorções derivadas, por exemplo, da existência de impostos e atividades com riscos diversos criam discrepâncias entre os dois modelos. Esta disparidade, por sua vez, leva a dificuldades no cálculo do valor atual de projetos, em particular quando a distribuição temporal dos custos e benefícios é distinta. Adicionalmente, não há motivos para que a diferenciação com base nas caraterísticas do projeto habitualmente realizada na taxa de desconto usada em projetos privados, não se estenda também a projetos públicos. Em particular, a taxa de desconto deve variar com o rendimento do país, o setor de atividade, o grau de risco, a área de investimento, por exemplo;
4. O contexto de aplicação do projeto constitui também um determinante da escolha de modelo e taxa de desconto. Os projetos no domínio do ambiente têm caraterísticas particulares, como seja a natureza de bem público e a possibilidade de as consequências poderem ser irreversíveis. Para além disso, a raridade da qualidade ambiental ou dos serviços ambientais faz aumentar o seu valor relativo, ou pode mesmo torná-los não substituíveis por bens de consumo futuro, caso em que as metodologias de valoração de bens ambientais não podem ser aplicadas. Uma possibilidade é considerar a alteração nos preços relativos dos bens/serviços, que no contexto da teoria do crescimento implica a utilização de taxas de desconto decrescentes. Efetivamente, assumir no limite que o valor de bens/serviços ambientais aumenta com a passagem do tempo (devido a taxas de desconto negativas) é razoável à luz da evolução recente das preferências dos consumidores e da valorização de bens ambientais. Outra possibilidade é diferenciar a taxa de desconto por tipo de projeto;
5. Um outro aspeto muito relevante é a da escolha do modelo de desconto para projetos multilaterais. Muitos projetos ambientais envolvem vários países com diversos níveis de desenvolvimento e preferências temporais. A questão torna-se ainda mais complexa quando se trata de projetos em que os países financiadores do investimento têm como objetivo promover o bem-estar dos países de destino. Neste contexto, que taxa de desconto deve ser usada? A dos países financiadores, ou a dos países de destino? Será uma decisão a ser tomada no contexto do projeto em particular, podendo ser realizada uma análise de sensibilidade à escolha da taxa de desconto.

Uma afetação ótima de recursos requer assim uma avaliação prévia das preferências intertemporais dos destinatários do investimento.

3.4. Exemplos de utilização da ACB em matéria ambiental

3.4.1. Análise *ex-post* da imposição de regras ambientais de licenciamento de barragens

Num artigo publicado em 2006[121] realizou-se uma análise-custo benefício *ex-post* da renovação do licenciamento de duas barragens hidroelétricas no Michigan em 1994. Na renovação da licença de operação, a entidade reguladora impôs que considerações ambientais fossem tidas em conta na gestão do fluxo de água no rio por forma a melhorar as condições ambientais para as espécies de peixe lá existentes. Antes, a gestão das descargas realizava-se em função da procura de eletricidade, ou seja, quando a procura de eletricidade aumentava (por motivos sazonais ou ao longo do dia), aumentavam as descargas para o rio. A nova abordagem passaria a ter em conta as flutuações naturais nos níveis de água que ocorreriam na ausência da barragem (reduzindo impactos ambientais). Esta regra de licenciamento acarretava custos acrescidos de operação e reduzia a possibilidade de responder a picos de procura com a eletricidade produzida apenas pelas duas barragens.

A nível de custos foram considerados os custos acrescidos de produção de eletricidade, em que a resposta a flutuações de procura seria dada por outras fontes de energia. Para as estimativas deste impacto, os autores usaram informação pública (ou seja, de mercado) sobre custos de produção de eletricidade.

Em termos de benefícios, consideraram-se dois tipos. Por um lado, o novo modelo de gestão obriga a gerir as referidas flutuações, com o consequente impacto negativo nos custos nos períodos de elevada procura. No entanto, nos outros períodos, reduziu-se a necessidade de produção por outras fontes, o que levou a que fosse usado menos carvão, pelo que se diminuiu a poluição do ar, em particular as emissões de gases de efeito de estufa. Para estimar os benefícios sociais foram usados valores previamente estimados e publicados noutro contexto para os diferentes poluentes cujas emissões foram alteradas.

---

[121] Kotchen, M. J., Moore, M. R., Lupi, F., e Rutherford, E. S. (2006). Environmental constraints on hydropower: an *ex post* benefit-cost analysis of dam relicensing in Michigan. *Land Economics*, *82*(3), 384–403.

Adicionalmente, a gestão do fluxo do rio, com considerações ambientais, trouxe progressos em termos ecológicos, nomeadamente melhorou o *habitat* das espécies animais, em particular do salmão, e a qualidade do rio enquanto fonte de recreação, nomeadamente incentivando a pesca. Este benefício foi estimado com dados observados e usando o método do custo de viagem.

Para comparar custos com benefícios, os autores produziram várias estimativas com base nos diferentes parâmetros, chegando, no entanto, à conclusão de que, em termos líquidos para a sociedade, as novas regras ambientais geraram benefícios. O estudo apenas considera um horizonte temporal de 1990 a 2001, notando os autores que a nova licença termina apenas em 2034 pelo que seria possível alargar o cálculo dos custos e benefícios. Por outro lado, os benefícios sociais considerados remetem apenas para valores de uso, podendo incluir a valoração de outros serviços de ecossistema também efetuados positivamente. Em ambos os casos, aumentaria o VAL associado.

3.4.2: Análise *ex-ante* de práticas agrícolas de adaptação às alterações climáticas

Num estudo[122] realizado na República do Gana sobre práticas agrícolas de adaptação às alterações climáticas, o setor considerado é a agricultura hortícola exercida por pequenos proprietários. Os fenómenos associados às alterações climáticas colocam-lhes vários desafios, reduzindo a produção agrícola, a qualidade dos produtos e afetando negativamente os seus rendimentos e sobrevivência. Neste estudo foram analisados cinco procedimentos agrícolas que os especialistas entenderam adequados para fazer face a esses desafios, nomeadamente a cultura intercalada (várias culturas que são mantidas próximas, por exemplo nos intervalos umas das outras), cultivo misto (culturas em simultâneo em substituição de monocultura vulnerável a condições climáticas adversas), regime de rotação (mudança sequencial de culturas ao fim de cada período), irrigação mais eficiente e fertilização (para melhorar nutrientes e reter humidade do solo). Estas práticas permitem evitar elevada variabilidade de rendimentos, combater perda de qualidade do solo e vulnerabilidade climática.

[122] Williams, P. A., Ng'na'ga, S. K., Crespo, O., e Abu, M. (2020). Cost and benefit analysis of adopting climate adaptation practices among smallholders: The case of five selected practices in Ghana. *Climate Services, 20.*

A investigação decorreu em dois locais, tendo sido analisados os custos e benefícios associados a cada prática agrícola por forma a informar quer os proprietários sobre as alternativas mais eficientes, quer as autoridades públicas. A metodologia consistiu em realizar entrevistas junto de agricultores que já adotam pelo menos um dos métodos (em termos de custos, produtividade dos terrenos, etc.), a *stakeholders* do setor agrícola da República do Gana (desde agricultores a elementos ministeriais) e finalmente especialistas (por forma a estimar o valor de externalidades).

Os custos apontados relacionavam-se com equipamento e matérias-primas e corresponderam a custos de instalação das novas técnicas (custos iniciais), manutenção (ao longo do ciclo de vida do projeto) e custos de operação. Os benefícios diretos foram estimados para a melhoria do solo e da sua fertilidade, aumento da disponibilidade de água, etc.

No que diz respeito a benefícios externos sociais, os autores consideram a melhoria dos serviços de ecossistema associados à biodiversidade das culturas e dos solos, redução de emissão de gases de efeito de estufa, etc. Também foram contemplados benefícios em termos da potencial criação de emprego local relativos a cada prática analisada.

A taxa de desconto utilizada na análise foi de 27,5%, correspondente à taxa de juro aplicada pelos bancos. No que concerne à componente privada dos projetos (excluindo os benefícios externos), todas as práticas estudadas apresentariam uma TIR acima dessa taxa de juro, nomeadamente de 29% a 157%, o que serviria de incentivo aos agricultores para desencadear uma nova prática. No entanto, o período de recuperação do investimento difere entre alternativas (variando entre 2 e 7 anos), e como tal em termos de atratividade para um pequeno proprietário é mais interessante um projeto com menor período de recuperação do investimento, pois mais rapidamente a atividade começa a gerar benefícios líquidos (de custos) positivos.

Acrescendo a componente social à componente privada dos projetos, podemos ter em conta todos os custos e benefícios sociais. Do ponto de vista social, tanto a TIR, que passa a variar entre 30% e 363% dependendo do projeto, como o VAL aumentam para todas as práticas e locais estudados, ilustrando a importância de considerar os benefícios e custos externos em projetos com impacto ambiental e social. Assim, este tipo de estudo permite suportar políticas públicas de adaptação climática, quer de informação e assistência junto de pequenos proprietários, quer de subsidiação da introdução dessas medidas.

Anexo 3: Estudo sobre impacto de energias renováveis

Em 2014 foi realizado um estudo sobre o valor dos impactos ambientais e sociais da produção de energias renováveis em Portugal, focando-se sobre a necessidade de decidir que fontes de energia renovável usar para a produção de eletricidade em Portugal, onde devem ser construídas e qual a sua dimensão. Além das questões da eficiência na produção de eletricidade, as quais dependem das tecnologias e das condições locais, existem questões de equidade a ter em conta. Em particular, a decisão deve contemplar o efeito da instalação e operação da produção nos diversos grupos de pessoas que são afetadas negativa e positivamente pela construção.

O objetivo foi comparar o valor dos impactos na população que habita nas proximidades das instalações com o valor dos impactos para a população em geral, e fazê-lo confrontando diversas fontes de energia (hídrica, solar fotovoltaica, eólica e biomassa florestal).

O estudo desenvolveu-se em várias fases:

(i) Identificação dos impactos locais e não locais da produção e energia através de fontes renováveis: revisão de literatura e aplicação de grupos de foco;
(ii) Elaboração dos questionários e validação dos mesmos através de estudos piloto e técnica de *think aloud*;
(iii) Definição da amostra, recolha e análise dos dados;
(iv) Discussão dos resultados.

A tabela seguinte resume a identificação, na literatura, dos impactos da produção de eletricidade através de fontes renováveis, e os que foram selecionados para o estudo, após a realização dos grupos de foco, por fonte de energia.

	Impactos identificados na revisão de literatura	Impactos selecionados
Eólica	Impactos na biodiversidade; Impacto na fauna e flora; Alteração da paisagem; Ruído; Efeitos sobre a saúde; Alteração na ocupação do solo; Fragmentação do território.	Impacto na fauna e flora; Alteração da paisagem; Ruído.

	Impactos identificados na revisão de literatura	Impactos selecionados
Hídrica	Impactos na biodiversidade; Impactos na fauna e flora; Inundação de grandes áreas de terra arável; Degradação da qualidade da água; Alteração na paisagem; Destruição de património arquitetónico, histórico e arqueológico; Risco de rutura de barragens; Impactos associados à remoção da barragem no fim de vida; Alteração de parâmetros meteorológicos (temperatura e humidade, por exemplo).	Impactos na fauna e flora; Alteração na paisagem; Destruição de património; Ruído.
Solar fotovoltaica	Impacto na fauna e flora; Alteração da paisagem; Encandeamento; Alteração na ocupação do solo; Implantação das explorações em terrenos aráveis; Fragmentação do território; Aumento da temperatura do solo; Emissões poluentes resultantes da produção e fim de vida dos painéis.	Impacto na fauna e flora; Alteração da paisagem; Encandeamento.
Biomassa florestal	Redução da quantidade de nutrientes; Aumento do carbono retido no solo; Alteração da fertilidade do solo; Alteração da capacidade de retenção de água; Emissão de vibração; Luz noturna; Aumento do tráfego e associada poluição do ar e sonora; Alteração na paisagem; Impacto sobre a fauna e flora; Libertação de odor desagradável.	Alteração na paisagem; Impactos na fauna e flora; Odor desagradável.

A partir da tabela anterior pode afirmar-se que é clara a diversidade de impactos que a produção de eletricidade, a partir de fontes renováveis, tem sobre as populações locais. De entre os selecionados, identificam-se os que claramente devem ser categorizados como valores de uso e como valores de não uso. Por exemplo, a inundação/ ocupação de áreas aráveis ou a redução de nutrientes do solo representam claramente uma perda em valor de uso; já prejuízos sobre o património arqueológico ou a alteração da paisagem retratam mais uma perda de valor de não uso. Tendo naturezas diferentes, todos os danos devem ser contabilizados, pois a eficiência e equidade da escolha do local, dimensão e tipo de energia a ser utilizada dependem da contemplação integral de todos os impactos, independentemente da sua essência.

O cálculo do valor dos impactos ambientais do exemplo acima descrito, ou de qualquer outro bem/serviço requer o desenho de instituições com caraterísticas reveladoras da verdade[123], ou seja, em que os incentivos associados à decisão são tais que revelar a verdade é a melhor estratégia.

---

[123] *Incentive compatible.*

VI. Comportamentos voluntários das empresas face aos problemas ambientais

Introdução

Tradicionalmente a Economia do Ambiente estuda os problemas ambientais do ponto de vista do regulador que pretende encontrar soluções para as falhas de mercado geradas pelas externalidades ambientais e para os desafios que os bens públicos e comuns colocam. Mais do que assumir uma postura passiva e meramente reativa da parte das empresas, neste livro aborda-se também a sua ação pró-ativa em matéria de preservação e gestão ambiental.

A atividade dos agentes económicos, em particular das empresas, tem efeitos sobre o ambiente, o que, aliás, não seria tão problemático caso fossem de algum modo tidos em conta pelas empresas. A abordagem económica neoclássica trata esta questão, considerando que estamos perante uma falha de mercado, em que os danos sobre o ambiente, por não terem uma expressão monetária para as empresas, não são incluídos nas suas decisões. Nesse sentido, e uma vez que esses danos acarretam consequências económicas substanciais a curto e longo prazo, compreende-se a definição de uma *política ambiental* através da qual o Estado procure condicionar as empresas, no sentido de estas considerarem aqueles efeitos na sua atuação.

Desde logo, a política ambiental pode ser configurada no sentido de o cumprimento das suas diretrizes ser *obrigatório*. Assumimos, assim, que os agentes simplesmente reagem ao enquadramento regulatório criado pelo Estado, sendo que, nesta ótica, para as empresas não seria uma decisão racional proceder ao investimento em controlo de poluição na ausência de intervenção governamental. Mesmo num contexto regulatório obrigatório, podem optar por cumprir as regras fixadas ou eventualmente não o fazer. Quer num caso, quer no outro, tomam uma decisão optimizadora do seu lucro, ponderando custos do cumprimento *versus* custos e riscos de não cumprir, num enquadramento em que o controlo e fiscalização da parte do regulador não são perfeitos.

Na realidade, algumas empresas cumprem a regulação ambiental existente e vão além da mesma, assumindo o que se designa em sentido lato por responsabilidade social empresarial. Basta ler um «Relatório e Contas» para perceber que os desempenhos ambiental e social são discutidos explicitamente. Nos anúncios publicitários nos diferentes média é habitual cruzarmo-nos com as expressões «ecológico», «verde», «ambiente». De evidenciar ainda a existência de índices financeiros que privilegiam também o desempenho ambiental e social das empresas, como o Dow Jones Sustainability Index.

Estes comportamentos voluntários parecem, à partida, paradoxais, uma vez que comummente se pressupõe que não seja uma decisão racional dos agentes proceder ao investimento no controlo da poluição, na ausência de intervenção do Estado, se não retiram daí qualquer tipo de benefício. Assim, assume-se que as empresas reagem à política ambiental definida pelo Estado, encarando essa política como um dado. Neste contexto, como se explicam então os comportamentos de «autorregulação» ou de «sobrecumprimento» de algumas empresas? Se a tomada de decisão por parte destes agentes é um processo de otimização, quais os incentivos para voluntariamente, por exemplo, reduzirem a poluição gerada?

A tentativa de resposta a estas questões não implica que abandonemos a abordagem económica, apenas que alteremos alguns dos seus pressupostos. Desde logo, o objetivo de maximização da rentabilidade de uma empresa, que num determinado enquadramento teórico pode implicar a não internalização das externalidades ambientais (exceto sob intervenção pública), é coerente com os comportamentos voluntários. Os comportamentos voluntários podem ser maximizadores de lucro se as empresas puderem cobrar preços mais elevados (por exemplo, cobrando um prémio associado ao menor impacto ambiental), se obtiverem melhores condições no acesso aos fatores de produção (através de relações comerciais preferenciais ou de um acesso privilegiado aos mercados financeiros) ou se influenciarem a própria legislação ambiental (se presumirmos que existe uma relação de influência mútua entre empresas e regulador). Assim, na presença deste tipo de incentivos, existe uma lógica para as empresas internalizarem o impacto do ambiente nas suas decisões.

Neste capítulo expõem-se diferentes atuações do lado das empresas em resposta a pressões regulatórias, e de diferentes parceiros, como dos consumidores, trabalhadores, o setor financeiro e grupos de pressão social. Será introduzida a abordagem de Michael Porter que entende a atuação em *prol* do ambiente pelas empresas enquanto vantagem competitiva das mesmas num contexto onde estas ao agirem pró-ativamente, e não de forma reativa, podem antecipar riscos futuros, responder à pressão da opinião pública, atender a preocupações ambientais dos investidores e mercados financeiros, etc. Neste capítulo serão igualmente apresentados diferentes tipos de conduta ao dispor das empresas, incluindo programas de certificação ambiental de produtos e processos, *marketing* verde, sistemas de gestão e auditoria ambiental, entre outros. Será ainda discutido o conceito de responsabilidade social por parte destes agentes.

Além de tudo, a própria política ambiental pode assentar numa abordagem não obrigatória, ou *voluntária*, no sentido de o cumprimento ser uma opção e não uma obrigação para as empresas. Na prática tem-se assistido à proliferação das **abordagens voluntárias** enquanto instrumentos de política desde meados da década de 1980. Nos países da OCDE e da UE têm surgido algumas experiências com abordagens voluntárias cobrindo um espectro variado de instrumentos, com âmbitos bastante diversificados (como a gestão de resíduos, a poluição agrícola, a eficiência energética, etc.). A este interesse nas abordagens voluntárias não será de estranhar a convicção de que em certas circunstâncias estas podem ser mais eficientes ou poderão impor menos custos às empresas do que as perspetivas mais tradicionais de política ambiental. Assim, as autoridades públicas também têm vindo a recorrer a abordagens voluntárias, por exemplo, encetando negociações com associações empresariais, propondo às empresas esquemas de controlo ambiental voluntários, etc.

Neste capítulo procuramos apresentar de modo sintético as razões que podem motivar uma empresa a atuar de forma voluntária, sem abandonar a análise económica (1). Em seguida, exploramos o que se designa por abordagem voluntária de política ambiental (2). No ponto 3 introduzimos o conceito de responsabilidade social empresarial que de forma abrangente inclui a responsabilidade ambiental, aflorando as suas principais críticas. Finalmente, elencamos alguns dos instrumentos de gestão ambiental ao dispor das empresas (4).

1. Motivações para a atuação voluntária das empresas

A teoria económica encara os danos ambientais causados, direta ou indiretamente, pela atividade produtiva de uma empresa como externalidades que não são consideradas no processo de tomada de decisão, na medida em que esta apenas tem em conta os seus benefícios e custos privados. Como referimos, na presença de medidas de política ambiental, a empresa pode ser «obrigada» a atentar aos efeitos causados no meio ambiente, por imposição, por exemplo, de um sistema de multas e penalizações em caso de não cumprimento dos objetivos fixados ou do pagamento de um imposto pelo dano causado.

Neste contexto teórico, não há espaço para comportamentos voluntários da parte das empresas em matéria ambiental, ou seja, além do que é requerido pela regulação. Em suma, poderíamos afirmar que o único incentivo à atuação no campo ambiental seria a regulação, pelo que qualquer tipo de sobrecumprimento careceria, à partida, de uma racionalidade económica.

No entanto, se as empresas retirarem benefícios da ação ambiental que possam ser apropriados de modo privado (ou seja, sem se colocar o problema de estes não serem internalizados pelas empresas), fará sentido equacionar o impacto ambiental exatamente até ao ponto em que os custos da atuação igualem os respetivos benefícios. Neste sentido, a empresa pode ultrapassar o desempenho ambiental fixado por lei ou assumir comportamentos voluntários em matéria ambiental, desde que isso seja feito no seu interesse próprio. Por um lado, as empresas podem empreender esforços que não impliquem um custo em termos líquidos, como é o caso de um programa de eficiência ambiental que reduza os seus custos operacionais. Por outro lado, o ambiente pode trazer hipóteses de negócio para as empresas. Frances Cairncross referia em 1993 que «as empresas enfrentam muitas pressões para pensar seriamente no ambiente. A maioria vai ressentir-se disso. Uma sábia minoria vai ver as oportunidades que se apresentam e pensar criativamente em modos de responder»[124].

Neste capítulo, pretendemos identificar e analisar potenciais incentivos para as empresas assumirem comportamentos voluntários e em que medida são relevantes no âmbito dessa abordagem.

Em primeiro lugar, iremos considerar dinâmicas relacionadas com o potencial de poupança de custos associado à atuação voluntária, por exemplo devido a uma maior eficiência na utilização de recursos, o que representa uma melhoria do ponto de vista social. De notar que benefícios deste tipo são diretamente apropriados pelas empresas, o que a incita a adotar este tipo de medidas.

Em seguida, trataremos os variados estímulos que a empresa pode ter, derivados da influência dos consumidores e dos seus diferentes parceiros, desde condições preferenciais de acesso ao crédito ao aproveitamento de nichos de mercado, passando pela cada vez maior necessidade de manter uma favorável reputação ambiental.

Finalmente, analisaremos o papel do Estado na criação de fomentos positivos e negativos ao comportamento voluntário das empresas, considerando não apenas a reação destas a esses estímulos, mas também a interação que pode existir entre regulador e

---

[124] Cairncross, F. (1992). *Costing the Earth – The Challenge for Governments, The Opportunities for Business* Harvard Business School Press (p. 253).

empresas, e em que medida a possibilidade de ocorrer essa inter-relação pode fomentar a atuação voluntária.

1.1. Motivações internas: a hipótese de Porter

Numa ótica de maximização do lucro, as empresas terão sempre interesse em iniciar programas de investimento que lhes permitam diminuir os custos operacionais. Assim, se associado ao investimento ambiental existir a possibilidade de diminuir custos noutras áreas, as empresas terão incentivos para encetar esses projetos. Neste caso, a atuação ambiental faz sentido para a empresa devido ao que se designa por **hipótese de duplo ganho ou *win-win***. Se pelo contrário, o investimento não se traduzir num benefício em termos líquidos, estaremos perante a **hipótese do *trade-off***, ou de escolha entre duas hipóteses, neste caso, conduta ambiental das empresas e a sua rentabilidade.

A oportunidade de conjugar o desempenho ambiental com ganhos económicos remete diretamente para a noção de eficiência na produção e redução dos desperdícios. Uma forma de minimizar os custos está relacionada com a eficiência nos processos produtivos, como a diminuição de consumos de energia, reciclagem de materiais, minimização, aproveitamento interno ou venda de resíduos, etc. Vários exemplos de empresas que implementaram processos de redefinição das práticas de produção comprovam ser exequível poupar custos por esta via, sendo um dos casos mais citados desta possibilidade de obter ganhos económicos e melhorias ambientais o do programa *3P – Pollution Prevention Pays* (traduzido livremente para «prevenção da poluição compensa») da empresa multinacional norte-americana 3M[125]. O sucesso desta iniciativa e de outras inspirou vários autores na defesa da hipótese de duplo ganho de investimento ambiental e de uma atitude otimista em matéria de comportamento ambiental das empresas.

Para Michael Porter, no caso das empresas, a vantagem competitiva em termos genéricos deriva ou do facto de uma delas ter custos mais baixos do que as concorrentes, ou de produzir produtos de qualidade superior, e como tal cobrar um preço mais baixo ou mais elevado do que as rivais, respetivamente. Em 1995, Porter apresentou, em conjunto com van der Linde na influente revista Harvard Business Review, o que viria a ser

[125] Este programa teve início em 1975 e consistiu, entre outros aspetos, na reformulação dos processos produtivos e dos produtos e na reutilização dos resíduos, permitindo poupanças avultadas de custos e redução de emissões e resíduos.

apelidado de **Hipótese de Porter**[126], segundo a qual as empresas podiam ser «verdes» e competitivas ao mesmo tempo. A relação conflitual entre competitividade económica e gestão ambiental constituía uma falsa dicotomia, uma vez que iniciativas de melhoria do desempenho ambiental eram capazes de gerar benefícios para as empresas, em termos líquidos, e proporcionar-lhes uma vantagem competitiva de longo prazo.

Em particular, no caso da intervenção pública, o argumento exposto pelos autores considerava que, sob certas circunstâncias, a própria regulação pode ter efeitos positivos sobre a competitividade. Na verdade, gera custos de cumprimento associados a novos equipamentos e processos, que numa primeira fase representarão um elemento desfavorável para as empresas. No entanto, se se adotar uma visão de longo prazo, é possível ver que essa regulação, se dirigida a objetivos e não a métodos, tem o potencial de fomentar a inovação por parte das empresas, melhorando a sua competitividade. De notar que os autores enfatizam a necessidade de a regulamentação pública não especificar soluções ou caminhos, mas sim objetivos, deixando liberdade de atuação às empresas.

Um modo de entender o aparente paradoxo de que a regulação ambiental pode gerar ganhos para as empresas será considerar a poluição como uma forma de desperdício económico ou de ineficiência de utilização dos recursos. Com base em estudos empíricos, os autores concluem que a regulação ambiental tenderá, desde logo,a fornecer sinais às empresas em termos de potenciais melhorias ambientais a implementar ou desenvolver. Mais ainda, logrará fornecer informação ou exigir conhecimento que alerte a empresa para desperdícios, servindo, por exemplo, de base a certas inovações.

A própria existência de regulação serve tendencialmente de garantia de retorno futuro de um investimento em investigação e desenvolvimento (I&D), na medida em que permitirá às empresas evitar custos mais elevados de cumprimento de regulação. Os autores prestam particular atenção à inovação dentro das empresas que propicia o cumprimento dos objetivos regulatórios a mais baixo custo, por exemplo, reduzindo a poluição provocada. Alternativamente, podem inovar ao nível da qualidade dos produtos, como é o caso da substituição de matérias-primas e reutilização de resíduos, cumprindo os objetivos ambientais e também por essa via tornando a empresa mais competitiva. A inovação também pode ocorrer nos processos produtivos, gerando menos resíduos, reduzindo consumo de energia e matérias-primas. Estas melhorias deriva-

---

[126] Porter, M. E., e van der Linde, C. (1995). Green and competitive: Ending the stalemate. *Harvard Business Review, September/October, 73*(5), 120–134.

das da inovação, que obrigam a investimento e custos no curto prazo, reduzem custos para as organizações, aumentando a sua competitividade e reduzindo o seu impacto ambiental.

Além disso, seria possível às empresas, sob regimes regulatórios adequados, deter uma vantagem competitiva, a longo prazo, nos mercados internacionais por serem pioneiras em termos ambientais.

Se a prevenção da poluição efetivamente gerar ganhos líquidos, esta presunção pode explicar o investimento ambiental das empresas voluntariamente e além do requerido pela lei. A hipótese de Porter é apelativa para justificar a opção por medidas empresariais de proteção do ambiente, mas levanta algumas dúvidas. Por exemplo, constatando-se, efetivamente, oportunidades de melhoria de eficiência não aproveitadas, Pearce e Barbier[127] questionam-se acerca da razão para o *timing* tardio com que as empresas se terão apercebido dessas possibilidades, cuja culpa atribuem, por exemplo, à falta de conhecimentos dos gestores relativamente à conservação de matérias e energia[128] ou à reduzida importância dos custos com matérias-primas, energia e resíduos em comparação com outros custos. Outras explicações para o não aproveitamento dessas oportunidades podem prender-se com barreiras institucionais e de mercado, como seria o caso da falta de informação quanto a alternativas tecnológicas, necessidade de financiamento para aquisição dessas tecnologias, ou mesmo falta de motivação dos decisores para alterarem comportamentos.

Por outro lado, Boyd (1998)[129] considera que não basta que um programa ambiental tenha um retorno positivo para que seja concretizado, não sendo essa ausência de implementação um sinal de que as organizações não estão atentas a oportunidades de ganho na área ambiental. Dada a limitação de recursos existente numa empresa, a viabilidade de um projeto é aferida perante utilizações alternativas do capital e, muitas vezes, face a uma taxa de retorno de referência, pelo que a opção de investimento na área ambiental, ainda que rentável, pode não o ser suficientemente.

A hipótese de minimização dos custos derivada de uma adequada gestão ambiental tem sido muito criticada. Desde logo, para Walley e Whitehead (1994)[130], a visão

---

127 Pearce, D., e Barbier, E. (2000). *Blueprint for a sustainable economy.* Earthscan Publications.

128 Este facto está muitas vezes associado à inexistência de sistemas contabilísticos internos adequados, com informação sobre gastos em matérias-primas, consumo de energia, desperdícios, etc.

129 Boyd, J. (1998). Searching for profit in pollution prevention: Case studies in the corporate evaluation of environmental opportunities. *RFF Discussion Paper*, 98-30.

130 Walley, N., e Whitehead, B. (1994). It's not easy being green. *Harvard Business Review, 73*(3), 171-180.

de Porter, apesar de bastante apelativa, não é realista. Estes autores defendem que os programas de controlo de poluição podem ter benefícios para as empresas, mas apenas no início da sua implementação, sendo que a perspetiva idealista do ganho duplo, económico e ambiental, deverá ser substituída por uma visão mais pragmática que aceite a existência de um *trade-off* entre essas duas dimensões. Não negam a existência de situações de duplo ganho, mas serão raras e, eventualmente, encontrar-se-ão ofuscadas pelos custos totais dos projetos ambientais das empresas. Mais ainda, reconhecem que haverá casos em que as preocupações ambientais permitem gerar poupanças em termos de recursos utilizados ou ganhos de eficiência. No entanto, à medida que os desafios ambientais se tornam mais complexos e os custos aumentam, as possibilidades de obter o duplo ganho tornam-se mais escassas. Como tal, é necessário que os agentes, ao implementarem um programa ambiental, tenham consciência de que os objetivos ambientais acarretam custos económicos.

Também Palmer, et al. (1995)[131] contrapõem aos argumentos de Porter a crítica de que a evidência empírica não corrobora a hipótese de que a melhoria do desempenho ambiental possa ser obtida sem custos líquidos para as empresas. Aliás, esta hipótese poderá gerar alguma leviandade na definição de uma política ambiental por parte da entidade reguladora já que pressuporia sempre benefícios líquidos para as empresas.

Independentemente do debate acerca da hipótese de duplo ganho, parece-nos que pode ser válida enquanto justificativa do comportamento dos agentes em termos de gestão ambiental. Assim, as empresas derivam eventualmente benefícios via minimização de custos quando encetam programas ambientais, o que explica o caráter voluntário de algumas das suas iniciativas. Por outro lado, a organização pode preferir encetar medidas ambientais de forma voluntária, devido à flexibilidade de escolha em relação a expectativas de regulação mais restritiva.

Por outro lado, numa visão de longo prazo, a componente ambiental da atividade de uma empresa representa um risco altamente incerto, sendo que o investimento nesta área pode fazer sentido como forma de reduzir a probabilidade de incorrer em custos futuros (ligados à necessidade de instalar equipamentos por forma a cumprir novas exigências legais, pagamento de indemnizações por danos ambientais, ou a degradação da reputação ambiental da organização, entre outros). Uma faceta essencial da gestão

---

[131] Palmer, K., Oates, W. E., e Portney, P. R. (1995). Tightening environmental standards: The benefit-cost or the no-cost paradigm? *Journal of Economic Perspectives*, 9(4), 119–132.

ambiental numa empresa é a gestão de riscos ambientais, não só na perspetiva de evitar custos associados com acidentes industriais ou boicotes de consumidores, mas também atendendo a que essa atuação aparenta ser uma forma eficiente de não colocar em risco o negócio a longo prazo. Além de que, como veremos, apostar na redução dos danos ambientais poderá ter como objetivo não só a antecipação de regulação ambiental futura mais exigente, como também exercer influência sobre essa regulação.

1.2. Pressões dos *stakeholders*

Na secção anterior identificámos possíveis motivações para as empresas atuarem de forma ambientalmente consciente relacionadas com aspetos relativos à própria organização. Neste ponto abordaremos as prováveis pressões, na maioria externas à empresa, que os outros agentes poderão exercer no sentido de induzir comportamentos voluntários de redução do impacto ambiental. Os parceiros, direta ou indiretamente relacionados com a empresa (**stakeholders** em inglês), são vários como se evidencia na Figura 53.

Figura 53: ***Stakeholders* da empresa**

Um elemento comum às diversas influências que agentes externos à empresa podem exercer sobre esta, diz respeito ao facto de consumidores, investidores, comunidades locais ou o setor bancário agirem com base em informação, como se ilustra aqui:

- os consumidores favorecem ou rejeitam bens, apoiando-se em notícias veiculadas na comunicação social ou em rótulos (como os ecológicos);
- os investidores, por motivos ou de pura lógica económica ou de convicção, penalizam ou favorecem certas empresas com suporte em informação ambiental, por exemplo disponibilizada pelas autoridades públicas;
- as comunidades locais podem boicotar a instalação de uma unidade fabril ou exigir o encerramento de outra, em ações fundamentadas em dados sobre prejuízos ambientais.

Certamente, a informação sobre o desempenho ambiental de uma empresa pode servir de sustentáculo para que várias influências externas se exerçam sobre ela no sentido de melhorar a sua reputação ambiental ou aproveitar uma oportunidade de mercado (financiamento mais barato, preços mais elevados para produtos de menor impacto ambiental, maior valorização bolsista, etc.).

1.2.1. Pressões de mercado e relações públicas

A empresa sofre a influência, em mercado, dos **consumidores**, sejam eles clientes finais, ou intermédios. Esse efeito tanto pode ser negativo, se a procura dos seus produtos for penalizada por não ser ambientalmente responsável, como positivo, caso seja possível tirar partido de uma oportunidade de mercado. Assim, numa ótica de maximização do lucro, as organizações podem investir na proteção ambiental por forma a obter benefícios via procura, isto é, diferenciando a sua oferta em termos das caraterísticas ambientais do produto em si ou do seu processo produtivo. Deste modo, existem oportunidades de negócio para empresas que pretendam ser pioneiras e oferecer um produto ou serviço com qualidades ambientais distintivas.

As empresas nas suas atividades não se relacionam apenas com **consumidores finais** dos seus produtos ou serviços. Em muitos casos, os clientes das empresas são outras empresas ou entidades, que constituem os denominados **clientes intermédios**. Neste caso, a influência que os consumidores finais conseguem exercer é diminuta. No entanto, ao longo da cadeia de abastecimento os agentes interagem uns com os outros desde o produtor inicial até ao cliente final. Nas decisões de compra e venda, as empresas podem entrar em linha de conta com considerações ambientais, que poderão consubstanciar-se genericamente na aquisição de produtos menos nocivos ao ambiente, ou na escolha de fornecedores que respeitem certos critérios ambientais. A adoção destas práticas de gestão da cadeia de abastecimento[132] por parte das empresas possivelmente terá um efeito multiplicador para outras empresas no sentido da sua promoção e difusão, sobretudo quando são de pequena dimensão. Este tipo de preocupação com uma cadeia de produção e abastecimento mais verde pode observar-se quer em clientes privados quer em clientes públicos.

A explicação de um fenómeno multiplicador encontra-se no facto de muitas entidades vendedoras de bens e serviços estarem elas próprias a implementar internamente melhorias ambientais. Por outro lado, a consideração do desempenho ambiental desses fornecedores será mais um critério a utilizar quando se está a averiguar a segurança a médio prazo de um dado abastecimento. Efetivamente, se uma empresa fornecedora não respeitar, por exemplo, as regras mínimas legais, poderá mais tarde vir a cessar a sua atividade por incumprimento em questões ambientais, deixando a cliente sem fonte de consumos intermédios.

Os **colaboradores das empresas** também tendem a influenciar a sua conduta, na medida em que preferem empregos com boas condições em termos de higiene de trabalho, desempenho ambiental, etc., bem como começam já a procurar entidades que atuem de forma ética e socialmente responsável.

A **comunidade** onde a empresa labora exerce indiretamente um papel de fiscalização e a tendência será para que exija cada vez mais informação sobre as atividades desenvolvidas e o seu efeito sobre o ambiente e a saúde pública. Por outro lado, nos processos de licenciamento e autorização de instalação de uma unidade fabril, a comunidade local é, por vezes, chamada a prestar o seu parecer. De mais a mais, verifica-se que certos grupos ambientais são capazes de exercer pressões e influências sobre os resultados das empresas. A atuação ambiental destas organizações está sujeita a escrutínio público através dos meios de comunicação social, em especial dos *social media*, em que qualquer transgressão pode ser filmada e transmitida em tempo real para todo o mundo.

[132] Numa ótica de ciclo de vida do produto, a aferição do impacto ambiental de um produto faz-se do «berço à sepultura» (na expressão inglesa *cradle to grave*), tornando-se, assim, importante analisar todo o processo de produção, venda, transporte e descarte do produto, o que depende muito dos parceiros a montante e a jusante do processo produtivo. No âmbito dos conceitos de economia circular apresentados no Capítulo II.3, o ciclo deve ser fechado, passando a designar-se do «berço ao berço».

1.2.2. Influência do setor financeiro

A influência que o setor financeiro pode deter junto das entidades empresariais tem sido reconhecida como um importante fator de mudança de atitude destas face ao seu desempenho ambiental. À partida, parecerá que o setor financeiro nas suas diferentes facetas (investidores privados ou institucionais, banca, companhias seguradoras, etc.) se preocupará apenas com a conduta de curto prazo das empresas e a sua capacidade de gerar lucro. No entanto, há motivos para que isso não aconteça e exemplos de como o setor tem acomodado as questões ambientais na sua estratégia e, enquanto parceiro de empresas não financeiras, afetado a sua atuação.

Consideremos em primeiro lugar os **investidores**. Alguns começam a preocupar-se com os custos associados ao ambiente, já que estes poderão influenciar as práticas das empresas e a sua rentabilidade, como é o caso de pagamento de potenciais indemnizações em situações em que a ação destes agentes acarreta danos ambientais (pense-se no exemplo de 2010 da BP, empresa multinacional de petróleo e gás natural, e o acidente ocorrido no Golfo do México).

Essa rentabilidade a médio prazo virá afetada pela generalização da aplicação do princípio do poluidor-pagador (que obriga os agentes a considerarem o custo das externalidades causadas) e do recurso a instrumentos económicos (o que penalizará empresas que apresentem mau desempenho ambiental).

Por outro lado, começam a surgir investidores institucionais com preocupações ambientais, consubstanciadas em fundos denominados de «éticos» ou «socialmente responsáveis». Estas aplicações de capital podem incluir considerações ambientais nas suas decisões de investimento ou apenas implicar investir em empresas com certas caraterísticas ambientais, como no caso de alguns «fundos ambientais» ou «verdes». Além disso, fundos de investimento, em particular relativos a pensões, começam a afetar uma parte do seu capital a áreas consideradas socialmente importantes, o que é consistente com a abordagem de rentabilidade a mais longo prazo que um fundo de pensões tem. Para garantir rentabilidade, esses investidores institucionais encorajam as empresas a divulgarem informações acerca dos seus desempenhos ambientais, com base nas quais possam tomar decisões de investimento.

Em suma, o impacto ambiental da empresa, pelas implicações a médio e longo prazo nos seus resultados económicos e financeiros, não pode ser ignorado pelos investidores.

Consideremos, em seguida, o **setor bancário**. Ora, a banca pode influenciar as empresas na sua atuação ambiental através do custo do crédito concedido, já que um dos parâmetros analisados poderá ser o desempenho ambiental. Se for negativo poderá condicionar a saúde financeira de uma empresa comprometendo a sua capacidade para amortizar o crédito obtido. De um outro ponto de vista, face à influência potencial da banca, e ilustrando com o caso dos EUA, nalguns casos julgados em tribunal, os próprios bancos foram considerados corresponsáveis pela indemnização dos prejuízos causados pelas entidades a quem emprestaram capital.

Quanto ao **setor segurador**, a dimensão ambiental representa uma grande preocupação, de novo, especialmente em casos de negligência ambiental por parte das empresas. Já em 1996, num relatório sobre o setor financeiro desenvolvido em colaboração com o *World Business Council for Sustainable Development*, os autores Schmidheiny e Zorraquín (1996)[133] consideravam que os pagamentos associados a problemas ambientais passados poderiam pôr em causa a própria sobrevivência do setor segurador. A título de exemplo, os autores remetem para as indemnizações derivadas do uso generalizado de amianto em edifícios e produtos e à poluição relacionada com resíduos perigosos.

As alterações climáticas têm provocado acontecimentos climáticos extremos e envolvido elevados montantes de indemnizações pagas pelas seguradoras, o que fomenta receios no setor segurador, dada a incerteza relacionada com o tipo de problemas que aquele fenómeno poderá criar, como é o caso de desastres naturais, secas, epidemias, etc. Em resposta, o setor segurador assume uma postura de defesa da precaução na assessoria às empresas, cobrando prémios mais elevados por negócios mais arriscados, ou mesmo recusando alguns tipos de cobertura de risco.

Em termos genéricos, considera-se que o setor financeiro irá evoluir no sentido de valorizar os bons desempenhos ambientais e penalizar os maus, ou seja, indo além da mera consideração do meio ambiente como fator de risco para as empresas[134].

1.2.3. Papel do Estado

Desde logo, as compras públicas verdes são uma importante fonte de pressão sobre a empresa. Com efeito, o Estado pode, enquanto cliente, exercer pressões sobre os seus

---

[133] Schmidheiny, S., e Zorraquín, F. (1996). *Financing Change: The Financial Community, Eco-Efficiency and Sustainable Development (With World Business Council for Sustainable Development)*. MIT Press.

[134] Por outro lado, se pensarmos nos desafios e soluções associadas ao problema das alterações climáticas verifica-se que o setor financeiro em geral acompanha atentamente os desenvolvimentos em termos de política ambiental, no sentido de antecipar potenciais oportunidades de negócio (como foi o caso dos instrumentos criados pelo Protocolo de Quioto , referidos no Anexo 1 do Capítulo IV).

fornecedores para cumprirem critérios de sustentabilidade. Em alguns países, nomeadamente da UE, a variedade de produtos e serviços abrangidos por estas exigências atesta do potencial que as compras públicas verdes podem ter, enquanto fonte de pressão sobre as empresas em matéria ambiental.[135]

Mas para entendermos as motivações das empresas quando encetam ações voluntárias de investimento ambiental, é necessário considerar o interlocutor essencial «Estado», mais concretamente, na sua faceta de regulador. Como já referimos no Capítulo IV, uma das soluções para o problema das externalidades ambientais consiste na intervenção pública. Aliás, a regulação é um dos principais fatores a gerar alteração no comportamento dos agentes, sobretudo no que respeita a pequenas empresas. Nalguns casos, verifica-se que uma situação de sobrecumprimento pode ser motivada por razões meramente antecipatórias, ou seja, ao prever a incidência de regulação futura, será eventualmente do interesse das empresas investir no ambiente antes da sua imposição.[136] Por outro lado, subjacente à ação voluntária das empresas pode estar uma ameaça (explícita ou não) da parte do regulador de impor um determinado tipo de enquadramento legal mais restritivo na ausência de atuação das mesmas.

A entidade reguladora é também capaz de criar incentivos positivos, ou seja, estímulos para a empresa, no sentido de esta assumir um comportamento voluntário em matéria ambiental, desde o apoio técnico ao financeiro.

Assim, a regulação ambiental condiciona a conduta da empresa. No entanto, a relação entre a entidade reguladora e as empresas não é apenas uma ligação unidirecional em que a primeira define os objetivos e impõe um tipo de política ambiental e as segundas limitam-se a reagir a essas exigências. Seguramente, as empresas podem condicionar quer os propósitos da política, quer a própria política ambiental, pelo que os seus comportamentos tanto são de reação como de antecipação ou de interação com a entidade reguladora. Neste contexto, é possível entender o motivo pelo qual alguns agentes optam por voluntariamente ir além dos objetivos definidos pelas normas em

---

135 A UE tem várias recomendações, em constante atualização, sobre critérios de compras públicas dos Estados-membros, por exemplo de computadores, *tablets* e telemóveis, equipamentos de cópia, servidores, manutenção dos espaços (produtos de limpeza, sistemas de irrigação, práticas de jardinagem), entre muitos outros (consultáveis na página da UE).

136 De notar que não terá necessariamente que ser assim. O argumento deverá sempre entrar em linha de conta com o fator de desconto que as empresas consideram nas suas decisões financeiras, já que a antecipação de um custo futuro implica um gasto no presente, enquanto que se o custo for incorrido no futuro, quando é descontado para o presente, tem um valor menor (Capítulo v).

vigor num dado momento, mesmo que essas ações gerem uma diminuição do lucro no curto prazo.

A consideração de que as empresas podem interagir com a entidade reguladora no processo de definição da política ambiental, no sentido de a condicionarem a seu favor, implica assumir que a autoridade pública cede a pressões. Assim, deveremos abandonar um pressuposto base da teoria económica da regulação no âmbito da economia pública, que considera que a entidade reguladora é uma entidade «benevolente», cuja finalidade é maximizar o bem-estar social sendo que, na presença de externalidades, a sua atuação se dirige a corrigir essa falha de mercado. Efetivamente, a regulação não tem sido sempre estudada pelos economistas como a resposta a uma falha de mercado. De acordo com a "teoria da captura", a entidade reguladora não segue o objetivo de maximização do bem-estar, mas sofre a influência de grupos de interesse, nomeadamente de empresas, desviando-se desse propósito. A teoria da captura apresentada por Stigler (1971)[137] considera que as empresas condicionam o tipo de regulação, sendo esta o resultado da interação entre a procura de regulação por parte das empresas e da oferta de regulação pela entidade reguladora. Assim, segundo esta teoria, os agentes querem ser regulados, por forma a poderem influenciar o poder público e definirem a regulação a seu favor.

Assim, as empresas têm vários incentivos para se envolverem no processo de definição das políticas ambientais. Desde logo, o sobrecumprimento pode ser encarado como uma estratégia de condicionamento da regulação futura, ou seja, através de atitudes voluntárias pró-ativas, as empresas procuram evitar ou enfraquecer regulação futura potencialmente mais restritiva.

Mais ainda, em termos de controlo e fiscalização das políticas em vigor, a adoção de comportamentos pró-ambientais pelas empresas pode diminuir as pressões de fiscalização.

Estas organizações podem, também, procurar retirar do seu envolvimento na definição da política alguma vantagem competitiva face aos rivais ou mesmo fazer com que a regulação sirva de barreira à concorrência. Oates e Portney (2003)[138] exemplificam este comportamento com a situação em que um grupo de empresas já instaladas exerce influência sobre a entidade reguladora, no sentido de que as exigências ambientais

---

[137] Stigler, G. J. (1971). The theory of economic regulation. *Bell Journal of Economics and Management Science, 2*(1), 3–21.

[138] Oates, W. E., e Portney, P. R. (2003). The Political Economy of Environmental Policy. Em K.-G. Mäler e J. R. Vincent (Eds.), *Handbook of Environmental Economics* (Vol. 1, pp. 325–354). Elsevier.

sobre as entidades existentes não sejam tão restritivas como para as novas, devido aos elevados custos de reconversão associados. Deste modo, é criada uma barreira à entrada de novas empresas e uma vantagem competitiva das que já operam em mercado. De igual modo, uma empresa com melhor desempenho ambiental não se opõe à regulação nova, na medida em que ainda que tenha de incorrer em custos adicionais, os seus concorrentes, menos eficientes em matéria ambiental, acabam por ser mais penalizados.

Lévêque e Nadaï (2000)[139] na sua análise do envolvimento das empresas em matéria de regulação ambiental consideram que os mesmos agentes atuam de diferentes maneiras, apoiando a intervenção pública, obstruindo essa intervenção, assumindo comportamentos voluntários sob ameaça de intervenção ou cooperando com a entidade reguladora no sentido de definir as políticas ambientais. Os objetivos principais serão a negociação de uma política ambiental menos exigente e obter uma vantagem competitiva face a concorrentes.

2. Abordagens voluntárias de política ambiental

2.1. Das abordagens regulatórias e económicas às abordagens voluntárias de política ambiental

No Capítulo IV, explorámos as diferentes abordagens de política ambiental convencionalmente consideradas em Economia do Ambiente. Na prática, as entidades reguladoras optaram, sobretudo na fase inicial, por soluções de regulação direta da atividade das empresas de tipo «comando e controlo» e não de mercado, apesar da teoria económica fornecer bases para a crítica desse tipo de abordagem, como foi analisado, pela sua falta de flexibilidade e ausência de incentivos à inovação, entre outros. Sobretudo a partir da década de 1980, começaram a surgir experiências de políticas ambientais com instrumentos de mercado, bem como se iniciou a implementação de abordagens voluntárias, ainda que estas estivessem ausentes das prescrições teóricas. Este último conjunto de instrumentos é denominado por «terceira vaga» da política ambiental[140],

---

[139] Lévêque, F., e Nadaï, A. (2000). A firm's involvement in the policy-making process. Em H. Folmer e H. L. Gabel (Eds.), *Principles of Environmental and Resource Economics* (2.ª ed.) (pp. 235–265). Cheltenham: Edward Elgar Publishing.

[140] Tietenberg, T. (1998). Disclosure strategies for pollution control. *Environmental and Resource Economics*, *11*(3–4), 587–602.

desenvolvendo-se numa altura em que surgem movimentos de reformas regulatórias nalguns países.

Em matéria de política ambiental impõe-se constatar o recurso a abordagens voluntárias sob variadas formas e em diferentes contextos. Desta forma, observa-se que a ação das empresas neste domínio excede nalguns casos as prescrições legais vigentes. Obviamente que se as entidades reguladoras recorrem a abordagens voluntárias de política ambiental é porque tem havido adesão da parte das empresas. Mais ainda, se os instrumentos de política são voluntários, ou seja, se do não cumprimento não resultam sanções, ao contrário do que acontece com instrumentos regulatórios ou económicos, é porque as empresas têm optado por adotar essas medidas não obrigatórias.

2.2. Classificação das abordagens voluntárias de política ambiental

Os tipos de abordagens voluntárias no campo ambiental são apelidados na literatura de modos diferentes, incluindo expressões como iniciativas voluntárias, códigos voluntários, autorregulação, acordos ambientais, iniciativas do lado da indústria, etc. Uma possível tipologia de abordagens voluntárias, cujo fator diferenciador é o grau de intervenção pública em cada um dos casos, seria distinguir *iniciativas unilaterais, acordos negociados* e *esquemas públicos voluntários*[141].

As **iniciativas unilaterais**, como a própria designação indica, derivam apenas de um compromisso assumido pelas empresas. Subjacente a estes acordos está a comunicação de um objetivo ambiental aos seus vários parceiros, nomeadamente investidores, trabalhadores, fornecedores e ao próprio Estado, que a empresa se compromete a cumprir.

A iniciativa pode partir de empresas individuais, consistindo na definição de planos ambientais e da comunicação dos objetivos a alcançar, bem como dos meios para os cumprir. Pode ser também proveniente da indústria como um todo ou de associações de empresas. Como exemplo temos o programa *Responsible Care* da associação de empresas químicas, que surgiu no Canadá em 1984 em resposta a graves incidentes relacionados com a indústria química. Esta indústria sofria fortes pressões de parte da opinião pública e do próprio governo e, como tal, havia incentivos para melhorar a sua reputação. Em termos gerais, o programa consistia na definição de regras de desem-

[141] OECD. (1999). *Voluntary Approaches for Environmental Policy – an Assessment*. OECD.

penho ambiental, segurança e saúde que constituíam a condição necessária para as empresas se tornarem membros da referida entidade. O programa foi adotado pela associação internacional da indústria química, sendo, no entanto, ajustado por cada associação nacional às especificidades do país. Este exemplo de uma iniciativa unilateral revela as preocupações subjacentes à sua adoção por parte das empresas. Por um lado, correspondem a campanhas de imagem pública e de estabelecimento de reputação em resposta a pressões dos consumidores. Por outro lado, resultam de imposições das autoridades públicas e funcionam como modo de antecipação de futuras medidas reguladoras mais estritas.

Finalmente, convém salientar que geralmente este tipo de iniciativas de grupos de empresas define sobretudo objetivos qualitativos e não objetivos quantificados, e, além disso, não costuma incluir cláusulas de controlo, reporte ou sanções em caso de não cumprimento. Como tal, muitos destes acordos ficam aquém do pretendido em termos de reputação, já que a inerente não participação de entidades públicas lhes retira alguma credibilidade.

Os **acordos negociados** emergem da negociação conjunta entre o Estado e as empresas. Exemplificando a nível europeu, assumem diferentes especificidades em termos de âmbito e responsabilização das partes. Desde logo, no que concerne o seu âmbito, os acordos podem ser complementares a outro tipo de legislação (como acontece na maioria dos países europeus) ou serem um importante instrumento de política ambiental (como no caso dos Países Baixos).

Relativamente ao tipo de responsabilização das partes envolvidas, também se observam dois modelos. Na hipótese de responsabilização coletiva, os objetivos são definidos para uma indústria como um todo, sendo esta a responsável pelo seu cumprimento e não as empresas individualmente. Como tal, podem levantar-se alguns problemas de *free-riding*. Em caso de não cumprimento, a sanção é aplicada a todas as empresas, podendo revestir a forma de legislação mais rigorosa. Pelo contrário, se a responsabilização for individual, apesar dos propósitos serem comuns à indústria como um todo, a monitorização será circunscrita ao agente, pelo que as sanções também serão aplicadas individualmente.

Nos **esquemas públicos voluntários**, as autoridades públicas definem as condições de participação, sendo que as empresas concordam em participar ou não. Em caso afirmativo, comprometem-se a respeitar padrões ambientais em termos de desempenho, tecnologia ou gestão definidos por organismos públicos, bem como a aceitar os critérios de monitorização dos resultados. Poderão incluir algum tipo de incentivos da parte do organismo público nomeadamente a atribuição de um rótulo ambiental, assistência técnica ou subsídios à I&D. A título de exemplo é de referir o rótulo ecológico europeu[142].

2.3. Modelo síntese dos incentivos à participação das empresas

Após nos termos debruçado sobre possíveis incentivos que motivem as empresas a empreender comportamentos voluntários em matéria ambiental, apresentaremos, em seguida, um modelo que engloba esses potenciais estímulos e analisa de que modo estes podem influenciar as empresas a aderir a uma abordagem voluntária. Apenas na medida em que faça sentido para as empresas adotar abordagens voluntárias (porque daí retiram um benefício líquido), é que estas se traduzirão numa alternativa viável de política ambiental.

O modelo de Segerson e Li (1999)[143] estuda em que circunstâncias uma perspetiva voluntária de redução de poluição será a escolha de uma empresa face à alternativa de legislação que a obrigue a tal. O modelo apenas considera uma empresa, examinando as suas possíveis decisões perante as opções colocadas pela entidade reguladora. Numa situação em que os benefícios e custos do abatimento por via voluntária e por via legislativa são conhecidos, a empresa terá de ponderar os benefícios líquidos, certos, da primeira em relação à segunda, com resultados incertos.

O modelo exposto em seguida é bastante genérico, na medida em que engloba vários tipos de abordagens voluntárias e de incentivos para as empresas. Por um lado, abrange as três abordagens acima citadas. Assim, o molde de abordagem voluntária que a entidade reguladora oferece poderá consistir num programa voluntário (cujo desenho e termos de participação já foram definidos pela entidade reguladora, ou seja, o que designámos por esquema público voluntário) ou envolver uma negociação bilateral com a empresa (acordo negociado). Além disso, a empresa, sob certas circunstâncias poderá optar por unilateralmente levar a cabo uma redução voluntária de poluição (iniciativa unilateral). Por outro lado, incorpora os três tipos de incentivos associados à

---

142 Os programas de rótulo ecológico são geralmente programas de iniciativa pública, havendo, no entanto, exemplos de programas deste tipo privados, nomeadamente o esquema sueco *Swedish Environmental Choice* e o *Green Seal* dos EUA.

143 Segerson, K., e Li, N. (1999). Voluntary Approaches to Environmental Protection. In H. Folmer e T. Tietenberg (Eds.), *The International Yearbook of Environmental and Resource Economics 1999/2000 – a survey of current issues* (pp. 273-306). Edward Elgar Publishing.

adoção de uma abordagem voluntária, tipificados pelos autores. A primeira categoria de benefícios concerne ao bem-estar social, na medida em que uma conduta voluntária dá flexibilidade ao agente para escolher a solução mais eficiente e evita, por exemplo, processos morosos de implementação de políticas definidas unilateralmente pelo Estado. O segundo tipo de benefícios respeita ao mercado conforme exposto atrás, pela diminuição de custos, apropriação de uma vantagem competitiva, acesso aos mercados financeiros, etc. Finalmente há que considerar incentivos por parte do Estado, através de subsídios ou partilha de custos, ou a ameaça de regulação mais restritiva.

O ponto de partida da investigação é o facto de a entidade reguladora pretender obter determinado abatimento no nível de emissões da empresa. No modelo apresentado, apenas no caso de não ocorrer nenhum empenho voluntário da parte das empresas, a entidade legisladora poderá optar por uma abordagem regulatória[144]. Presume-se que o processo de negociação conduzirá a um nível de redução de poluição similar ao objetivo inicial da entidade reguladora. Deste modo, após a definição do objetivo, esta entidade pode tomar a decisão de propor ou não um abatimento voluntário de poluição à empresa[145]. Face às alternativas, esta poderá escolher nada fazer ou enveredar por uma via voluntária de redução (seja porque aceita a proposta da entidade reguladora, ou por iniciativa própria na ausência dessa proposta).

Devido à decisão da empresa, e concretamente no caso de não optar por um abatimento voluntário, a entidade legisladora poderá impor legislação no sentido de aquela ser obrigada a proceder a essa redução. Neste modelo, a atuação da parte do legislador será incerta, tendo uma determinada probabilidade exógena de ocorrer.

Atentemos, então, nos incentivos que a empresa tem para adotar um molde de ação voluntário. Consideremos em primeiro lugar os estímulos associados ao que os autores designam por «benefícios sociais» do estabelecimento desta atuação, e que correspondem a benesses para a empresa derivadas da potencial vantagem de as abordagens voluntárias lhes permitir abater com menores custos. Como se viu, este tipo de benefícios está relacionado com a flexibilidade associada a instrumentos de política ambien-

[144] Na análise do modelo, iremos manter a separação, adotada pelos autores, entre «entidade reguladora» (que propõe a abordagem voluntária) e «entidade legisladora» (que pode reagir com a imposição legislativa do objetivo ambiental pré-fixado, no caso de não se verificar qualquer tipo de comportamento voluntário da parte da empresa). No entanto, esta separação não tem qualquer implicação nas conclusões deste modelo.

[145] Em termos de conclusões no âmbito deste modelo, assume-se que será indiferente a entidade reguladora estabelecer um programa (pré-definido) de adesão facultativa por parte da empresa ou negociar com a empresa um acordo voluntário.

tal que não estipulem os modos de limitar as emissões, apenas o objetivo de redução. Assim, a empresa deve cumprir um dado nível de abatimento, sem que seja obrigada a proceder de determinada maneira, adotando, por exemplo, tecnologia pré-definida. Logo, presume-se que os custos de diminuição de poluição sejam os menores possíveis. Assim C_V, representará os custos de abatimento num cenário de abordagem voluntária e C_M os custos numa situação de imposição legislativa, pelo que é expectável que:

$$C_M > C_V \quad (1)$$

De um modo mais abrangente, pelo menos, a condição seguinte deve ser cumprida:

$$C_M \geq C_V \quad (2)$$

No que respeita a incentivos via mercado, neste modelo admite-se que estes se traduzam, em primeiro lugar, de forma direta num lucro acrescido, indiferentemente de serem benefícios obtidos via maior procura, preço mais elevado, menores custos financeiros ou maior competitividade. Assim, π_1 e π_0 representam o lucro da empresa (ou seja, benefícios líquidos de custos associados diretamente à produção), respetivamente se esta levar a cabo, ou não, a redução de poluição, pelo que $\pi_1 - \pi_0$ será o benefício direto em termos de lucro (caso exista) desse decréscimo de poluição, esperando-se que:

$$\pi_1 \geq \pi_0 \quad (3)$$

Ademais, Segerson e Li (1999) autonomizam uma componente de incentivo via mercado associada a benefícios indiretos para a empresa na hipótese de abordagem voluntária, que será representado por B, que apenas favorece a empresa por se tratar de uma ação voluntária (como é o caso de um impacto positivo na sua reputação).

Finalmente, o Estado poderá optar por fornecer incentivos positivos sob a forma de um subsídio, representado por Sb.

Consideremos então benefícios líquidos para a empresa de aceitar participar num programa voluntário ou negociar com a entidade reguladora, dados por:

$$BL_1 = \pi_1 - C_v + B + Sb \quad (4)$$

No caso de nenhuma proposta ser efetuada pela entidade reguladora, a empresa pode enveredar por uma iniciativa de diminuição de poluição unilateralmente, sendo que, face à alternativa anterior, apenas não usufruiria do incentivo oferecido pela entidade reguladora, pelo que neste caso os benefícios seriam de:

$$BL_2 = \pi_1 - C_v + B \qquad (5)$$

Na alternativa em que a empresa não aceita, ou não segue uma abordagem voluntária unilateral, poderá ficar sujeita a legislação ambiental a impor a redução de poluição, ou seja, existe uma ameaça latente de legislação. Os autores assumem que neste caso a entidade legisladora poderá impor controlos obrigatórios numa postura de *comando e controlo*, o que poderá ocorrer com uma certa probabilidade exógena. Se essa probabilidade for igual a um, neste caso, existe a certeza de legislação num cenário em que a empresa não diminui poluição voluntariamente. Para simplificar, os autores consideram que o nível de redução de poluição que se atinge, por via legislativa e por via voluntária, coincidem[146].

Por forma a obter uma diferenciação das situações em causa, as probabilidades associadas à eventualidade de legislação são designadas por p e q, num contexto em que a entidade reguladora propõe e não propõe, respetivamente, uma abordagem voluntária à empresa.

Assim, o benefício líquido para a empresa consistirá, neste caso, num valor esperado dada a incerteza associada à ação da entidade legisladora. Deste modo, se a empresa não enveredar pela via voluntária no caso de a entidade reguladora realizar essa proposta, o benefício líquido esperado será:

$$E(BL_3) = p(\pi_1 - C_M) + (1 - p)\, \pi_0 \qquad (6)$$

De notar que os benefícios diretos de mercado incorporados em π_1 são igualmente arrecadados se a empresa abater por via legislativa, ao contrário dos indiretos (B) e dos incentivos dados pela entidade reguladora (Sb).

No cenário em que a entidade reguladora não propõe qualquer tipo de abordagem voluntária e a empresa não envereda por uma via voluntária de forma unilateral, o benefício líquido esperado será de:

$$E(BL_4) = q(\pi_1 - C_M) + (1 - q)\, \pi_0 \qquad (7)$$

[146] Este pressuposto simplificador não é neutro em termos das conclusões do modelo, na medida em que se se admitisse a possibilidade de as reduções de poluição pelas duas alternativas não coincidirem, o desempenho da abordagem voluntária em termos de eficácia ambiental poderia sair comprometido.

Face a estes diferentes resultados, a empresa deverá ponderar que ações serão de adotar. A análise sequencial destas diferentes ações por parte da entidade reguladora, entidade legisladora e empresa pode ser resumida na Figura 54.

FIGURA 54: **Representação extensiva das decisões das entidades públicas e da empresa**

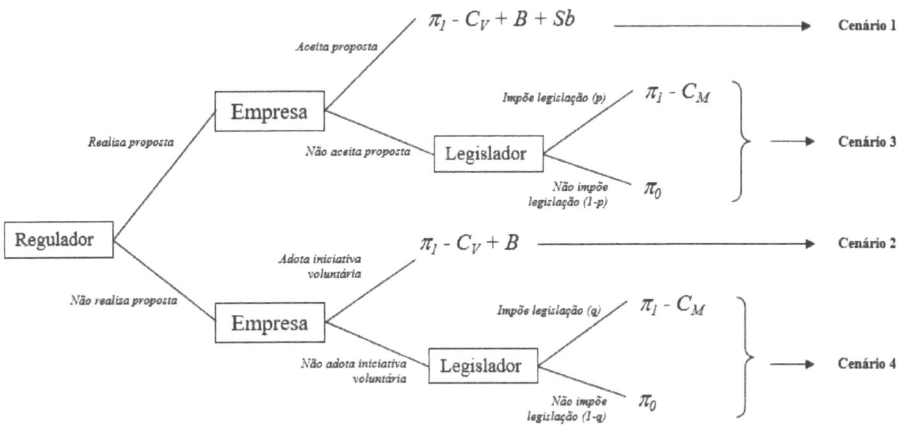

Fonte: adaptado de Segerson e Li, 1999, p. 286.

Importa agora verificar em que circunstâncias uma abordagem voluntária resulta das interações das propostas da entidade reguladora e da reação da empresa.

No caso de a entidade reguladora propor uma abordagem voluntária, a empresa aceitará essa proposta se os benefícios líquidos correspondentes excederem a expectativa de benefício líquido de rejeitar a proposta e ficar sujeita à eventualidade da entidade reguladora criar legislação, ou seja, se $BL_1 \geq E(BL_3)$,

$$\pi_1 - C_V + B + Sb \geq p(\pi_1 - C_M) + (1 - p)\pi_0 \qquad (8)$$

No caso de p = 0, em que não existe qualquer tipo de ameaça legislativa se a empresa rejeitar a proposta do regulador, a equação resume-se a:

$$(\pi_1 - \pi_0) + B + Sb \geq C_v \qquad (9)$$

em que $(\pi_1 - \pi_0)$ representa o acréscimo de lucro que a empresa obtém se reduzir a poluição, face ao lucro no cenário em que não reduz. Se a este acréscimo de lucro, adicionarmos $B + Sb$, obtém-se o benefício que a empresa retira da diminuição de poluição por via voluntária, comparado com o respetivo custo. Em suma, se a entidade reguladora propuser uma abordagem voluntária, a empresa decide reduzir voluntariamente a poluição, se os benefícios que daí retira forem superiores aos custos. De notar que neste cenário de ausência de ameaça latente legislativa, a entidade reguladora pode condicionar a aceitante da abordagem voluntária proposta, através de um subsídio que cubra totalmente (na ausência de benefícios via mercado), ou parcialmente, os custos de abatimento.

No caso de $p > 0$, isto é, existindo uma ameaça de legislação com probabilidade mais ou menos elevada, a empresa pode anuir à proposta da entidade reguladora de participar num programa voluntário mesmo sem o subsídio estatal ($Sb = 0$), desde que os benefícios de mercado cubram os custos de redução de poluição. Na ausência daqueles, ou seja, $B = 0$ e $\pi_1 = \pi_0$, a empresa optará por uma abordagem voluntária se o subsídio público cobrir uma parte do custo de redução voluntária de poluição, ou seja, a partir da equação (8) deduz-se:

$$Sb \geq C_V - pC_M \tag{10}$$

No caso de $p = 1$, em que a empresa sabe que, se não aceitar a proposta de redução «voluntária» de poluição, será sujeita a legislação nesse sentido (ou já existente ou nova), retira-se da equação (8):

$$Sb + B \geq C_V - C_M \tag{11}$$

Da equação (2), sabemos que $C_M \geq C_V$, pelo que a empresa aceitará sempre a abordagem voluntária desde que haja benefícios indiretos de mercado e/ou subsídio, ou seja, se estes cobrirem o diferencial de custos entre a alternativa voluntária e a alternativa legislativa.

Atentemos agora na hipótese de a entidade reguladora não propor uma abordagem voluntária. Como vimos anteriormente, este modelo engloba a possibilidade de a empresa unilateralmente adotar a redução de poluição em causa. Nos termos já definidos do modelo, a empresa fá-lo-á se $BL_2 \geq E(BL_4)$, ou seja,

$$\pi_1 - C_V + B \geq q(\pi_1 - C_M) + (1 - q)\pi_0 \tag{12}$$

No caso de $q = 0$ (a autoridade não impõe legislação), a equação (12) reduz-se a:

$$(\pi_1 - \pi_0) + B \geq C_v \tag{13}$$

pelo que a empresa adotará uma postura voluntária se o benefício direto e indireto via mercado cobrir os custos de redução voluntária de poluição; aliás, mesmo na ausência de benefícios diretos, a empresa assumirá esse comportamento desde que os benefícios indiretos cubram esses custos ($B \geq C_v$).

No caso de $q = 1$, a equação (12) reduz-se a:

$$B + (C_M - C_v) \geq 0 \tag{14}$$

pelo que a empresa opta pela via voluntária mesmo que não usufrua de benefícios indiretos, uma vez que a flexibilidade associada aos custos de abatimento resultante da abordagem voluntária (como se viu na equação (2)) se traduz em ganhos para a empresa.

3. Responsabilidade social empresarial

3.1. Conceito, componentes e críticas

A **responsabilidade ambiental das empresas** é uma vertente da **responsabilidade social empresarial** (RSE)[147] e, como tal, neste ponto será apresentado o seu conceito e brevemente referidas as principais críticas ao mesmo. Na literatura aparece por vezes a designação das dimensões que a RSE pode incluir, nomeadamente ambiente, sociedade e governança[148].

Em 1979, Carroll[149] revê os conceitos dispersos existentes na literatura até à data e propõe uma definição de RSE, hierarquizando os níveis de responsabilidade em magnitude decrescente, nomeadamente:

— responsabilidades económicas: prendem-se com a atividade da empresa de produzir e fornecer bens e serviços necessários à sociedade;
— responsabilidades legais: concernem ao respeito pelo enquadramento legal;

[147] Em inglês CSR, *corporate social responsibility*.

[148] Em inglês ESG, *environmental, social and governance*.

[149] Carroll, A. B. (1979). A three-dimensional conceptual model of corporate performance. *Academy of Management Review, 4*(4), 497-505.

— responsabilidade éticas: são definidas de forma lata para incluir «comportamentos e atividades adicionais que não estão necessariamente codificados na lei, mas são, no entanto, esperados dos negócios pelos membros da sociedade»[150];
— responsabilidades discricionárias: são comportamentos voluntários não expectáveis no âmbito dos três níveis de responsabilidade acima descritos, sendo exemplificados por contributos filantrópicos, centros de apoio à educação de crianças, etc.

Os níveis de responsabilidade são definidos de modo genérico. Carroll (1979) alerta para o facto de o entendimento, do que cabe a cada nível de responsabilidade, evoluir ao longo do tempo, podendo, por exemplo, algo que estava num nível superior passar a ser requisito legal.

FIGURA 55: **Pirâmide de responsabilidades sociais**

Fonte: Traduzido de Carroll (1991).[151]

[150] *Ibid*, p. 500.

[151] Carroll, A. B. (1991). The pyramid of corporate social responsibility: Toward the moral management of organizational stakeholders. *Business Horizons*, 34(4), 39-48.

Posteriormente a hierarquia foi transformada numa estrutura de pirâmide que se reproduz na Figura 55. Se atentarmos na designação das responsabilidades, o último nível passa a ser apelidado de «responsabilidades filantrópicas» no sentido de melhoria da qualidade de vida da sociedade em geral. A Tabela 15 sumaria o que cada nível contempla.

TABELA 15: **Componentes da RSE**

Componentes económicos (Responsabilidades)	*Componentes legais (Responsabilidades)*	*Componentes éticos (Responsabilidades)*	*Componentes filantrópicos (Responsabilidades)*
1. Atuar de modo consistente com a maximização do lucro em relação ao capital investido.	1. Atuar de modo compatível com as expectativas do governo e da lei.	1. Atuar de modo compatível com as expectativas de normas sociais e éticas.	1. Atuar de modo compatível com as expectativas filantrópicas e beneficentes da sociedade.
2. Estar comprometido com ser o mais lucrativo possível.	2. Cumprir a regulamentação dos diferentes níveis de governo.	2. Reconhecer e respeitar normas éticas/ morais novas, ou em evolução, da sociedade.	2. Ajudar as artes.
3. Manter uma forte posição competitiva.	3. Ser um cidadão corporativo cumpridor da lei.	3. Evitar que as normas éticas sejam comprometidas para atingir os objetivos empresariais.	3. É importante que os gestores e funcionários participem em atividades de voluntariado e beneficência nas suas comunidades locais.
4. Manter um elevado nível de eficiência operacional.	4. É importante que uma empresa bem-sucedida seja definida como aquela que cumpre as suas obrigações legais.	4. É importante que boa cidadania empresarial seja definida como fazer o que se espera moral ou eticamente.	4. Dar assistência às instituições de ensino privado e público.
5. Definir uma empresa bem-sucedida como aquela que é consistentemente lucrativa.	5. Fornecer bens e serviços que cumpram pelo menos os requisitos legais mínimos.	5. Reconhecer que a integridade empresarial e comportamentos éticos vão além do mero cumprimento de leis e regulamentos.	5. Ajudar voluntariamente nos projetos que melhoram a «qualidade de vida» da comunidade.

Fonte: Adaptado e traduzido de Carroll (1991).[152]

[152] Carroll, A. B. (1991). The pyramid of corporate social responsibility: Toward the moral management of organizational stakeholders. *Business Horizons*, 34(4), 39-48.

Bénabou e Tirole (2010)[153] apresentam uma abordagem económica para perceber as motivações subjacentes à responsabilidade social das empresas. Começam, desde logo, por remeter para o ponto de vista da economia neoclássica de que a correção das falhas de mercado compete ao Estado (tal como vimos no Capítulo IV), notando, no entanto, que em certas situações pode haver falhas na atuação governamental que justifiquem que os indivíduos e empresas assumam comportamentos de responsabilidade social. Em relação à posição das empresas nesta matéria, tipificam três vertentes, nomeadamente o ganho duplo, a delegação da filantropia e a filantropia empresarial motivada internamente.

A perspetiva do ganho duplo é semelhante à Hipótese de Porter apresentada e discutida anteriormente[154]. Além dessa fundamentação, os autores aprofundam o argumento do ganho duplo, interpretando a RSE como um mecanismo de controlo das decisões de gestão. A RSE permite que as empresas assumam um horizonte temporal de longo prazo na sua tomada de decisão, sendo que sem RSE, o foco é apenas na maximização de lucro a curto prazo, o que pode não estar alinhado com o seu interesse a longo prazo.

A delegação de filantropia supõe que os *stakeholders* da empresa podem valorizar a responsabilidade social, sendo a empresa o mecanismo para alcançar esse objetivo. Os autores justificam esta perspetiva com existência de custos de transação e informação que permitem que a responsabilidade social seja mais eficientemente assegurada através das empresas do que dos indivíduos (investidores, consumidores, etc.). Por outro lado, como certas externalidades negativas resultam da ação das empresas, faz sentido que sejam estas a internalizar diretamente o dano e a reduzir a sua atividade. Em suma, as empresas adotam medidas de responsabilidade social em nome dos seus investidores e clientes.

Finalmente, os autores identificam o caso da filantropia empresarial motivada internamente, em que o incentivo subjacente à RSE é o dos seus administradores. Ou seja, a responsabilidade social individual dos decisores dentro da empresa leva a que esta adote certos comportamentos em prol da sociedade.

Enquanto o conceito de RSE se ia desenvolvendo e sedimentando na literatura e na prática empresarial, foram várias as **críticas** que foi acolhendo. A mais referida

[153] Bénabou, R., e Tirole, J. (2010). Individual and corporate social responsibility. *Economica*, *77*(305), 1-19. A Jean Tirole foi atribuído, em 2014, o Prémio em Ciências Económicas do Sveriges Riksbank em memória de Alfred Nobel.

[154] Ainda que os autores não citem Porter nem refiram a Hipótese de Porter.

remonta a Friedman (1970)[155] que considera a RSE antiética. Já anteriormente Levitt em 1958 desenvolvia um argumento semelhante[156], defendendo que quem tem responsabilidades sociais são os indivíduos e não as empresas. A função do gestor é ser agente da vontade dos donos da empresa e, como tal, maximizar o seu valor para estes agentes[157]. Assim, a justificativa de Friedman é que investidores, clientes e empregados devem decidir diretamente como gastar o seu próprio dinheiro e não a empresa.

Ao longo do tempo outras premissas têm sido avançadas contra a RSE, nomeadamente de que os gestores das empresas não terão as competências necessárias para tomar decisões que afetem o bem comum. Fama (2000)[158] publicou um ensaio sobre o objetivo das empresas, realçando que o mesmo deve ser a maximização do valor para os proprietários e não a maximização do valor dos *stakeholders*. Compete aos investidores decidir como investir o dinheiro, podendo fazê-lo em assuntos ambientais, sociais e de governança, e cada um maximizará assim o valor da sua carteira de investimentos. O autor argumenta que os parceiros das empresas, em particular os investidores, terão diferentes interesses pelo que não é simples conciliá-los de forma que o bem-estar seja maximizado através das ações da empresa.

O debate, na literatura, sobre a RSE continua atualmente. Apesar das críticas recebidas, os trabalhos académicos sobre esta temática têm vindo a multiplicar-se, assim como a atenção que lhe é prestada por várias organizações e instituições internacionalmente reconhecidas, como é o caso da União Europeia.

3.2. Exemplo: RSE na União Europeia

No *Livro Verde* de 2001, *Promover um quadro europeu para a responsabilidade social das empresas*, a Comissão Europeia lança formalmente o debate e reflexão sobre a respon-

[155] Friedman, M. (1970, 13 de setembro). A Friedman doctrine — The Social Responsibility of Business is to increase its profits. *The New York Times*.

[156] Levitt, T. (1958). The dangers of social responsibility. *Harvard Business Review*, September/October, 41-50.

[157] Seguindo Friedman (1970), «o gestor estaria a gastar o dinheiro de outrem para o interesse geral social. Na medida em que as suas ações de acordo com a sua "responsabilidade social" reduzem o retorno para os detentores dos títulos financeiros, o gestor está a gastar o dinheiro deles. Na medida em que as suas ações aumentam os preços para os clientes, o gestor está a gastar o dinheiro deles. Na medida em que as suas ações reduzem os salários de alguns dos seus empregados, o gestor está a gastar o dinheiro deles.»

[158] Eugene Fama recebeu em 2013 o Prémio em Ciências Económicas do Sveriges Riksbank em memória de Alfred Nobel pelo seu trabalho sobre eficiência dos mercados financeiros.

sabilidade social das empresas na União Europeia. Sumariamente, este documento define RSE como «conceito segundo o qual as empresas decidem, numa base voluntária, contribuir para uma sociedade mais justa e para um ambiente mais limpo».

Posteriormente, a Comissão Europeia[159] particulariza que RSE significa que «as empresas integram preocupações sociais e ambientais nas suas atividades comerciais e na sua interacção com as partes interessadas numa base voluntária. A responsabilidade social das empresas diz respeito a acções levadas a cabo pelas empresas para além das suas obrigações legais perante a sociedade e o ambiente.»

De notar que esta definição é bastante lata, frisando apenas que deverão ser ações voluntárias além do que está previsto na lei. Mais ainda, inclui questões sociais e ambientais quer numa dimensão interna à empresa, quer externa. Destacam-se na dimensão interna:

- práticas de gestão de recursos humanos que promovam a formação, diversidade e não discriminação, igualdade de género, etc.;
- sistemas de saúde e segurança no trabalho;
- reestruturações de empresas atendendo aos interesses dos parceiros;
- gestão de recursos naturais, reduzindo poluição, procurando estratégias de duplo ganho, etc.

Na dimensão externa à empresa, é considerado quer um enfoque local, quer internacional, nomeadamente:

- na relação com as comunidades locais promovendo o desenvolvimento local via criação de emprego ou iniciativas como patrocínios a atividades locais, serviços de apoios aos trabalhadores, etc.;
- na gestão de forma sustentável do ambiente local, responsabilizando as empresas por diferentes formas de poluição;
- na relação de mercado com fornecedores e clientes, destacando-se a ênfase na responsabilidade social ao longo de toda a cadeia de produção e não apenas na empresa;
- na promoção dos direitos dos trabalhadores e direitos humanos;

---

[159] Comissão Europeia. (2011). *Responsabilidade social das empresas: uma nova estratégia da UE para o período de 2011-2014 – COM/2011/0681 final.*

— no meio ambiente a nível global, ressaltando que as empresas não devem ignorar o seu impacto em termos ambientais noutros países.

Em matéria ambiental é notório que a UE identifique, desde logo, o seu potencial papel, em conjunto com os Estados-membros, no estabelecimento de programas de certificação ambiental, na subsidiação de investimentos, na criação de programas de assistência à conformidade com as normas europeias e mesmo a criação de incentivos às boas práticas. Também se encoraja o recurso a compromissos e acordos voluntários.

De notar que já o documento de 2001 da UE discute a necessidade de transparência nas ações das empresas e importância de auditar o seu desempenho. Nesse sentido, é proposto que as empresas aproveitem esquemas de certificação como o Rótulo Ecológico Europeu e o EMAS de que falaremos em seguida.

4. Gestão do ambiente: certificação e sistemas de gestão ambiental

As empresas têm ao seu dispor um conjunto alargado de ferramentas de **gestão ambiental**. Numa ótica de ciclo de vida do produto (ou serviço) do «berço à sepultura» são vários os impactos ambientais que a atividade da empresa pode ter diretamente, sendo de referir:

— na fase inicial: extração e consumo de matérias-primas, como consumos de energia e água;
— na fase de produção e distribuição: infraestruturas, transporte e embalagem de produtos, etc.;
— ao longo do processo produtivo: resíduos dos processos de extração e produção, incluindo poluição do ar e água;
— na fase do pós-venda: descarte do produto em fim de vida, reconversão, etc.

No caso do fornecimento de serviços, verificam-se igualmente consumos energéticos e custos de deslocação, por exemplo, que podem causar significativos impactos ambientais.

Por outro lado, a cadeia de produção de bens e serviços inclui os fornecedores, clientes intermédios e consumidores finais, pelo que o impacto ambiental da produção de um bem ou serviço inclui atores e momentos não necessariamente sob controlo da empresa.

Em cada uma destas etapas da cadeia de produção, é possível encontrar medidas de gestão ambiental que permitam por um lado medir e por outro lado minorar o impacto ambiental. A gestão ambiental centrar-se-á no produto ou no processo. Além disso, no âmbito do conceito de economia circular, a ênfase é colocada no ciclo de vida do «berço ao berço» por forma a evitar a fase do descarte.

A gestão ambiental poderá ser mais ou menos formal, no sentido de haver um enquadramento de terceiros, como no caso dos sistemas de certificação ambiental e dos rótulos ecológicos certificados, ou ser de iniciativa da empresa. Os sistemas formais de gestão ambiental beneficiam da credibilidade associada ao certificador.

a) Sistemas de gestão ambiental

A **International Standards Organization (ISO)** define padrões de qualidade em matéria ambiental que as empresas e organizações do setor privado ou público devem cumprir, incluindo a auditoria desses padrões. Sendo normas aplicadas e desenvolvidas a nível internacional, são facilmente reconhecíveis por investidores, reguladores e clientes.

A **certificação ISO 14000**[160] representa uma «família» de normas de certificação da qualidade que incidem sobre todo o sistema ambiental da empresa. Incluem a norma base ISO 14001 de sistemas de gestão ambiental (SGA) complementada por outras aqui brevemente esquematizadas, constituindo meros exemplos da diversidade de ramificação das ISO (Figura 56).

Além disso, as **normas ISO da série 26000** de responsabilidade social traduzem um guia de melhoria da responsabilidade social das empresas e organizações, não constituindo uma norma de certificação, mas de uniformização dos conceitos. Definem-se sete temas base de responsabilidade social, nomeadamente a governança dentro da empresa, os direitos humanos, as práticas laborais, o meio ambiente, práticas operacionais justas, questões relacionadas com consumidores e envolvimento na comunidade. Dentro de cada tema especificam-se princípios que devem ser seguidos pelas empresas. Ao nível do ambiente, é referida a prevenção da poluição, a utilização dos recursos de forma mais sustentável, mitigação e adaptação em matéria de alterações climáticas e proteção do ambiente, biodiversidade e restauro dos *habitats* naturais.[161]

---

[160] Para estas e outras informações consultar https://www.iso.org/

[161] Para estas e outras informações consultar https://www.iso.org/

FIGURA 56: **Alguns exemplos de ISO da família 14000**

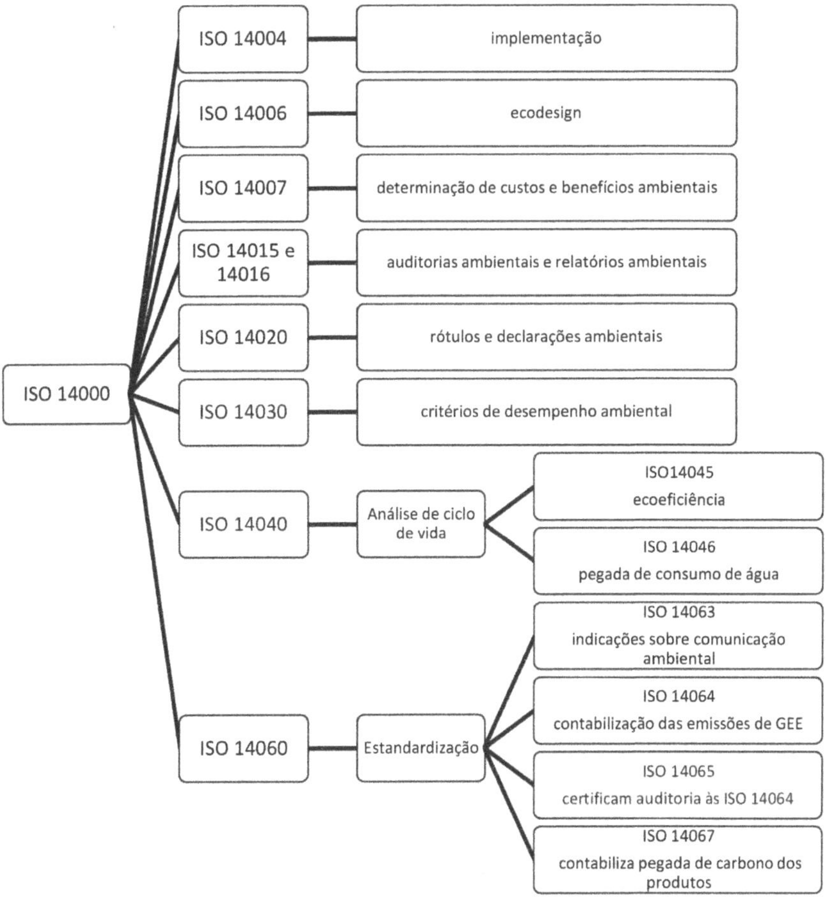

O **EMAS** (Sistema Comunitário de Ecogestão e Auditoria),[162] criado pelo Regulamento nº 1836/93 de 29 de junho de 1993, consiste no sistema de certificação desenvolvido pela Comissão Europeia relativo a gestão e auditoria ambiental para empresas e organizações do setor privado ou público.

[162] Em inglês *EU- Eco-Management and Audit Scheme.*

As empresas começam por identificar os seus impactos ambientais, o seu desempenho e os requisitos legais a que estão sujeitas. Com base nesta informação, a liderança da empresa definirá um programa e política ambiental que seja compatível com a estratégia da empresa. São definidos indicadores de desempenho para ser acompanhados e auditados internamente e, mais tarde, externamente por entidades autorizadas. Estes indicadores concernem a eficiência energética (consumos de energia, energia renovável), consumo de água, emissões de gases de efeito de estufa, geração de resíduos, etc. Com base na acreditação, as empresas podem comunicar o seu desempenho ambiental aos seus parceiros.[163]

A própria UE incentiva indiretamente as empresas a participarem neste sistema, destacando a certificação EMAS como critério de seleção de compras públicas verdes. Também certos Estados-membros privilegiam organizações com certificação EMAS, tendo como contrapartida a redução de impostos, do prazo para obtenção de autorizações, da frequência de inspeções, etc.

b) Rotulagem ambiental

A rotulagem ambiental pode passar pela certificação do produto (envolvendo normalmente um **rótulo ecológico**) por entidades externas (públicas ou privadas, como associações de produtores) ou pela declaração por parte das empresas, por vezes sem escrutínio externo.

Em termos de tipologia de rótulos ambientais com certificação, a ISO define 3 tipos[164]:

- Tipo I — Rótulo ecológico: neste caso, existem critérios claramente definidos para os produtos envolvendo vários aspetos (como por exemplo no rótulo ecológico europeu), e sendo apenas atribuído àqueles que se destacam, por forma a constituir um fator de diferenciação;
- Tipo II — Declarações em matéria ambiental por iniciativa das empresas: surgem no caso de produtos ou serviços onde não há esquemas de certificação em vigor, embora sigam critérios pré-definidos e uniformes (como é o caso de uma declaração a atestar que certa percentagem do material é reciclada).

[163] Esta informação e outra mais aprofundada podem ser consultadas em https://ec.europa.eu/environment/

[164] ISO Environmental Labels. (n.d.). Disponível em: https://www.iso.org/

— Tipo III — Declarações ambientais em relação a aspetos específicos dos produtos com base na análise de ciclo de vida: permitem comparar produtos da mesma categoria, como no caso das declarações em termos de pegada ambiental de um produto.

O rótulo ecológico de Tipo I será o mais reconhecido de entre os três supra elencados. Consiste num certificado emitido por organismos competentes que pretende aferir a qualidade ambiental de um produto ou serviço. Em princípio aplica-se apenas a alguns dos produtos de uma determinada categoria por forma a destacar as suas credenciais ambientais face aos concorrentes. O facto de o esquema de certificação ser promovido por entidades públicas ou privadas idóneas confere-lhe credibilidade junto do público.

A República Federal Alemã foi durante alguns anos o único país com um esquema de rótulo ecológico oficial, influenciando significativamente as experiências posteriores de outros países e o atual rótulo ecológico europeu. O rótulo ecológico alemão denominado «Anjo Azul» e organizado pelo governo federal alemão foi criado em 1978 com vista a identificar produtos com determinadas virtudes ambientais, promovendo a consciencialização ecológica dos consumidores.

Inicialmente, o esquema de certificação alemão considerava somente uma caraterística do produto como critério de qualificação e abrangia apenas categorias de produtos em que o dano ambiental se circunscrevia ao produto final e não ao processo de fabrico. No entanto, ao longo dos anos o programa foi alterado e passou a incluir diferentes critérios, englobando também consequências sociais e na saúde. Por exemplo, rótulos colocados em produtos têxteis podem identificar benefícios para o ambiente, como sendo uma produção amiga do ambiente, e realização de testes aos poluentes, bem como critérios sociais na extração de matérias-primas e produção; rótulos sobre computadores e teclados assinalam que os benefícios para o ambiente são o baixo consumo energético, a durabilidade e um *design* que favorece a reciclagem; rótulos de materiais impressos em papel apontam para vantagens para o ambiente e saúde derivados de processos de produção que conservam recursos e são amigos do ambiente, originam baixas emissões na impressão e para o facto dos produtos serem feitos de 100% (ou maioritariamente) de papel recuperado.

O Anjo Azul apresentou mais-valias evidentes. Desde logo, aumentou a consciência ecológica dos consumidores e fomentou a procura de produtos com o rótulo por parte de empresas e da administração local e central, tendo tido grande repercussão ao nível dos consumos públicos. Em 2021 encontravam-se cerca de 1600 empresas e 12 000 produtos e serviços certificados.

Outros exemplos de rótulos de Tipo I pertencem à associação GEN[165] que agrega esquemas como o Anjo Azul alemão, o Cisne Nórdico, o certificado *Green Product Mark* da alemã TÜV Rheinland, e o *Green Seal* dos EUA.

O sistema do **rótulo ecológico europeu**[166] é um esquema voluntário que foi criado em 1992 pelo Regulamento do Conselho n.º 880/92. Atualmente é apresentado como um instrumento importante na transição para uma economia (mais) circular. Engloba mais de 30 categorias de produtos e serviços desde produtos de limpeza, a hotéis e parques de campismo. Em Portugal havia em meados de 2021 cinco unidades hoteleiras com rótulo ecológico europeu[167]. À semelhança do rótulo alemão, o rótulo em cada categoria corresponde a um conjunto de critérios. Exemplificando, no caso do rótulo dos detergentes de roupa, este traduz que os produtos têm pouco impacto no ambiente aquático e usam reduzidas quantidades de substâncias perigosas.

Os rótulos que correspondem ao Tipo I são apenas atribuídos a uma parte dos produtos numa dada categoria. Outros rótulos de cariz ambiental podem abranger todos os produtos que cumpram os critérios. Será o caso do rótulo de produção biológica (orgânica) que certifica todos os produtos com origem na agricultura biológica. No caso do rótulo europeu de origem biológica, um produto pode ser certificado desde que pelo menos 95% dos ingredientes sejam biológicos, com critérios adicionais que têm de ser cumpridos para os restantes componentes.[168]

c) Comunicação ambiental

A comunicação da estratégia ambiental das empresas pode fazer-se através de padrões definidos a nível internacional como é o caso das normas do **GRI** (*Global Reporting Iniciative*) que engloba a dimensão ambiental a par da dimensão económica e social. Estas normas facilitam a comunicação do desempenho ambiental a parceiros externos e internacionais, podendo as empresas segui-las de forma a produzir um relatório de sustentabilidade. Dentro de cada categoria são especificados os indicadores

---

[165] Global Ecolabelling Network.

[166] Consultar a página da Comissão Europeia para mais informações: https://ec.europa.eu

[167] Comissão Europeia. (n.d.). 5 Ecolabel hotels-campsites Portugal.

[168] Informações sobre o rótulo de agricultura biológica na página da Comissão Europeia.

que devem ser reportados. Por exemplo, a norma GRI 302[169] é a norma específica para a energia e inclui os conteúdos:

302-1: consumo interno de energia,
302-2: consumo fora da organização,
302-3: intensidade energética,
302-4: redução do consumo de energia,
302-5: reduções nos requisitos energéticos de produtos e serviços.

Em matéria ambiental, o GRI inclui também categorias de materiais, água e efluentes, biodiversidade, emissões, resíduos, conformidade ambiental, avaliação ambiental de fornecedores.

[169] GRI Standards. (2016). GRI 302: ENERGIA.

NOTA FINAL

A crescente relevância dos problemas ambientais no bem-estar das sociedades exige um conhecimento cada vez mais aprofundado sobre aqueles, das suas causas até às suas consequências, para o ser humano e a natureza em geral. Estudar Economia do Ambiente é assim vital para compreender, de uma perspetiva económica, a nossa relação com o meio ambiente. O manual que aqui termina foi concebido para responder a esta necessidade, especialmente atendendo à atual carência de obras em língua portuguesa.

A seguir à Introdução, os Capítulos II e III apresentaram um cariz mais concetual. O Capítulo II procurou, em primeiro lugar, dotar o leitor de um conhecimento fundacional do ramo da Economia do Ambiente e da emergência de diversos paradigmas que atualmente a moldam. Discutir o seu despertar enquanto ramo da ciência económica, afigura-se-nos crucial para o entendimento do que é hoje e do que poderá vir a ser no futuro. A aposta da economia na circularidade foi incluída neste contexto introdutório, com as esperadas vantagens e correspondentes desafios. Outro elemento que explorámos foi o da essência dos problemas ambientais e de como os recursos naturais se revelam distintos dos bens e serviços tipicamente analisados pela ciência económica. Definiram-se, nessa linha, bens públicos e bens comuns, analisaram-se as suas caraterísticas e discutiram-se formas de corrigir os problemas que, derivados da sua condição, ameaçam a sobrevivência dos seres humanos e da própria natureza.

Foi nosso entendimento também que, apesar de haver um foco, em grande parte do livro, numa abordagem microeconómica da Economia do Ambiente, era oportuno introduzir a ótica macroeconómica, avançando com uma reflexão, no capítulo III, sobre temáticas como a relação entre o crescimento económico e a degradação ambiental, assim como diversas noções de sustentabilidade. A ênfase dada à importância do capital natural, refletiu-se na procura de indicadores macroeconómicos de desempenho ambiental. Tratando-se de medidas agregadoras de dimensões muito diversas, podem constituir-se como interessantes do ponto de vista sobretudo comparativo, por exemplo para avaliar a evolução ao longo do tempo de unidades geográficas diferentes, nunca perdendo de vista a necessidade de as conjugar com outras métricas já mais consolidadas.

Após a atenção prestada a matérias que evidenciam o caráter distintivo do objeto de estudo da Economia do Ambiente, o livro desenvolveu três temas centrais: os instrumentos de política ambiental no Capítulo IV, as metodologias de valoração de bens e serviços ambientais e a análise custo-benefício no capítulo V, e finalmente a possibilidade dos agentes económicos atuarem de forma pró-ativa, agindo de acordo com a sua responsabilidade social, no Capítulo VI.

A apresentação dos instrumentos de política ambiental do capítulo IV iniciou-se com conceitos chave como sejam os de custos externos e respetiva internalização, consubstanciando-se em várias alternativas de aplicação de instrumentos de política, desde a regulação central aos mercados de licenças de emissão, passando pela fixação de impostos e atribuição de subsídios.

O Capítulo V, dedicado à valoração de bens ambientais, expôs as metodologias que permitem integrar os bens e serviços ambientais na teoria microeconómica neoclássica. Explicaram-se e ilustraram-se através de exemplos de aplicação, sobretudo em Portugal, os métodos económicos de valoração ambiental mais utilizados. A análise custo-benefício, tema abordado no final do capítulo, vulgarmente aplicada, em economia, para apreciar a viabilidade financeira de projetos, assume um novo prisma com a consideração da valoração ambiental. A obtenção de expressão monetária para as dimensões ambientais capacita uma aplicação mais rigorosa e robusta da análise custo-benefício, agora em posse de grandezas que permitem uma tomada de decisões mais fundamentada.

Finalmente, no Capítulo VI, repensou-se em que circunstâncias os agentes económicos individuais têm incentivo para cumprir objetivos ambientais sem que para isso sejam mandatados. Estas abordagens designadas de voluntárias, são enriquecedores do debate de política e ganham cada vez mais pertinência, oferecendo uma mudança da perspetiva do obrigatório para o voluntário. As razões que podem motivar os agentes económicos a agir de forma pró-ativa e de acordo com uma responsabilidade social foram aqui levadas a debate, evidenciando mudanças de paradigma em relação a óticas mais tradicionais.

Terminado o livro, destacaríamos a relevância da abordagem aqui exposta para uma mais completa resposta aos muitos desafios que a nossa sociedade enfrenta em matéria ambiental. Salientamos assim os seguintes temas, sem seguir uma ordem específica:

— Em primeiro lugar é de mencionar a escassez de recursos que, de forma estrutural, com maior acuidade conjunturalmente, o país e o mundo enfrentam, destacando-se as crescentes dificuldades no acesso a recursos naturais como sejam a água, os minerais, as áreas florestais preservadas, etc. O entendimento da sua índole de bem público ou bem comum, a caraterização da sua escala geográfica, o número de indivíduos envolvidos, os instrumentos político-sociais, de matriz global ou local, indicados para atenuar essas restrições, foram elementos discutidos no livro, sendo essencial que ao enfoque nestes tópicos seja dada continuidade.

— A crise climática e a incerteza a ela associada colocam grandes desafios na gestão pública corrente. Administrar infraestruturas, projetar cidades, planear redes de distribuição ilustram aspetos que se revelam cada vez mais complexos pela instabilidade associada àquela crise. Os eventos extremos e catastróficos amplificam esse desafio. É indispensável pensar como aplicar, da forma mais apropriada, os instrumentos de política ambiental existentes, conceber novos, e apostar em paradigmas diferentes, como no caso dos modelos de economia circular.

— A procura de formas mais capazes de compreender se um país ou região se encontra numa rota de sustentabilidade e a consciência da necessidade de preservar o seu capital natural a níveis não críticos parece ser essencial para a sobrevivência de todos.

— A relevância de introduzir a valoração ambiental e a condução de análises custo-benefício de forma mais abrangente nas deliberações políticas torna-se crucial. Não ter preço, não significa que algo não tem valor. Reconhece-se, portanto, que, sem aquelas técnicas, qualquer decisão ignora uma parte importante do valor social relativo ao meio ambiente, enviesando uma escolha política acertada. Cientes de certas limitações da sua aplicação, a mais-valia que podem aportar a uma aplicação eficiente de recursos é significativa.

— É de ressaltar a necessidade de integrar e envolver de forma mais transversal maior diversidade de *stakeholders* no processo de tomada de decisões, reconhecendo o papel das abordagens voluntárias pelas empresas e convidando a sociedade civil a participar no processo de resolução de um problema que é de todos.

A diversidade e complexidade dos problemas ambientais pedem assim soluções diferentes e variadas. A questão da escassez de recursos, a crise climática, a pandemia covid-19, entre outras, mostraram a fragilidade dos sistemas produtivos e de distribuição, mas evidenciaram também o interesse de intervir ao nível do comportamento individual.

Por conseguinte, é imprescindível recorrer a uma maior diversidade de paradigmas que aceitem a importância da cultura e das normas locais na origem de certos problemas ambientais, mas também na conceção de soluções. Uma abordagem interdisciplinar que associe várias ciências e metodologias, parece-nos ser incontornável. Além disso, a aplicação de conceitos e metodologias de outras áreas da economia na conceção de políticas e o seu pré-teste através, por exemplo, de técnicas experimentais, afigura-se como decisivo para encontrar soluções mais robustas para os atuais desafios que a sociedade enfrenta.

BIBLIOGRAFIA

Arrow, K. J., Cropper, M. L., Eads, G. C., Hahn, R. W., Lave, L. B., Noll, R. G., ... e Stavins, R. N. (1996). Is there a role for benefit-cost analysis in environmental, health, and safety regulation?. *Science*, 272(5259), 221-222.

Assembleia da República, Lei n.º 19/2014, de 14 de abril.

Barbier, E. B. (1994). Valuing Environmental Functions: Tropical Wetlands. *Land Economics*, 70(2), 155–173.

Baumol, W. J., e Oates, W. E. (1988). *The Theory of Environmental Policy*. Cambridge University Press.

Baumol, W. J., e Oates, W.E. (1971). The use of standards and prices for protection of the environment. *The Swedish Journal of Economics, 73*, 42–54.

Beckerman, W. (1992). Economic growth and the environment: Whose growth? Whose environment?. *World Development, 20*(4), 481–496.

Bénabou, R., e Tirole, J. (2010). Individual and corporate social responsibility. *Economica, 77*(305), 1–19.

Benyus, J. M. (1997). *Biomimicry: Innovation inspired by nature*. Morrow.

Bertram, C., e Larondelle, N. (2017). Going to the Woods Is Going Home: Recreational Benefits of a Larger Urban Forest Site — A Travel Cost Analysis for Berlin, Germany. *Ecological Economics, 132*, 255–263.

Bimonte, S. (2002). Information access, income distribution, and the Environmental Kuznets Curve. *Ecological Economics, 41*(1), 145–156.

Blackburn, M., Harrison, G. W., e Rutström, E. E. (1994). Statistical Bias Functions and Informative Hypothetical Surveys. *American Journal of Agricultural Economics, 76*(5), 1084–1088.

Bobulescu, R. (2015). From Lotka's biophysics to Georgescu-Roegen's bioeconomics. *Ecological Economics*, 120, 194–202.

Botelho, A., e Pinto, L. C. (2002). Hypothetical, real, and predicted real willingness to pay in open-ended surveys: experimental results. *Applied Economics Letters, 9*(15), 993–996.

Botelho, A., Lourenço-Gomes, L., Pinto, L. M. C., Sousa, S., e Valente, M. (2018). Discrete-choice experiments valuing local environmental impacts of renewables: two approaches to a case study in Portugal. *Environment, Development and Sustainability, 20*(1), 145–162.

Boudreaux, D. J., e Meiners, R. (2019). Externality: Origins and classifications. *Natural Resources Journal, 59*(1), 1–33.

Bowen, H. R. (1943). The interpretation of voting in the allocation of economic resources. *The Quarterly Journal of Economics, 58*(1), 27–48.

Boyd, J. (1998). Searching for profit in pollution prevention: Case studies in the corporate evaluation of environmental opportunities. *RFF Discussion Paper, 98–30.*

Brookshire, D. S., Randall, A., e Stoll, J. R. (1980). Valuing increments and decrements in natural resource service flows. *American Journal of Agricultural Economics, 62*(3), 478–488.

Cairncross, F. (1993). *Costing the Earth – The Challenge for Governments, The Opportunities for Business.* Harvard Business School Press.

Carroll, A. B. (1979). A three-dimensional conceptual model of corporate performance. *Academy of Management Review, 4*(4), 497–505.

Carroll, A. B. (1991). The pyramid of corporate social responsibility: Toward the moral management of organizational stakeholders. *Business Horizons*, 34(4), 39, 39-48.

Carson, R., e Groves, T. (2007). Incentive and informational properties of preference questions. *Environmental and Resource Economics, 37*(1), 181–210.

Chang, Y. H. (2011, junho). *A path towards strong sustainability. Status Review and Foundation Stakeholders Interviews: A Report.* University of Queensland and Michigan Institute of Technology.

Chaves, C., Maciel, E., Guimarães, P., e Ribeiro, J. C. (2001). *Instrumentos Estatísticos de apoio à economia: conceitos básicos.* McGraw Hill de Portugal.

Chaves, M. C. (1994). A dimensão ecológica do desenvolvimento. Elementos de reflexão sobre o conceito de «ecodesenvolvimento». *Cadernos de Ciências Sociais,* (14), 99–117.

Ciriacy-Wantrup, S. V. (1947). Capital Returns from Soil-Conservation Practices. *Journal of Farm Economics, 29*(4), 1181–1196.

Coase, R. H. (1960). The problem of social cost. *Journal of Law and Economics, 3*, 1–44.

Collen, B., Loh, J., Whitmee, S., McRae, L., Amin, R., e Baillie, J. E. (2009). Monitoring change in vertebrate abundance: The Living Planet Index. *Conservation Biology, 23*(2), 317–327.

Comissão Europeia. (2011). *Responsabilidade social das empresas: uma nova estratégia da UE para o período de 2011–2014 – COM/2011/0681 final.*

Cummings, R. G., e Taylor, L. O. (1999). Unbiased value estimates for environmental goods: a cheap talk design for the contingent valuation method. *American Economic Review, 89*(3), 649–665.

Dales, J. H. (1968). *Pollution Property & Prices: An Essay in Policy-Making and Economics.* University of Toronto Press.

Daly, H. E. (1990). Toward some operational principles of sustainable development. *Ecological Economics, 2*(1), 1-6.

Decreto-Lei n.º 127/2013: Diário da República, 1.ª série — N.º 167 — 30 de agosto de 2013, Anexo III.

Directiva 2003/87/CE, do Parlamento Europeu e do Conselho, de 24 de dezembro, Jornal Oficial da União Europeia, C(2009) 10251.

Dopfer, K. (1994). Kenneth Boulding: A Founder of Evolutionary Economics. *Journal of Economic Issues*, 28(4) 1558-1561.

Ducci, J. (1988). *Metodologia de Cuantificacion de Benefícios: Uruguay, Sanemiento Ambiental de Montevideo.* Unpublished Background Paper. Technical Annex, Inter-American Development Bank.

Ekins, P. (2003). Identifying critical natural capital: Conclusions about critical natural capital. *Ecological Economics, 44*(2-3), 277-292.

Elkington, J. (1998). *Cannibals with forks: The triple bottom line of sustainability.* New Society Publishers.

Ellen MacArthur Foundation. (2013). Towards the Circular Economy. Economic and Business Rationale for an Accelerated Transition.

European Commission (2020). *Report on the functioning of the European carbon market. Report From The Commission To The European Parliament And The Council*: Brussels, 18-11-2020, COM(2020) 740 final.

Everett, G., e Wilks, A. (1999). *The World Bank's Genuine Savings indicator: A useful measure of sustainability?* Bretton Woods Project. Working to Reform the World Bank and IMF.

Faux, J., e Perry, G. M. (1999). Estimating Irrigation Water Value Using Hedonic Price Analysis: A Case Study in Malheur County, Oregon. *Land Economics, 75*(3), 440-452.

Field, B. C., e Field, M. K. (2002). *Environmental economics: an introduction.* McGraw-Hill Book Companies.

Font, A. R. (2000). Mass tourism and the demand for protected natural areas: A travel cost approach. *Journal of Environmental Economics and Management, 39*(1), 97-116.

Fourcade, M. (2011). Cents and sensibility: Economic valuation and the nature of "nature". *American Journal of Sociology, 116*(6), 1721-1777.

Friedman, M. (1970, 13 de setembro). A Friedman doctrine — The Social Responsibility of Business is to increase its profits. *The New York Times.*

Frosch, R. A., e Gallopoulos, N. E. (1989). Strategies for manufacturing. *Scientific American, 261*(3), 144-153.

Gallopín, G. C. (2003). A systems approach to sustain ability and sustainable development. ECLAC.

Garrod, G., e Willis, K. (1999). *Economic Valuation of the Environment: Methods and Case Studies*. Edward Elgar Publishing.

Georgescu-Roegen, N. (1971). *The entropy law and the economic process*. Harvard UP.

Global footprint Network (2021) Data and methodology – National Footprint and Biocapacity Accounts

GRI Standards. (2016). GRI 302: ENERGIA.

Hanemann, W. H. (1978). *A Methodological and Empirical Study of the Recreation Benefits from Water Quality Improvement*. Department of Agricultural and Resource Economics, University of California.

Hanemann, W. M. (1984). Welfare Evaluations in Contingent Valuation Experiments with Discrete Responses. *American Journal of Agricultural Economics, 66*(3), 332–341.

Hanley, N., Dupuy, L., e McLaughlin, E. (2015). Genuine savings and sustainability. *Journal of Economic Surveys, 29*(4), 779–806.

Hanley, N., e Barbier, E. B. (2009). *Pricing Nature: Cost-Benefit Analysis and Environmental Policy*. Edward Elgar Publishing.

Hardin, G. (1968). The tragedy of the commons. *Science, 162*(3859), 1243–1248.

Hartwick, J. M. (1977). Intergenerational equity and the investing of rents from exhaustible resources. *The American Economic Review, 67*(5), 972–974.

Hartwick, J. M. (1978). Investing returns from depleting renewable resource stocks and intergenerational equity. *Economics Letters,* 1(1), 85–88.

Hoehn, J. P., e Randall, A. (1987). A satisfactory benefit cost indicator from contingent valuation. *Journal of Environmental Economics and Management, 14*(3), 226–247.

Horowitz, J. K., e McConnell, K. E. (2002). A review of WTA/WTP studies. *Journal of Environmental Economics and Management, 44*(3), 426–447.

Huang, W. M., Lee, G. W., e Wu, C. C. (2008). GHG emissions, GDP growth and the Kyoto Protocol: A revisit of Environmental Kuznets Curve hypothesis. *Energy Policy, 36*(1), 239–247.

Jaspers, A. (2020). Can a single index track the state of global biodiversity?. *Biological Conservation, 246*, 108524.

Keynes, J. N. (1890). The scope and method of political economy. *History of Economic Thought Books*. McMaster University Archive for the History of Economic Thought.

Kirchherr, J., Reike, D., e Hekkert, M. (2017). Conceptualizing the circular economy: An analysis of 114 definitions. *Resources, Conservation and Recycling, 127*, 221–232.

Korhonen, J., Honkasalo, A., e Seppälä, J. (2018). Circular economy: the concept and its limitations. *Ecological Economics, 143*, 37–46.

Kotchen, M. J., Moore, M. R., Lupi, F., e Rutherford, E. S. (2006). Environmental constraints on hydropower: an *ex post* benefit-cost analysis of dam relicensing in Michigan. *Land Economics, 82*(3), 384–403.

Krutilla, J. V. (1967). Conservation reconsidered. *The American Economic Review, 57*(4), 777–786.

Kula, E. (1997). *History of environmental economic thought*. Routledge.

Kuznets, S. (1955). Economic Growth and Income Inequality. *The American Economic Review, 45*(1), 1–28.

Lancaster, K. J. (1966). A new approach to consumer theory. *Journal of Political Economy, 74*(2), 132–157.

Lawn, P. A. (2006). Sustainable development: concept and indicators. In Lawn, P. A. (Ed.). *Sustainable development indicators in ecological economics* (pp. 13–51). Edward Elgar Publishing.

Lee, C. C., Chiu, Y. B., e Sun, C. H. (2010). The environmental Kuznets curve hypothesis for water pollution: do regions matter?. *Energy Policy, 38*(1), 12–23.

Lee, K., e Greenstone, M. (2021). Air Quality Life Index, AQLI Annual Report. *Annual Update*.

Lévêque, F., e Nadaï, A. (2000). A firm's involvement in the policy-making process. In H. Folmer e H. L. Gabel (Eds.), *Principles of Environmental and Resource Economics* (2.ª ed.) (pp. 235–265). Edward Elgar Publishing.

Levitt, T. (1958). The dangers of social responsibility. *Harvard Business Review, September/October*, 41–50.

Lourenço-Gomes, L., Pinto, L. M. C., e Rebelo, J. F. (2014). Visitors' preferences for preserving the attributes of a world heritage site. *Journal of Cultural Heritage*, 15(1), 64–67.

Lozano, R. (2008). Envisioning sustainability three-dimensionally. *Journal of Cleaner Production, 16*(17), 1838–1846.

Lyle, J. T. (1996). *Regenerative design for sustainable development*. John Wiley & Sons.

Määttä, K. (2006). *Environmental Taxes: An introductory Analysis*. Edward Elgar Publishing.

Martin, S., Brannigan, J., e Hall, A. (2005). Sustainability, systems thinking and professional practice. *Journal of Geography in Higher Education, 29*(1), 79–89.

Marx, K. (1959) *Capital. A Critique of Political Economy. Volume III. The Process of Capitalist Production as a Whole*. Institute of Marxism-Leninism, USSR.

Mayumi, K. (2001). *The origins of ecological economics: the bioeconomics of Georgescu-Roegen* (Vol. 1). Routledge.

McGrath, L., Hynes, S., e McHale, J. (2021). The Air we breathe: Estimates of air pollution extended genuine savings for Europe. *Review of Income and Wealth, 68*(1), 161–188.

McRae, L., Deinet, S., e Freeman, R. (2017). The diversity-weighted Living Planet Index: controlling for taxonomic bias in a global biodiversity indicator. *PLOS One, 12*(1), e0169156.

Meadows, D. H., Meadows, D. L., Randers, J. e W. Behrens III, W. (1972). *The Limits to Growth: A Report for the Club of Rome's Project on the Predicament of Mankind.* Universe Book.

Mebratu, D. (1998). Sustainability and sustainable development: historical and conceptual review. *Environmental Impact Assessment Review, 18*(6), 493–520.

Ministério da Agricultura, do Mar, do Ambiente e do Ordenamento do Território, Decreto-Lei n.º 151-B/2013 de 31 de outubro.

Mishan, E. J. (1971). The postwar literature on externalities: an interpretative essay. *Journal Of Economic Literature, 9*(1), 1–28.

Mollison, B., e Holmgren, D. (1978). *Permaculture.* Lesmurdie Progress Association.

Murphy, J. J., Stevens, T., e Weatherhead, D. (2005). Is cheap talk effective at eliminating hypothetical bias in a provision point mechanism? *Environmental and Resource Economics, 30*(3), 327–343.

Neumayer, E. (2003). *Weak versus Strong Sustainability: Exploring the Limits of Two Opposing Paradigms.* Edward Elgar Publishing.

Norton, B. G. (1984). Environmental ethics and weak anthropocentrism. *Environmental Ethics, 6*(2), 131–148.

Oates, W. E., e Portney, P. R. (2003). The Political Economy of Environmental Policy. In K.-G. Mäler e J. R. Vincent (Eds.). *Handbook of Environmental Economics,* (Vol 1., pp. 325–354). Elsevier.

OECD. (1999). *Voluntary Approaches for Environmental Policy — an Assessment.* OECD.

Ollikainen, M. (1997). Sustainable Development from the Viewpoint of Ethics and Economics. In J. V. D. Straaten e A. Tylecote. (1997). *Environment, Technology and Economic Growth: The Challenge to Sustainable Development* (pp. 39–54). Edward Elgar Publishing Limited.

Ostrom, E. (1990). *Governing the commons: The evolution of institutions for collective action.* Cambridge University Press.

Ostrom, E. (1999, março). Design principles and threats to sustainable organizations that manage commons. In *Workshop in Political Theory and Policy Analysis, W99-6.*

Center for the Study of Institutions, Population, and Environmental Change. Indiana University, USA.

Palmer, K., Oates, W. E., e Portney, P. R. (1995). Tightening environmental standards: The benefit-cost or the no-cost paradigm? *Journal of Economic Perspectives, 9(4)*, 119-132.

Parker, K. (1996). Pragmatism and Environmental Thought. In A. Light e E. Katz, *Environmental Pragmatism* (pp. 21-37). Routledge.

Parlamento Europeu. (2017, 24 de outubro). *Parlamento Europeu defende proibição do glifosato a partir de dezembro de 2022.*

Pauli, G. A. (2010). *The blue economy: 10 years, 100 innovations, 100 million jobs.* Paradigm Publications.

Pearce, D. W. (1974). Economic and ecological approaches to the optimal level of pollution. International *Journal of Social Economics*, 1(2), 146-159.

Pearce, D. W., Atkinson, G. D., e Dubourg, W. R. (1994). The economics of sustainable development. *Annual Review of Energy and the Environment, 19*(1), 457-474.

Pearce, D. W., e Atkinson, G. D. (1993). Capital theory and the measurement of sustainable development: an indicator of "weak" sustainability. *Ecological Economics*, 8(2), 103-108

Pearce, D. W., e Barbier, E. (2000). *Blueprint for a sustainable economy.* Earthscan.

Pearce, D. W., e Turner, R. K. (1990). *Economics of natural resources and the environment.* Johns Hopkins University Press.

Pezzey, J. (1992). Sustainability: an interdisciplinary guide. *Environmental Values, 1*(4), 321-362.

Pigou, A. C. (1932). *The economics of welfare* (4.ª ed.). Macmillan & Co.

Porter, M. E., e van der Linde, C. (1995). Green and competitive: Ending the stalemate. *Harvard Business Review, September/October, 73*(5), 120-134.

Rahmatian, M., e Cockerill, L. (2004). Airport noise and residential housing valuation in southern California: A hedonic pricing approach. *International Journal of Environmental Science and Technology, 1*(1), 17-25.

Randall, A., e Hoehn, J. P. (1996). Embedding in Market Demand Systems. *Journal of Environmental Economics and Management, 30*(3), 369-380.

Rees, W., e Wackernagel, M. (1994). Ecological Footprints and appropriated carrying capacity: measuring the natural capital requirements of the human economy. In A. M. Jansson, M. Hammer, C. Folke, e R. Constanza (Eds.), *Investing in Natural Capital: The Ecological Economics Approach to Sustainability* (pp. 362-392). Island Press.

Resolução do Conselho de Ministros n.º 190-A/2017: Presidência do Conselho de Ministros, Diário da República, 1.ª série – N.º 236 – 11 de dezembro de 2017

Robinson, J. (2004). Squaring the circle? Some thoughts on the idea of sustainable development. *Ecological Economics, 48*(4), 369–384.

Rondeau, D., D. Schulze, W., e Poe, G. L. (1999). Voluntary revelation of the demand for public goods using a provision point mechanism. *Journal of Public Economics, 72*(3), 455–470.

Rowse, J. (2006). On hyperbolic time discounting in exhaustible resource models: An application to world oil resources. *Natural Resource Modeling, 19*(2), 243–277.

Sachs, I. (1974). Environment and styles of development. *Economic and Political Weekly*, 828–837.

Samuelson, P. A., e Nordhaus, W. D. (1999). *Economia* (16.ª ed.). McGraw-Hill.

Schmidheiny, S., e Zorraquín, F. (1996). *Financing Change: The Financial Community, Eco-Efficiency and Sustainable Development (With World Business Council for Sustainable Development)*. MIT Press.

Segerson, K., e Li, N. (1999). Voluntary Approaches to Environmental Protection. In H. Folmer e T. Tietenberg (Eds.), *The International Yearbook of Environmental and Resource Economics 1999/2000 – a survey of current issues* (pp. 273–306). Edward Elgar Publishing.

Settle, C., e Shogren, J. F. (2004). Hyperbolic discounting and time inconsistency in a native–exotic species conflict. *Resource and Energy Economics, 26*(2), 255–274.

Sigüenza, M. (1982). Review of *Evolutionary Economics*, by K. E. Boulding. *Journal of Economic Literature, 20*(4), 1558–1561.

Solow, R. M. (1974). Intergenerational equity and exhaustible resources. *The Review of Economic Studies, 41*, 29–45.

Solow, R. M. (1986). On the Intergenerational Allocation of Natural Resources. *The Scandinavian Journal of Economics, 88*(1), 141–149.

Sousa, S. (2016). *Economic Valuation of Environmental Impacts Generated by Electricity Production Through Renewable Energies in Portugal.* Tese de doutoramento em economia. Universidade do Minho.

Stahel, W. R. (2006). *The performance economy*. Springer.

Stern, D. I. (2004). The rise and fall of the environmental Kuznets curve. *World Development, 32*(8), 1419–1439.

Stigler, G. J. (1966). *The Theory of Price* (3.ª ed.). Macmillan.

Stigler, G. J. (1971). The theory of economic regulation. *Bell Journal of Economics and Management Science, 2(1)*, 3–21.

Taylor, P. W. (1986). *Respect for nature: A theory of environmental ethics*. Princeton University Press.

Tietenberg, T. (1998). Disclosure strategies for pollution control. *Environmental and Resource Economics, 11*(3–4), 587–602.

Tversky, A., e Kahneman, D. (1991). Loss aversion in riskless choice: A reference-dependent model. *The Quarterly Journal of Economics, 106*(4), 1039–1061.

United Nations Conference on Environment and Development (UNCED) (1992). *Rio Declaration on Environment and Development*, A/CONF.151/26 (Vol. I).

United Nations Environment Programme (UNEP). (1973, 12–22 de junho). Report of the Governing Council on the work of its first session, *General Assembly. Official Records: Twenty-eight session. Supplement No 25 (A/9025)*. United Nations.

United Nations Environment Programme (UNEP). (2006). *Report on the eighth meeting of the Conference of the Parties to the Convention on Biological Diversity*, CBD. UNEP.

Vossler, C. A., e McKee, M. (2006). Induced-value tests of contingent valuation elicitation mechanisms. *Environmental and Resource Economics*, 35(2), 137–168.

Votsis, A. (2017). Planning for green infrastructure: The spatial effects of parks, forests, and fields on Helsinki's apartment prices. *Ecological Economics, 132*, 279–289.

Wackernagel, M., e Rees, W. (1996). *Our Ecological Footprint: Reducing Human Impact on the Earth*. New Society Publishers.

Walley, N., e Whitehead, B. (1994). It's not easy being green. *Harvard Business Review, 72*(3), 171–180.

WCED. (1987). Our Common Future, Brundtland Report. World Commission on Environment and Development.

Weisbrod, B. A. (1964). Collective-consumption services of individual-consumption goods. *The Quarterly Journal of Economics, 78*(3), 471–477.

Whittington, D. (1988). *Guidelines for conducting willingness to pay studies for improved water services in developing countries*. USAID Water and Sanitation for Health Project. Washington Field Report No. 306. U.S. Agency for International Development.

William, M., e McDonough, W. (2002). *Cradle to cradle: remaking the way we make things*. North Point.

Williams, P. A., Ng'ang'a, S. K., Crespo, O., e Abu, M. (2020). Cost and benefit analysis of adopting climate adaptation practices among smallholders: The case of five selected practices in Ghana. *Climate Services, 20*.

Willig, R. D. (1976). Consumer's surplus without apology. *The American Economic Review, 66*(4), 589–597.

World Bank (2021). The Changing Wealth of Nations 2021: Managing Assets for the Future. *The International Bank for Reconstruction and Development*. The World Bank.

World Bank. (1987). Willingness to pay for water in rural areas. *Wash Field Report No. 213*. Research Proposal Water and Urban Development Department, World Bank.

World Bank. (2021). The changing wealth of nations: measuring sustainable development in the new millennium. *The International Bank for Reconstruction and Development*. The World Bank.

WWF. (2020). *Living Planet Report 2020 – Bending the curve of biodiversity loss.* In R. E. A. Almond, Grooten M. e Petersen, T. (Eds). WWF.

ÍNDICE REMISSIVO

ÍNDICE REMISSIVO DE AUTORES